本书为国家社会科学基金重点项目"和谐社会建设背景下完善市场交易秩序的本土化研究"
（项目编号：10ASH005）成果

"十二五"国家重点图书出版规划项目

社会学文库 SOCIOLOGICAL LIBRARY　主编 郑杭生

陌生关系熟悉化
优化市场交易秩序的探索

刘少杰　张军　王国伟 / 著

Transforming Strange Relationship to Familiar Relationship

中国人民大学出版社
·北京·

社 会 学 文 库 编 委 会

主　编　郑杭生

编　委（按姓氏笔画排序）
马广海　王思斌　王雅琳　包智明　田毅鹏
孙立平　刘少杰　刘世定　刘祖云　关信平
庄孔韶　江立华　李培林　李　强　李路路
苏国勋　沈关宝　宋林飞　吴忠民　张　静
周晓虹　洪大用　侯钧生　郭于华　郭志刚
黄　平　景天魁　景　军　蔡　禾　潘绥铭
戴建中

总　序

现在，文库不少，社会学文库也有几个。在这样的情况下，接受中国人民大学出版社的委托，主持一套社会学文库，就不得不追问自己：这套文库只是单纯在数量上增加一个文库而已，还是应该在质量上力求有自己的某些特点？这就是本套文库不可避免要面对的定位问题。经过考虑，本套文库的定位至少涉及如下四个方面：

第一，它是一套研究性的文库。就是说，进入本套文库的著作，必须是研究性、探索性的。研究性、探索性的必备要素是与某种新的东西联系在一起的，即有某种创新性，因此，它们不同于一般资料性的、介绍性的、编译性的作品。这并不是说后者不重要，而是说，因为类别不同，后者应该有自己的出版渠道。

社会学研究无疑涉及诸多方面，有理论研究和经验研究、定性研究和定量研究，有对现实社会现象的研究，又有对社会学本身的研究，等等。本文库欢迎一切真正有研究价值的著作；同时，根据社会学国际化与本土化相结合的要求，根据本国的国情，把重点放在如下几个方面：

——对转型中的中国社会的认识有所深化的研究著作。

——对有中国特色的社会学理论有所贡献的研究著作。

——对世界社会学的新发展和走向有所把握的研究著作。

第二，它是一套精品性的文库。就是说，在研究性的著作中，我们更看重精品之作。所谓精品，在内容上至少要符合下述几条中的一条或同时具有：一是能够从社会学的视角对人们普遍关心的社会热点和焦点问题做出有说服力的分析，公认有真知灼见，经得起时间和历史的考验；二是能够对实现"增促社会进步，减缩社会代价"的社会学深层理念有所贡献；三是对社会学的学科建设和理论创新有所推动；四是对中国社会学的国际化和本土化有所促进。而在形式上，要有与内容相匹配的叙述形式，要有较好的可读性，力求深入浅出，尽可能雅俗共赏，为大家所喜闻乐见。

第三，它是一套使社会学界新生力量脱颖而出的文库。就是说，通过研究性的精品之作，使那些在社会学界没有什么知名度，或知名度不高的"无名小卒"、新生力量、后起之秀程度不同地提高知名度，把他们实实在在地介绍给学界和社会，使他们尽快成为学界名人。在这个意义上，本文库也许能够成为培养社会学人才的有效渠道之一。众所周知，没有或缺少新生力量的学科和学界，是没有什么希望的。这当然在任何意义上都不是说可以忽视现在的学界名人，他们是我们最重要的依靠力量，他们负有提携后进的重任。我们真诚希望现有的学界名人和即将脱颖而出的学界名人，共同使本文库成为名副其实的名人文库，在学界和社会上发挥更大的作用。

第四，它是一套供不同学派观点争鸣的文库。一个没有不同学派争鸣的学界，不能说是成熟的。我在社会学界多次强调"要多一点学派，少一点宗派"。因为学派之争是学术问题、学术观点的争论，用的是学术标准，可以争得面红耳赤，但过后仍然是朋友；宗派之争则用非学术标准，党同伐异，大有"谁不和我们歌唱，谁就是我们的敌人"的"气概"。因此，学派之争，与人为善，相互切磋，推进学术；宗派之争，与人为恶，相互攻击，阻碍学术。如果本文库在促成不同观点的社会学学派形成方面、在促成不同学派展开富有成果的争鸣方面，起到了应有的积极作用，我们将会感到非常高兴和欣慰。本文库将对各种不同观点的学派一视同仁。

总之，我们真诚希望本文库能够出研究成果、出精品、出名人、出学派。简言之，我们把"四出"作为中国人民大学出版社社会学文库的定位。

古人曾说过这样的意思：定位于"上"，可能得乎"中"；定位于"中"，可能得乎"下"。本文库这种"四出"的定位，从目标上说应该属于"上"，但结果仍有两种可能：或"上"或"中"。我们希望能够争取前一种可能，避免后一种。最后究竟如何，当由读者和时间来鉴定。

应当指出，本文库是在一个不平常的时候出版的。

首先，无论是就政策环境和体制条件来说，还是就国内氛围和国际环境而论，中国社会学正处在新中国成立以来最好的大有可为的发展时期。现在，社会学的学科地位，即作为要加强的哲学社会科学基本学科之一，得到了确认。人们越来越体会到社会因素即非经济因素对改革、发展、稳定的重要性，从而也认识到以非经济因素为切入点的社会学，也和以经济因素为研究对象的经济学一样，是一门与每个人的实际生活息息相关的学问，是一门推进改革、发展、稳定的科学，感受到有许多问题需要从社会学的视角来看待和解读，并领悟到社会学的理论研究和经验研究是制定符合实际情况的社会政策的基础环节。人们对社会学从不了解、不甚了解甚至误解到逐步了解；一些社会学的用语（如社区、社会化、弱势群体、社会转型、良性运行等）日益普及化、大众化，其中一些还被政府部门所采纳和使用。这使中国社会学的发展不仅有了自上而下的体制条件，而且有了自下而上的社会氛围。经过激烈竞争，中国社会学界获得了第三十六届世界社会学大会的主办权，该届会议的主题是"全球化背景下的社会变迁"，将于2004年7月在北京召开，由中国社会科学院社会学研究所承办。现在欧美社会学界都十分关注中国社会的变化、中国社会学的研究。无疑，在世界社会学的格局中，与欧美强势社会学相比，无论从规模、投入，还是从成果、影响等方面说，中国社会学仍然是弱势社会学。强势社会学界如此关注中国社会的研究，对植根于本土社会的中国社会学界来说，既是一种沉重的压力，同时又是进一步发展的强大动力。在这样的情况下出版本文库，应当说是正当其时。我们希望不要辜负这样好的条件。

其次，这种不平常性还表现在世界社会学正处在自我反思和重建的过程之中。这种自我反思和重建的趋势并不是凭空而生，而是有现实根据的。这就是旧式现代性的衰落、新型现代性的兴起。我认为，这种旧式现代性的衰落、新型现代性的兴起，既影响着中国社会学的国际化，又影响着中国社会学的本土化。关于这一点我想多说几句。

所谓旧式现代性，就是那种以征服自然、控制资源为中心，社会与自然不协调、社会与个人不和谐，社会和自然付出双重代价的现代性。20世纪向21世纪的过渡时期，全球社会生活景观呈现出重大转折的种种迹象，人们看到：人类对自然的倒行逆施造成了越来越严重的"绿色惩罚"，导致了天人关系的紧张，甚至"人类对自然的战争，变成了人类自我毁灭的战争"；人欲的激发和资源的匮乏所引发的对资源控制权力的争夺，又不能不导致价值尺度的扭曲、伦理准则的变形、个人与社会的关系的恶化。旧式现代性已经进入明显的危机时期。这样，在世界、在中国，探索新型现代性便成为一种势在必行的潮流和趋向。

所谓新型现代性，是指那种以人为本，人和自然双赢、人和社会双赢，两者关系协调和谐，并把自然代价和社会代价减小到最低限度的现代性。从中国社会转型加速期取得的巨大社会进步和付出的种种社会代价中，我们都能从正反两方面，亲身体会到新型现代性的深刻意涵。

就两种类型的现代性与社会学的关系而言，过往的旧式现代性锻造了以往的社会学——它的感受力和想象力、设问和眼界，甚至它的理论抱负和期望所能达到的限度。当现代性面临重大转折之时，必定也是社会重构、个人重塑、个人与社会的关系发生重建之日。社会学不可避免地卷入其中，经历预设的根本变化、视野的重大调整、理论的重铸和再生过程。

对旧式现代性做出反应的，不仅有新型现代性，而且还有后现代性。如果说，新型现代性是对旧式现代性的一种积极、正面意义的反思，那么主张后现代性的后现代主义则一般是对旧式现代性的一种消极、否定意义的反应。后现代主义批评旧式现代性的弊病是对的，但它的解决方法不是革除弊病，而是连现代性也加以抛弃，从而走向了极端。它对社会和知识基础的所谓"解构"，无助于增进社会的和谐。

因此，处在这样一个旧式现代性步入没落、新型现代性勃然兴起的历史时期，中国社会学必须顺应时代的要求，跟上世界社会学重建的步伐，结合中国的实际，在理论研究上开拓出新的学理空间。而经过我国快速转型期独特经验的熏陶，中国社会学界的主体性、自觉性和敏锐性已经大为提高，将有助于达到这一目标。

我们也真诚希望，本套文库能在实现上述目标的过程中发挥应有的促进作用。

以上权且作为本文库的序言，与大家共勉。

郑杭生

2003 年 8 月于气和文轩

前 言

  本书是国家社会科学基金重点项目"和谐社会建设背景下完善市场交易秩序的本土化研究"的最终成果。在本项目推进过程中，课题组首先考察了国内外社会学、经济学和经济社会学等相关学科关于市场交易秩序的研究成果，对市场交易秩序的生成论和模式论开展了深入评析。在做出了充分理论准备的基础上，课题组对北京中关村电子市场、长春汽车配件市场和株洲芦淞服装批发市场开展了大量实地调查研究，明确认识了中国市场交易行为的社会基础，日常生活世界中的思维方式、行为方式和生活方式在市场交易行为中的深层作用，市场交易行为中呈现出来的陌生关系与熟悉关系，以及从不同角度利用熟悉关系和陌生关系而形成的"转型交易"与"关系交易"。

  本书的核心观点是：市场交易秩序实质上是交易者的行为秩序，而交易者的行为方式一定受特定的社会关系制约。因此，只有在同社会关系或社会基础的密切联系中，才能清楚地揭示市场交易秩序生成的根据和问题的症结。通过在北京、长春和株洲等地开展的市场调查发现，中国市场经济存在于注重伦理关系的熟悉社会基础之上，尽管熟悉社会已受到了陌生关系的强烈冲击，但熟悉社会的本质没有发生改变,被人们热议的当代中国社会转型具有很大局限。熟悉社会亦即体制外的日常生活世界,快速发展的市场经济与延续传统的生活世界之间存在十分复杂的矛盾,很多市场和社会的问题都可以从中找到根源。

在中关村电子市场发现的熟悉关系陌生化的"转型交易",以及在长春汽车配件市场和株洲服装批发市场中发现的陌生关系熟悉化的"关系交易",都说明了中国熟悉社会的强大惯性和稳定存在。不能简单照抄照搬西方市场经济制度和管理方法,而应结合中国实际国情,努力促进西方制度与中国传统、外来原则与本土习俗达成融合。应当避免将那些未经充分消化,中国社会成员还十分陌生、未必理解的西方原则或西方模式,简单植入中国市场运行之中,以致人们对这个市场的很多规则和制度变得更加陌生。

本书既有对消费品市场中的经验事实所做的大量考察分析,也有关于中国文化传统、社会基础、思维方式与行为方式对市场经济运行的超常稳定影响的深入思考,还有一些积极探索、力求创新的理论概括。因此,本书在生活实践和学术研究上都可能会引起读者新的思考与开拓。

本书写作分工如下:

刘少杰:导论,第五章,第六章。

张军:第一章第一节,第二章,第四章。

王国伟:第一章第二节,第三章。

目 录

导论 市场交易秩序的社会基础与优化途径
- 2　第一节　中国市场经济立足的社会基础
- 7　第二节　并未发生质变的熟悉社会
- 14　第三节　依赖熟悉关系的交易秩序
- 20　第四节　优化市场交易秩序的新途径

第一章　市场交易秩序的生成与模式
- 27　第一节　市场交易秩序的生成论
- 51　第二节　市场交易秩序的模式论

第二章　熟悉关系陌生化的"转型交易"
- 70　第一节　从熟悉关系进入陌生关系
- 78　第二节　规模扩张中的环境变迁
- 87　第三节　道德失范且持续的"转型交易"
- 100　第四节　"转型交易"与"关系交易"并存

第三章　"转型交易"持续存在的根据
- 111　第一节　在竞争与限制中的选择
- 121　第二节　复杂信息的不对称利用
- 131　第三节　转向陌生关系的道德缺失
- 136　第四节　市场、政府和社会的权利

第四章　熟悉关系中的诚信交易
- 145　第一节　消费品市场中的熟悉关系

153　第二节　熟悉交易中的诚信与效益
162　第三节　熟悉交易中的信息与制度
170　第四节　熟悉交易的传统道德基础

第五章　熟悉交易中的感性根据

179　第一节　理性选择的感性制约与感性支持
189　第二节　感性意识支配的感性选择
199　第三节　稳定交易秩序的感性根据

第六章　陌生关系熟悉化的交易秩序

211　第一节　当代中国社会转型的实质
214　第二节　中国传统社会的稳定性
219　第三节　市场经济与生活世界的冲突
223　第四节　以生活世界为基础的市场交易秩序

参考文献

导论　市场交易秩序的社会基础与优化途径

  随着中国市场经济的快速发展，市场交易秩序问题变得日益突出。人们越来越清楚地看到，仅有快速扩张的市场规模，而没有规范健康的交易秩序，市场经济的持续发展将难以维持。正是在这个意义上，市场交易秩序问题引起了高度重视，很多学者从体制安排、法治建设和道德教化等方面做了思考与设计，为培育市场交易秩序做了有益探索。然而，令人困惑的是，尽管十几年来政府为规范市场交易秩序已经做了大量制度安排，加强了法治监管，同时也开展了对市场经营者的道德教育，但中国市场交易秩序仍然存在很多问题。究竟是何种原因导致中国市场交易难以形成健康稳定的交易秩序？其中难以治愈的症结究竟在哪里？我们认为，现有研究轻视了市场交易秩序存在的社会基础，应当先对中国市场经济社会基础的形成历史和现实状况做出符合实际的判断，然后才能清楚揭示市场交易秩序的问题，并探索优化市场交易秩序切实可行的途径。

第一节　中国市场经济立足的社会基础

　　市场交易秩序可以通过市场活动的多种维度呈现出来，如交易制度的健全性、交易价格的合理性、交易环境的稳定性、交易关系的协调性等，但无论交易秩序呈现为多少种表现形式，其实质都不过是交易者的行为秩序。因此，研究市场交易秩序，最根本的是研究交易者如何去实施行为。而交易者的行为一定是在特定的社会关系或社会结构中展开的，所以通过交易者的行为展开的交易秩序必然是建立在某种社会基础之上的。中国消费品市场中的交易秩序，更突出地表现了社会基础对它的形成与存在的重要作用。

　　仅用20多年的时间就迅速发展起来的中国消费品市场，存在于从传统社会向现代社会转变过程中的社会基础之上。虽然近年来很多学者都习惯于称中国社会处于转型期，但中国社会的转型并不是发生了本质的转变，而是一个新旧交替的量变过程。在这个量变的转型过程中，一方面新社会因素努力地超越旧束缚积极生长，另一方面旧社会因素也在抵制着新社会因素而顽强地保持着自己的巨大惯性作用。因此，应当在新旧因素的交替作用中把握中国消费品市场交易秩序的社会基础。

　　不可否认，随着中国市场经济的快速发展，在具有几千年自然经济基础的中国社会，出现了很多与传统社会有很大不同的明显变化。在众多难以罗列的变化中，最突出的变化首先是市场意识的生成与市场活动的发生。所谓市场意识，通常是指支配市场交易行为的效益原则、计算精神和竞争意识等。这种市场意识日益强烈地生成与发展，给中国消费品市场注入了旺盛的活力。正是在迅速提升的市场意识的支配下，数以千万计乃至数以亿计的城乡居民投入到市场经济活动中，并且大多数人进入了消费品市场。

　　从20世纪80年代初期开始，中国城市生活中普遍流行着一个新名词："下海"。至90年代后期，"下海"经商已经成为席卷中国城市各种行业的铺天盖地的社会风潮。越来越多的城里人离开了原来所在的公有制单位，放弃了机关、学校、科研机构和国有企业等单位的职位,由官员、教师、医生、科技人员和企业工人等,变成了市场经济中的商人。这不仅说明一些原来在计划经济体制中工作的干部与工人形成了市场意识、开始了市场活动,标志着市场经济开始在城市中迅速发展,而且意味着城市的就业结构和社会结构也发生了明显变化。

当市场经济在城市快速发展时,中国农村也逐渐受到了市场经济的影响。到了20世纪90年代,市场意识逐步觉醒的中国农民,掀起了规模浩大的农民工"进城"浪潮。国家统计局2013年5月27日发布的《2012年全国农民工监测调查报告》显示,到2012年年底,中国农民工总量已达26 261万人。[①] 大批农民工"进城",不仅改变了城市工人队伍的构成,而且给城市的市场经济注入了很多乡土因素。进一步说,乡土因素亦即几千年来在中国自然经济基础上形成的传统因素,费孝通在《乡土中国》中对乡土文明中的礼俗秩序、熟悉关系和差序格局等已经做了生动论述。

事实上,不仅农民工"进城"给市场经济注入了自然经济的传统因素,而且城市居民"下海"也具有相同性质的效应。区别不过在于,农民工"进城"带给市场经济的传统因素是农业经济基础上的乡土传统,而城市居民"下海"带给市场经济的传统因素则是工业经济基础上的单位制传统。然而,乡土传统和单位制传统都是建立在非商品经济基础之上的,二者存在的经济基础具有共同的性质。单位制传统的经济基础虽然不是自然经济,但也不是商品经济,而是排斥市场的计划经济,城市计划经济的这种非商品化和未市场化性质,同乡村的自然经济是相同的。

并且,改革开放前中国社会的乡土传统与单位制传统,二者自身也有本质上的共性。费孝通曾把以农业自然经济或乡土文明为基础的乡村社会称为熟悉社会,是以亲缘关系、地缘关系或熟悉关系为纽带而形成的相对封闭的社会。事实上,改革开放前的中国城市社会,就其主要构成而言,也是一个熟悉社会。一方面,改革开放前的城市居民,大多数是20世纪五

---

① 国家统计局.2012年全国农民工监测调查报告.(2013-05-27)[2018-03-20].http://www.stats.gov.cn/tjsj/zxfb/201305/t20130527_12978.html.

六十年代从乡村进到城里的，乡村社会的熟悉关系在这些城市居民中根深蒂固地存在着；另一方面，由单位制组织起来的城市社会，也是一种由制度规定甚至加固了的熟悉社会。功能齐全、无所不包的企事业单位，形成了一个个相对封闭的单位社区，而在其中工作的人们则结成了紧密而封闭的熟悉关系。

在20世纪六七十年代，城市企事业单位还通过一些优惠本单位职工的就业措施，强化了企事业单位的熟悉关系。在60年代初期，为了应对严重的经济困难，企事业单位实行了大规模的"精简下放"，全国有2 000多万城市职工离开工作岗位，很大一部分下岗职工成为"下放户"回到了农村，还有一部分成为城市失业人口、闲散人员。1962年，经济形势逐渐好转，一些企事业单位开始设法解决本单位职工失业家属的工作问题，普遍采取的措施是建立附属于企事业单位的"大集体"。

"大集体"是利用"全民所有制"企事业单位资源建立的服务性或依附性企业，特别是具有一定规模的工业企业和事业单位，基本上都建立了这种安排本单位职工家属的"大集体"。由于进入"大集体单位"的家属大部分是女性，因此在东北等地又称之为"三八大军"。1968年，城市开始了大规模的知识青年"上山下乡"运动，大部分中学毕业生到农村成为插队落户的下乡青年，但也有一些城市青年因为各种原因没有下乡，被"照顾"到"大集体"工作。于是，从60年代后期开始，在"大集体"中工作的已经不完全是女性，"三八大军"变成了"混合部队"。其结果是，在一些企事业单位中，经常能看到夫妻和子女同在一个单位工作的亲缘关系。

到了70年代初，从城里到农村的知识青年越来越多，不仅长期在农村劳动的知识青年本身遇到了很多难以解决的困难，而且农村也出现了无法再接纳知识青年下乡落户的困难。于是，大批下乡青年的回城工作问题摆在了党和政府面前。可是，长期开展的"左"倾政治运动，已经使国民经济疲惫不堪，城市无法妥善安置下乡青年回城工作。于是，一个类似建立"大集体"的招数被创造出来：由下乡青年的父母所在单位安排他们回城工作。当时一种普遍实行的办法叫"接班"或"顶号头"，即父母提前退休腾出自己的位置，用来安排自己下乡的子女。"接班"或"顶号头"的结果是，企业内部形成了一种代际传承关系，不仅离退休职工同新职工形成了亲缘关系，而且父辈之间的熟悉关系也由子辈承继了下来。计划经济时代相对封闭的企业内部关系，具有了更亲密、更浓厚的熟悉关系。

通过建立"大集体"和实行"接班"或"顶号头"的就业政策，原本就因为比较封闭而形成了稳定熟悉关系的城市企事业单位，又增添了亲缘或血缘关系，变成了与乡村社会没有太大区别的熟悉社会，而这正是城市居民"下海"经商的社会基础。因此，无论是"进城"的农民工，还是"下海"的城市居民，都是从熟悉社会中走出来进入市场经济的。于是，被视为与传统社会不同的市场经济，在中国诞生之初就与传统社会有着不可分割的联系。并且尤为重要的是，被认为以陌生社会为基础的市场经济，在中国却遭遇了无法摆脱的熟悉关系，形成了陌生关系与熟悉关系并存、交织、矛盾甚至冲突的中国市场经济特色。

不过也不可否认，即便是由从熟悉社会走出来的人们参与的市场经济，其陌生关系也一定是存在的，这是市场经济的本性规定的。因为市场经济必须肯定理性计算、利益竞争和公平开放等原则，而这些原则必然要冲击缺乏计算精神和竞争意识的熟悉关系，并逐步在开放的市场关系中形成和扩展陌生关系。所以，陌生关系也一定是中国市场经济发展中的基本关系之一。并且，随着市场经济规模的进一步扩张，陌生关系一定会在更广泛的层面上、以更大的规模存在。

如果从当代经济生活全球化、信息化和网络化等角度看，就更能发现中国市场经济中的陌生关系走向扩张和复杂化的趋势。经济生活全球化已经成为各国经济发展不可回避的趋势，新兴的中国市场经济也不例外。在日益开放的市场经济活动中，无论是来自城市还是来自农村的市场参与者，都被抛进不断更新的陌生空间。市场的交易主体、交易行为、交易制度和交易商品都在日新月异地变化着。尤其是考虑到经济生活信息化和网络化，市场经济的陌生关系呈现出更为复杂的状态。铺天盖地的市场信息，在互联网中令人目不暇接地更新与变化着，面对难以鉴别真伪的市场信息，人们不仅感到市场是一个无法熟悉的空间，而且认识到这是一个充满了不确定性的高风险领域。

同时，仅从其参与者来看，中国市场经济也一定是一个陌生关系逐渐增强的空间。中国市场经济的发展过程，也是人口流动大规模开展的过程。流量和流速不断提升的人口流动，不仅推进了中国的城市化进程，使北京、上海、广州和深圳等一些中心城市，以及各省省会和青岛、苏州、宁波、温州等一些市场经济较为发达的城市人口急剧增加，而且改变了城市的社会结构。如前所述，2.6亿农民工"进城"，改变了中国工人阶级的队伍构成。目前，农民工已经占产业工人队伍的57%。在建筑业，农民工占工人队伍的80%以上。并且，由于大批科技人员和管理干部"下海"经商，知识分子队伍也发生了重大变化，知识分子队伍中分化出一个在公有体制之外的新阶层。

城市化进程加快，城市人口迅速膨胀，阶级构成发生变化以及新阶层诞生，这些变化都从不同方面扩展了城市生活特别是市场经济中的陌生关系。但是，当人们面对这些不断扩展的陌生关系时，却不能忘记一个基本事实：形成这些陌生关系的人是从熟悉关系中走出来的，不仅延续了几千年的中国乡土传统规定着进城农民工的思维方式、行为方式和价值信念，而且有30多年历史的单位制也在"下海"经商的城市居民头脑中留下了不可磨灭的印记。单位制中的职位关系、裙带关系、圈层关系等，仍然是进入陌生关系中的"下海"经商者习惯依赖的资源。

是否可以这样看待中国市场经济中的陌生关系和熟悉关系之间的关系，即作为中国市场经济参与者的熟悉关系，是在全球化、信息化、网络化、人口流动和城市化等方面推动下形成的市场经济中的陌生关系的基础。无论陌生关系有多么复杂或在多么广阔的空间展开，它都是以延续着传统的熟悉关系为前提的。因为熟悉关系不仅是在传统社会中传承下来的客观结构，而且是通过文化传承积淀在来自城乡的市场参与者心理底层的主观结构。如果说作为社会关系的熟悉关系的客观结构具有超长稳定性，那么积存于人们灵魂深处的心理结构就更具有难以改变的顽强持续性。

第二节　并未发生质变的熟悉社会

问题的复杂性在于，植根于中国文化传统的熟悉关系和由市场经济本性规定的陌生关系，二者对立并存，并且因为都具备真实根基而不可能发生截然相反甚至此生彼亡的变化。二者勾连交织，相互利用且冲突排斥。特别是在交易人员众多的消费品市场，这个问题表现得就更为复杂，并使消费品市场的交易秩序面临无法回避的冲击。

然而，人们对中国市场经济中熟悉关系和陌生关系对立并存且相互冲击的事实，通常形成了非此即彼的截然对立的看法。

有学者根据市场空间扩大、陌生面孔增加和一些人在市场行为中唯利是图等现象，认为中国在市场经济当中已经形成了一个与传统社会不同的陌生社会[1]；还有学者说，由于市场经济的刺激，中国社会重视熟悉关系的传统已经被抛弃，人们开始"宰亲杀熟"，中国社会变成了一个六亲不认的陌生社会[2]。

认为陌生社会已经到来的最普遍根据是，老人在路上摔倒没人扶，社区邻里之间陌生面孔越来越多，人与人之间有戒备心理，人情日益淡薄，唯利是图成为社会普遍风气，等等。冯启就是根据这些社会现象得出了陌生社会已经到来的结论。谢俊贵也得出了陌生社会已经到来的相同结论："20世纪末期以来，我国正式开展社会主义市场经济建设，原有的社会主义计划经济体制被打破，原来束缚于计划经济体制之中的单位人（包括城市的单位人和农村的社员）开始走向了市场，人口的社会流动性日益增大，熟人社会发生了动摇，生人社会开始兴起。"[3]

---

[1] 冯启. 中国进入"陌生人社会". (2011-09-26) [2018-03-20]. http://www.globrand.com/2011/524077.shtml.
[2] 郑也夫. 走向杀熟之路——对一种反传统历史过程的社会学分析. 学术界, 2001 (1): 58-76.
[3] 谢俊贵. 生人社会的来临与社会建设的策略——基于城市社会关顾状态的思考. 思想战线, 2012, 38 (2): 26-30.

人们一旦形成熟悉社会行将终结、陌生社会已经到来的观点，通常首先关注的是道德关系的变化。郑也夫论述的"宰亲杀熟"观点，就是在从熟悉社会向陌生社会转变的背景下，对一些人见利忘义、无情逐利的市场行为的激烈谴责。按照历史唯物主义的观点，道德观念或道德原则属于思想意识的上层建筑，建立在特定的生产关系或经济基础之上。当经济生活发生变化时，人们的道德观念和道德行为也会发生变化。就此而言，如果确实发生了从熟悉社会向陌生社会的转变，一些人背弃注重亲情的传统道德而转向利益至上的市场原则，似乎也符合历史发展的规律。

不过，尽管"宰亲杀熟"现象引人注目——因为它是对熟悉社会中的道德原则的彻底背叛——但如果把陌生关系中的市场行为同熟悉关系中的市场行为加以比较，就能发现陌生关系中的逐利行为要比熟悉关系中的更加冷酷，而熟悉关系中的"宰亲杀熟"并非普遍现象。通常的情况是，在熟悉关系中开展市场交易行为时，大部分人还是比较注重道德情感的。虽然在熟悉关系中也要追逐利益，但多少还会有些关照，彻底忘义灭亲的市场行为属于比较少见的极端现象。

对"宰亲杀熟"现象予以激烈谴责，是对熟悉社会中形成的道德观念的一种固守。指责"宰亲杀熟"，不仅抨击了那些对亲戚朋友坑蒙拐骗、损人利己的行为，而且表达了在亲情熟悉关系中不能开展以逐利为目的的市场行为的观点。尽管理想的市场行为是遵守诚信原则的，但市场行为必须以获利为目的，否则就超越了市场关系而不属于市场行为。而熟悉社会中崇尚的道德原则是牟利卑污、亲情至上。"君子喻于义，小人喻于利"，就是对这种道德观念最明确的表达。

在一些人叹息熟人社会即将逝去、陌生社会已经到来之时，也有很多学者认为中国熟人社会根深蒂固，尽管在快速发展的市场经济的推动下中国社会生活发生了很大变化，但熟人社会并没有从根本上发生改变。出现频次比较高的提法是，市场经济条件下的熟人社会已经不同于费孝通笔下的传统乡土社会，而是掺进了很多陌生因素的新型熟人社会。贺雪峰针对近些年乡村社会的一些变化，称之为"半熟人社会"。他在一篇关于村委会选举的论文中指出：传统的熟人社会是自然村中的社会，而现在自然村已变成了行政村，"行政村已大大不同于作为熟人社会的自然村的情况。行政村是规划的社会变迁的产物。在行政村中，村民之间相互认识而不熟悉，共享一些公众人物，但缺乏共同生活的空间。若将自然村看作熟人社会，行政村便可以称为'半熟人社会'"①。

受贺雪峰"半熟人社会"的观点影响，吴重庆对乡村熟人社会的变化做了进一步概括。他根据大批青壮劳动力离开家乡进城务工导致农村出现普遍的"空巢"的现象，把乡村社会称为"无主体熟人社会"。吴重庆认为"无主体熟人社会"比"半熟人社会"更清楚地揭示了乡村社会的变化："'半熟人社会'揭示的是与'熟人社会'之间的量（熟识程度）的差异，其解释力表现在村民委员会选举这一特定事项上；而'无主体熟人社会'能够揭示与'熟人社会'之间的质的变化，并试图解释空心化农村的社会运作逻辑。"②

尽管吴重庆刻意强调乡村社会已经发生了质的变化，但他的"无主体熟人社会"也没有揭示"与'熟人社会'之间的质的变化"，而且这个概念还存在逻辑矛盾。主体是人，社会是人们交往活动的展开形式，当主体或人不存在时，社会怎么还能存在呢？从实际情况看，当大批青壮劳动力进城务工后，农村还有很多妇女和老年人在从事农业生产，他们从过去处于从属地位的辅助劳动力，变成了主要劳动力，是新形势下农村社会的主体。因此，"无主体熟人社会"不仅存在逻辑矛盾，而且不符合农村的实际情况。并且，质变乃是事物的性质发生了变化，量变则是事物数量的变化或场所的变更。农村社会的"空巢"现象，不过是人口流动的数量变化和场所变更，是量变，而不是质变。

近些年中国社会学界发表了较多关于熟人社会向陌生社会变化的研究成果，而但凡谈到熟人社会和陌生社会的问题，通常都会联系费孝通关于

---

① 贺雪峰. 论半熟人社会——理解村委会选举的一个视角. 政治学研究，2000（3）：61-69.
② 吴重庆. 从熟人社会到"无主体熟人社会". 党政干部参考，2011（2）：19-25.

乡土中国的论述，认为费孝通笔下的乡土社会是熟人社会的原本形态。虽然应当赞扬这些研究对前人思想观点的承继意识，但应当指出的是，这些研究中有些人对费孝通思想观点的理解存在明显的片面性。仔细阅读《乡土中国》会发现，费孝通并没有使用"熟人社会"这个概念，他充分讨论的是"熟悉社会"。虽然两个概念只有一字之差，但内涵与外延却有很大区别。

"熟人社会"主要强调人与人之间熟悉而亲密的交往关系，而费孝通论述的"熟悉社会"，既包含人与人之间的熟人关系，也包含人对物、对周围环境和风土人情的熟悉关系。费孝通生动地指出：

> 熟悉是从时间里、多方面、经常的接触中所发生的亲密的感觉。
>
> ……
>
> 不但对人，他们对物也是"熟悉"的。一个老农看见蚂蚁在搬家了，会忙着去田里开沟，他熟悉蚂蚁搬家的意义。从熟悉里得来的认识是个别的，并不是抽象的普遍的原则。在熟悉的环境里生长的人，不需要这种原则，他只要在接触所及的范围之中知道从手段到目的间的个别关联。[①]

费孝通这段话很值得深思。他并非像某些人讨论熟人社会时那样仅仅注意人与人的熟识关系，也并未仅仅依据人口居住或流动的情况去判断乡村社会的性质，而是从人与人，人与物，人与传统，人的感觉方式、思维方式和行为方式来论述熟悉社会以及熟悉关系。因此，熟悉社会是对中国乡土社会的一个总体性判断，而不是仅对人际交往和人口流动现象的反映。并且，费孝通是在中西文化的对比中论述中国乡村社会的本质特点的。关于以己为中心、以亲情为纽带的差序格局，轻视原则而重视感性象征的思维方式和行为方式这些制度层面的论述，是在同西方团体格局、法治社会的对比中做出的关于中国社会本质特点的判断。

---

① 费孝通. 乡土中国 生育制度. 北京：北京大学出版社，1998：10-11.

费孝通关于乡土社会是熟悉社会的论述，其重要启示在于，分析评价中国社会的本质特点，不仅要在人与人、人与物和人与环境的总体联系中展开，而且应当在不同文化传统的对比中，从人们的思维方式和行为方式着眼，揭示制度关系或社会结构的本质。据此可知，虽然一些学者在谈论中国熟悉社会发生了质变时，通常会把自己的论述同费孝通在《乡土中国》中的论述联系起来，但应当说他们没有注意像费孝通那样从社会的制度层面，亦即从思维方式和行为方式的变化开展分析，以至于描述了很多表层现象而没有抓住问题的深层本质。

如果承认费孝通关于中国乡土社会是熟悉社会的观点是依据人们的思维方式和行为方式的本质特点做出的判断，那么当我们讨论熟悉社会是否发生了向陌生社会的转变时，就应当像费孝通那样去考察人们的思维方式和行为方式是否发生了转变，以及是否由于这些转变而引起了社会结构或制度关系的变迁。如果没有这些方面的考察，而是根据一些表层现象的变化，就得出熟悉社会已经发生了向陌生社会的转变甚至是质变的结论，则显然有草率之嫌。

事实上，费孝通在《乡土中国》中论述的那些国人的思维方式和行为方式，现在并没有发生根本的变化。尽管改革开放以来中国乡村社会发生了很多重要变化，但以己为中心的差序格局和轻视普遍原则、崇尚中心势力的行为方式和思维方式没有发生本质的变化。改革开放和市场经济扩展了农民的视野和接触空间，但经过潜移默化、世代相传而积淀于他们心灵深处的心理结构和文化传统并没有改变。大量研究表明，不仅留在农村从事农业生产劳动的农民仍然在延续着以己为中心、以亲情关系为纽带的差序格局，进城务工的农民工也在很大程度上保持着乡村社会的行为方式和思维方式。

更进一步说，不仅农民和农民工的思维方式和行为方式没有发生根本的转变，而且城里人的思维方式和行为方式也不能说发生了本质的变化。确实，城市空间发生了难以预料的大规模迅速扩张，不仅拔地而起的高楼大厦把城市居民封闭得难以沟通，而且由于日益严重的群体利益分化，生存状态不同的人们之间也形成了许多隔阂甚至冲突。费孝通描述的街坊邻里亲密熟悉，同乡之间诚实相待、和谐默契，那些田园诗般的乡土社会场景，在嘈杂而紧张的城市空间中确实难寻踪影。然而，这些都不足以证明中国城市已经进入了陌生社会。

正是在这种令人感到陌生的空间里，从熟悉社会带来的思维方式和行为方式仍然无处不在地表现着。进城农民工结成了亲情纽带和乡土圈子，从城乡基层社会发家而起的老板们办起了家族企业，大学校园中成立了数不清的同乡会，以及遇事总是想着拉关系、拜门子的行动路径，善于模仿从众而不勤于突破创新的行为模式，攀权附势的官本位心理，职位升迁甚至贪污腐化都要拉帮结伙的裙带关系，凡此种种，举不胜举，都是从传统社会中延续下来的思维方式和行为方式的表现。私己中心、伦理本位、亲情纽带、圈子关系、轻视原则、崇尚权势，谁能证明这些传统社会或熟悉社会的本质特征在哪个社会层面上消失了？

在我们看来，中国社会的这些本质特征，不仅现在没有消失，而且再过几十年甚至上百年，也未必能够消失。不过，这里似乎过多地陈述了中国社会的负面特征，而事实上，在从传统接续而来的中国人的思维方式和行为方式中，也有很多优秀品质：费孝通晚年论述的中国人崇尚天人合一的世界观，善于感性沟通的意会、将心比心的交流方式，注重交往、追求和谐的人际关系；梁漱溟在东西文化比较中强调的中国人讲究情理交融，长于环顾左右、向旁边看的思维方式，家庭为根、伦理为本、道义为先的行为方式。正是这些本质特征表现了中国社会的制度结构，具有超常稳定性的中国社会的制度结构，不会在改革开放后的几十年历史中彻底改变。

从行为方式和思维方式层面开展社会制度变迁的研究，在社会学的历史中已经积累了丰富的思想理论，中国社会学理应借鉴这些思想理论，对中国社会制度变迁做出更深入的研究。然而，令人遗憾的是，一些研究不注意对前人研究成果的承继，仅仅停留于对社会表面现象做些观察与描述，缺乏从行为方式和思维方式的变化上来分析中国社会的深层变化，以致形成了一些在逻辑与事实上都难以成立的结论。因此，我们主张借鉴中外社会学传统中关于社会制度变迁的研究成果，克服表面观察和简单描述的局限，开展真正接触中国社会本质层面的社会变迁研究。

在社会学的历史中，有很多学者像费孝通一样从人们的行为方式与思维方式的变化上分析社会的本质特点和结构变迁。迪尔凯姆把社会学归结为关于制度的科学，而他说的制度不仅指法律和规章等制度，更重要的是指人们的行为方式和思维方式。迪尔凯姆指出：社会学的研究对象是社会事实，而最基本的社会事实是制度，因此，"可以把社会学界定为关于制度及其产生与功能的科学"[1]。他在进一步论述社会事实的本质时又说：社会事实"由存在于个人之身外，但又具有使个人不能不服从的强制力的行为方式、思维方式和感觉方式构成"[2]。更明确地说，社会事实就是对个人具有强制力的制度，它是由行为方式、思维方式和感觉方式构成的。正是在这个意义上，迪尔凯姆对于从传统社会到现代社会转型的研究，最重视的是对人们的行为方式和思维方式变化的考察。

社会生活是充满偶然性的，面对变动不居的社会生活，社会学不能去追捕那些千变万化的现象，而要从不断变化的现象中发现相对稳定的本质。特别是那些以科学的立场开展的社会学研究，更是应明确地坚持这种追求。当迪尔凯姆试图用物理学的方法研究社会现象时，他的本意是试图像物理学一样在社会现象中发现客观规律，但社会毕竟是由有意识的人们的选择行为呈现出来的，在社会生活中找不到类似万有引力定律的客观规律。然而，社会生活中有相对稳定的且具有一定程度客观性的制度，社会学在社会生活中发现制度及其变迁的逻辑，相当于物理学在自然现象中发现本质与规律。正是基于这些理由，迪尔凯姆一方面强调用物理学方法研究社会，坚持把社会事实当作物来看待，另一方面又把社会学归结为关于制度的科学。

总之，无论是从中国社会变迁的实际情况出发，还是借鉴费孝通和迪

---

[1] 迪尔凯姆. 社会学方法的准则. 狄玉明，译. 北京：商务印书馆，1995：19.
[2] 同[1]25.

尔凯姆等社会学家研究社会变迁的思想观点，都不应当仅仅根据中国社会表层现象的变化，就得出熟悉社会即将过去、陌生社会已经到来的结论。因为，尽管熟悉社会中陌生的面孔增多，一大批农村青壮劳动力进了城，甚至个别人还出现了"宰亲杀熟"的行为，但是，就大多数社会成员而言，人们的行为方式和思维方式并没有改变。符合实际的观点应当是，差序格局、亲情关系、熟悉圈子和权力至上等熟悉社会的本质没有改变，但这个本质未变的社会已经遭遇了与其不同质的大量新因素的冲击。我们应当在熟悉关系与陌生关系对立并存且相互冲突的矛盾关系中，观察、分析和概括中国市场交易秩序的生成与变迁问题。

第三节　依赖熟悉关系的交易秩序

如果承认中国市场经济存在于其中的社会，是一个以熟悉关系为基础同时涌进了陌生关系的社会，那么就应当一方面承认这个社会中熟悉关系和陌生关系并存，另一方面看到，尽管陌生关系已经有了增长和扩展，但中国社会在本质上还在延续着熟悉社会的传统。如果以这个兼具熟悉与陌生双重关系的社会为基础，去考察和分析中国市场经济的交易秩序，那就不应当像某些经济学和社会学的研究那样，仅仅用西方经济学脱离了社会关系的理性化模式来观察和解释中国市场经济中的交易秩序。西方经济学的理性化交易模式，是一种在社会关系之外依据先验原则推论出来的理想模式；而在熟悉与陌生两种关系兼具的社会现实中考察市场交易秩序，是一种在社会关系之中对现实交易过程的经验研究。把前者简单应用于后者，势必产生种种谬误。

西方经济学构建了很多理性化交易模式，但无论理性化交易模式有多少种表现形式，其核心都是理性选择的基本原则。应当承认，经济学特别是新古典经济学建立的理性选择模式，具有逻辑推论的合理性和计量分析的精致性。但是，经济学的理性选择理论或选择模式是建立在明确的假定前提之上的，它具有逻辑合理性，却未必具有事实符合性。概而言之，理性选择理论的假定前提主要是：

（1）参与市场活动的人是趋利避害的经济人；

（2）经济人具有效益最大化追求；

（3）经济人具有逻辑推论和数学计算的能力；

（4）经济人能够获得充分的商品信息；

（5）经济人具有自主的选择能力；

（6）经济人有多种备选方案可供选择。

理性选择理论的这些假定，不是对实际经济行为的反映，而是对经济行为所受限制的超越。虽然这些假定能够保证经济学合逻辑地建立理性模式和理性推论，但却难以保证这些理性模式和理性推论符合事实。其中的原因并不复杂，因为理性选择理论最根本的假定是没有道德伦理、唯利是图的经济人，是一种被从社会关系中隔离出来的抽象的人，以这种纯粹的经济人为基础做出的假定和推论，在现实经济生活中很难找到其真实存在。正是因此，米塞斯说：经济学"这门学科不考虑偶然性，只考虑本质。它的目的是理解普遍性，而它的程序是形式化和公理化的。它看待行动和行动发生的条件，不是以我们在日常生活中所遇到的它们的具体形式，也不是以其实际的情景，就像我们在自然和历史科学中看待它们那样，而是把它们看作形式的构造物。它能使我们理解纯粹人类行动的形式"[1]。

米塞斯的这些论述，对于理解经济学的理性推论同实际经济行为之间的矛盾，具有非常明确的启发意义。米塞斯十分清楚地指明，经济学不是依据经验事实做出的理性化推论，而是根据普遍原则做出的先于经验的逻辑推论。经济学追求的不是事实真实性，而是形式合理性。所以，米塞斯又说：经济学"是先验，而不是经验的。正如逻辑学和数学一样，它们不是得自经验，它们先于经验"[2]。从这个意义上讲，一些基于经验研究而对经济学的形式分析或逻辑推理提出批评的学者，并没有把握经济学的实质，

---

[1] 米塞斯. 经济学的认识论问题. 梁小民, 译. 北京：经济科学出版社，2001：12.
[2] 同[1].

也难以切中经济学的要害。

如果经济学是先验科学，就意味着它的理论原则不是产生于对现实的观察与概括，而是按照先于经验的思想原则推论出来的理性化模式，其根基在于逻辑演绎和形式构建，其意义在于用合逻辑的理想设计引导现实追求经济生活理性化。应当说，经济学的这个学科特点具有很重要的积极作用，对于在充满不确定性的市场中设定目标、明确方向和选择方案，具有不可缺失的指导作用。但是，常常出现的问题是，一些以经验事实为基础且旨在描述经验现象的研究，却把先验的经济学原则用作观察事实、说明事实的工具，进而导致用先验理论描述经验事实的逻辑错误。

经过对长春汽车配件市场、株洲芦淞服装批发市场和北京中关村电子市场的市场交易秩序的调查研究，我们明确地认识到上述分析是符合实际的。我们在各地的调查研究中发现，单纯用理性选择的原则去观察和解释中国市场经济中的交易行为和交易秩序，难免出现生搬硬套、削足适履的研究结果，得出的结论同实际存在的情况相去甚远。首先，在市场中找不到纯粹的经济人，市场中的交易者，无论是经营者还是消费者，都不是单纯追求效益最大化的经济人，而是具有某种道德观念或同文化传统不可分割地联系在一起的社会人；其次，市场交易者不仅无法获得充分的商品信息，而且即便能获得某些商品信息，也未必就能有效地用于市场交易，商品信息在熟悉关系和陌生关系中形成了不同的传递效应；最后，不仅市场交易者是从各种社会关系中走出来的社会人，而且市场也是在特定的社会关系中存在的场域，不能脱离社会关系去研究交易行为与交易秩序。

在长春汽车配件市场中，大部分商铺开展以批发汽车配件为主的销售业务，经营者们非常注意同远在全国各地的客户保持比较紧密的关系。尤其是那些经营时间长、效益比较好、规模较大的商铺，更是注意维护自己和客户之间的合作关系。我们在调查中发现，一些经营者一旦同某些客户发生了交易关系，就会千方百计地增进同客户的联系，不仅尽可能地让客户了解他们所经销的商品，确信他们的商品质量，而且通过请客吃饭、送土特产和年节走访等办法，加强感情联络，形成熟悉关系。我们可以将这种经营方式或交易关系称为陌生关系熟悉化。

陌生关系熟悉化的交易关系，显示了经营者和客户对熟悉关系的依赖。长春汽车配件市场（长春高力汽配城）占地45万平方米，是全国规模最大的汽车配件交易市场。到这里批发汽车配件的客户来自全国各地，主要是各地的汽车配件经销商和汽车维修店铺。川流不息的市场交易者，展现了一个以陌生关系为主的社会场景。按照经济学的理性选择原则，交易者可以无所顾虑地以经济人身份在这种场面很大的陌生关系中开展理性交易。然而，不仅经营者积极建立同客户的熟悉关系，而且客户在完成比较满意的初次交易之后，也乐于同经营者保持相对稳定的联系。

在株洲芦淞服装批发市场，我们发现经营者和客户之间具有更加紧密的熟悉关系。一位姓刘的服装店老板告诉我们，这里的服装店大都是生产和销售一条龙，大部分店主在批发市场都有门市，同时也有自己的服装加工厂。经营者的经营方式也以批发为主，前来批发的客户既有二级批发商，也有河南、湖北、江西、贵州等地的一些服装零售店。经营者一般都拥有比较稳定的批发客户群，有的经营者同客户之间甚至保持了十多年的交易关系，相互间像亲戚朋友一样来往。甚至他们的交易仅用电话沟通，至多寄来一张白条就可以成交。有时对方来个电话，经营者就能发过去几千件服装，年末结算，多少年也没有出现差错。这种在熟悉关系基础上的高度信任，虽然不符合现代市场经济的交易规则和管理制度，却形成了比较稳定的交易秩序。

在北京中关村电子市场，我们发现了一种同长春汽车配件市场和株洲芦淞服装批发市场恰好相反的交易行为——熟悉关系陌生化。中关村电子市场是全国规模最大的电子商品交易市场，在由海龙、鼎好、e世界等大型卖场组成的电子市场中，每天数以万计的来自全国各地的消费者熙熙攘攘、络绎不绝，其中的陌生面孔快速转换，展开了一个比长春汽车配件市场大得多的陌生空间。到中关村电子市场购物的主要是个人消费者，初次来这里的消费者感到这里不仅面孔陌生，而且琳琅满目的电子商品更是难以辨别真伪优劣，这是一个人和物都令人感到十分陌生的世界。

为了提防在中关村电子市场这个陌生世界中上当受骗，很多消费者在购物之前都做了一些市场考察。有的消费者到苏宁和国美等电子市场考察自己准备买的电子产品的类别、规格、配置和价格。更多的消费者在互联网上收集更丰富的电子商品信息，在充分比较和细致分析后，心中有数地前往购物。这种事前准备使消费者实现了一种对预购商品的相对熟悉关系，可谓试图用人对物的熟悉关系去抵御在陌生世界中有可能遭遇的不测风险。中关村电子市场管理部门为了保护消费者利益，建立了电子商品信息发布系统，每天公开发布电子商品市场行情，对消费者清楚了解商品价格、熟悉市场行情起到了积极作用。

消费者的事前准备和市场的信息发布制度，提高了消费者对电子商品的熟悉程度，同时给那些惯于利用电子商品种类繁多、规格不一、配置差别很大和消费者难以做出准确判断等因素来以次充好、以伪乱真的经营者造成了威胁。为了缓解消费者因对商品信息有了比较清楚了解而压缩了获利空间的压力，一些计谋多端的经营者创造了一种"转型交易"的销售方式，这种方式在中关村电子市场中长期流行。所谓"转型交易"，是指经营者通过干扰消费者掌握的商品信息和购买意向，向消费者推销他们不熟悉的商品，以便以假乱真、以次充好，实现获得高额利润的目的。简言之，经营者通过各种花言巧语，阻挠消费者购买预先准备买的商品，诱骗消费者购买他们不熟悉的商品。

"转型交易"实现了一种关系转变，即把消费者同预先要购买的商品的熟悉关系，转变为同实际购买商品的陌生关系。不仅消费者对预购买商品的了解是一种对个别商品的个别性认识，而且"转型交易"实现的也是一种关于个别对象、个别目的的个别关联，都属于关于个别事物的感性认识，因此不具有可以据之推及他物的普遍性。一旦经营者能够把消费者的注意力从他了解的商品中转移开来，消费者就进入了一种陌生关系，原来掌握的商品信息就会失效，经营者就能比较容易地诱导消费者上当。

进一步说，消费者在进入交易之前对商品信息的了解，是对某个商品的品牌、性能、规格、配置和价格等方面的感性认识。尽管一些聪明的消费者在进入中关村电子市场之前，能够对要买的商品形成完整的知觉和清晰的表象，但这毕竟是与个别对象对应的感性认识。消费者同预备购买的商品被间隔开来后，原来形成的知觉和表象就失去了对应物，基于感性认识的熟悉关系就变成了陌生关系，交易行为的目标和策略便被击溃，经营者主导消费者并实现高额利润的目的就会达到。

善于熟悉关系陌生化的经营者们还把这种手段用于同消费者的交往关系上。在交易达成之前，经营者会使出浑身解数淡化同消费者之间的陌生关系，通过拉家常、认老乡、示诚意等手段，尽可能地使消费者体验到亲切可信，使初次见面的陌生关系熟悉化。而在"转型交易"完成之后，如果消费者发现吃亏上当，回来交涉甚至退货时，促成交易的经营者会"隐藏"起来，让一些陌生经营者出来抵挡，形成了熟悉关系陌生化的转变，增加了消费者交涉的难度。另外，那些常年搞"转型交易"的店铺，为了躲避受害者事后算账，经常采取改换门庭的做法。做了几个月的亏心经营后，他们注销了原来的店铺，另挂一块牌子，以新面孔出现，有的甚至干脆迁至其他卖场，致使吃亏上当的消费者难寻其踪。这种行为也可以看成是熟悉关系陌生化的一种形式。

总之，无论是在长春汽车配件市场和株洲芦淞服装批发市场，还是在北京中关村电子市场，交易者们都没有脱离社会关系而开展纯粹的理性选择，相反，他们紧密地依赖着社会关系开展交易行为。在长春汽车配件市场和株洲芦淞服装批发市场中，经营者通过陌生关系熟悉化，培育了同客户间的稳定信任，形成了稳定的市场联系和市场秩序。在北京中关村电子市场中，虽然熟悉关系陌生化的"转型交易"具有欺骗性，是一种道德失范的市场行为，但它也证明了市场行为对社会关系的依赖。并且，消费者对商品的熟悉关系和陌生关系，不仅是人对物的关系，其中也表现了人依据感性认识对物的选择，是延续熟悉社会传统凭借感性认识、依赖感性关系开展交易行为的表现。

第四节　优化市场交易秩序的新途径

针对市场交易中出现的各种问题，国内学术界发表了很多优化市场交易秩序的研究成果，虽然有许多不同观点，但主要倾向是主张通过制度安排和法制建设，提高市场交易行为的理性化程度，进而促进市场形成稳定协调的交易秩序。应当肯定这些主张有其合理之处，近些年市场的制度建设和法制管理也取得了一定的成绩。但根据在长春、株洲和北京等地的市场交易秩序调查，我们发现，仅靠理性化手段很难有效地促进中国市场交易秩序优化，在开展制度安排和法制监管的同时，还应高度重视社会现实对市场行为和市场秩序的广泛制约，充分考虑市场交易者的思维方式和行为方式的深层作用，在文化传统和社会关系对经济行为的紧密影响中探寻市场交易秩序优化的途径。

长春等地的市场交易秩序调查已经证明，熟悉关系是受到市场交易者信赖并能维持稳定市场秩序的基础，而把熟悉关系转变为陌生关系则可以为不公平交易开辟方便之门。根据这些事实能够推知，可以在中国社会本质上仍然在延续熟悉社会传统这个基础上，探索出一条陌生关系熟悉化的优化市场交易秩序之路。我们认为，在中国市场交易中推进陌生关系熟悉化，既有符合几千年中华民族文化传统的历史根据，也有符合市场交易者的思维方式和行为方式的现实根据。并且，从市场交易秩序形成的机制上看，陌生关系熟悉化也具有逻辑合理性和现实可行性。

所谓陌生关系熟悉化，首先是交易者之间建立从陌生到熟悉的关系。在具备一定规模且比较活跃的商品交易市场，交易双方在进行初次交易的时候，大部分交易者之间是陌生关系，交易者特别是经营者，应当努力增进双方之间的了解与沟通，促使陌生关系向熟悉关系转变，并且精心维护使其持续存在。

其次，商品交易市场应当营造一种人与物之间的熟悉关系。不仅消费者要努力了解所要购买的商品信息，形成人对物的熟悉关系，而且经营者更应当主动明示出售商品的基本信息，使消费者能置身于一个他能比较容易熟悉对象的环境中。这样不仅能够增强消费者的安全感，而且也能提高商品的销售量。

最后，市场管理部门应当以醒目的形式公开商铺及其经营者的信息。市场不仅应当督促经营者主动公开自己的信息，而且应当设置一种硬性制度，要求从事商品销售的人员都明确公布自己的基本信息，特别是商铺老板和经理的信息更应当明确公开，以便消费者比较方便地了解经营者，遇到问题时能及时找到责任人。

借助陌生关系熟悉化来优化市场交易秩序，是基于熟悉关系仍然是人们社会生活或市场交易行为依靠的对象而提出的主张。因为熟悉社会的传统没有从根本上改变，所以在熟悉社会中形成的道德观念依旧支配着人们的行为。就像在长春汽车配件市场和芦淞服装批发市场中见到的那样，交易双方一旦形成了熟悉关系，道德诚信便会被自觉坚持；而在中关村电子市场的陌生关系交易中，具有欺骗性的"转型交易"则长期流行。

为什么市场交易者在熟悉关系中能践行道德原则、保持诚信交易，而在陌生关系中却敢于突破道德规范、进行欺骗交易？其中原因虽然很多，但最深层的原因还在于中国社会本质或文化传统的延续作用。道德诚信是中国文化传统的基本内容，费孝通和梁漱溟等人论述的中国人注重道德伦理、讲究诚实信誉，形成并传承于具有悠久历史的传统社会，是在农业生产、土地文明基础上的熟悉社会或伦理社会中形成的道德传统或价值体系。尽管近些年改革开放和市场经济发展对传统文化已经形成了有力冲击，但中华民族的文化传统并没有断裂，仍然以其强大的惯性在社会生活中发挥着稳定的作用。当交易者进入熟悉关系时，积淀于交易者心灵深处的传统道德观念就会规定他们的交易行为。而当交易者进入陌生关系时，一套基于陌生关系的道德原则还没建立起来，旧的道德传统发挥不了作用，而新的道德原则又未建立，道德缺失的交易行为也就难免发生。

在当前市场交易秩序问题不断、屡现危机的情况下，应当认真思考中华民族文化传统的本质及其对稳定市场秩序的深层作用。梁漱溟对中华民族文化传统的本质特征做了深入思考，他的很多观点对于理解文化传统在中国社会生活各方面的深层作用，具有十分深刻的启发性。在梁漱溟看来，以儒学为核心的传统文化教化，在中国形成了与西方文化不同的文化路向："往旁边看"。① 这种遇事环顾左右、往旁边看的文化路向，是中国人经济、政治和社会各方面生活的基本取向，是中国社会以伦理为本位的心理基础和文化根基。伦理即人际关系，"伦理关系，即是情谊关系，亦即是其相互间的一种义务关系。伦理之'理'，盖即于此情与义上见之"②。伦理本位就是在社会生活的各种层面，都要把注重情义的义务关系放在首位，作为为人处世的前提。

虽然市场交易是实现功利目标、谋取经济效益的行为，但市场交易一定是通过人与人的交往行为完成的，所以，市场交易回避不了道德伦理关系，并且只有协调地处理好道德伦理关系，才能使商品交易秩序保持稳定，进而提高交易效益。知情达意，珍惜人际关系，乃是中华民族千年文化传统中世代传承的珍贵品德，在长春汽车配件市场和芦淞服装批发市场中，那些注意把陌生关系转化为熟悉关系并加以精心维护的经营者，是自觉或不自觉地保持了中华民族文化传统这一美德，并由此提升了自己的销售效率和经济效益。

陌生关系熟悉化的另一个重要根据是在传统文化中孕育而成的思维方式。思维方式是指人们的思想意识活动表现出来的基本立场、追求目标、运思形式和价值取向等因素构成的思维模式。在传统哲学中，思维方式主要指理性思维的展开模式，而感性意识活动则不被考虑在思维方式范畴之中。然而，思维方式都是特定历史条件和文化传统的产物，在中国历史条件和文化传统中形成的思维方式，是一种注重感性形象、具体目标和伦理关系的思维方式。费孝通论述的"亲密的感觉"，梁漱溟论述的把情与理融

---

① 梁漱溟. 东西方文化及其哲学//梁漱溟. 梁漱溟学术精华录. 北京：北京师范学院出版社，1988：43.
② 梁漱溟. 中国文化要义. 上海：上海人民出版社，2005：72.

为一体的"往旁边看",其实都在论述一种与逻辑思维不同的感性层面的思维方式。

注重感性目标、感性象征和感性关系的感性思维方式,是由以两千多年的儒学为核心的感性教化培育而成的。孔子的感性教育方式为后来两千多年的感性教化树立了典范。他在讲述自己的思想观点时,很少去讨论抽象的理论逻辑,而是注意用生动的感性事实引导人们的实践行为。例如《论语·颜渊》:"颜渊问仁。子曰:'克己复礼为仁,一日克己复礼,天下归仁焉。……'颜渊曰:'请问其目。'子曰:'非礼勿视,非礼勿听,非礼勿言,非礼勿动。'"像这样从人的具体行为或在人际关系中阐发思想观点,而不是从概念逻辑或抽象推论展开辨析,在孔子的论述中随处可见。

费孝通对以孔子为代表的感性教化有深刻领会。他深有感触地说:"我读《论语》时,看到孔子在不同人面前说着不同的话来解释'孝'的意义时,我感到这种乡土社会的特性了。孝是什么?孔子并没抽象地加以说明,而是列举具体的行为,因人而异地答复了他的学生。"[①] 正是这种直接规范感性行为的文化教化,在传统社会形成了礼俗秩序,并且礼俗秩序也是一种人们通过感性意识和感性行为践行的感性秩序。"如果我们对行为和目的之间的关系不加以推究,只按照规定的方法去做,而且对于规定的方法带着不这样做就会有不幸的信念时,这套行为也就成我们普通所谓'仪式'了。礼是按照仪式做的意思。"[②]"礼是合式的路子,是经过教化过程而成为主动性的服膺于传统的习惯。"[③]

费孝通关于经过感性教化而形成感性秩序的论述十分深刻,但他过高估计了现代社会变迁对传统道德和传统礼俗秩序的冲击。他说:"在一个变迁很快的社会,传统的效力是无法保证的。不管一种生活的方法在过去是

[①] 费孝通. 乡土中国 生育制度. 北京:北京大学出版社,1998:11.
[②] 同①51.
[③] 同①52.

怎样有效，如果环境一改变，谁也不能再依着法子去应付新的问题了。"[①]时下改革开放和市场经济发展引起的社会变迁，要比费孝通在20世纪40年代面对的社会变迁深刻得多，然而，人们的感性思维方式和社会的感性秩序并没有从根本上改变，通过感性教化孕育而成的道德传统依然在发挥着稳定的作用。

休谟曾经论述了感性意识同道德准则的关系。他指出："道德宁可说是被人感觉到的，而不是被人判断出来的。"[②] 在他看来，人们的道德观念起源于人们的知觉，而知觉是由感觉、情感和情绪等感性意识构成的。简言之，道德起源于感性意识，而不是理性思维。理性思维是概念、判断和推理的逻辑过程，其作用在于揭示事物的客观规定性，在于形成是否符合对象的判断。"理性的作用在于发现真或伪。真或伪在于对观念的实在关系或对实际存在和事实的符合或不符合。"[③] 而道德观念或道德准则都不是对事物真伪做出的符合与不符合的判断，它是根据主观要求做出的应然性评价，因此，休谟认为："道德上的善恶区别并不是理性的产物。"[④]

休谟的观点有助于理解在中国市场交易关系中推进陌生关系熟悉化的重要意义。如果休谟关于道德起源于感性意识的观点是成立的，那就意味着，中华民族由感性教化而成的感性思维方式，同道德观念具有本质层面的统一性。并且，熟悉关系或熟悉社会的本质联系也是一种感性关系，所以，注重感性思维的社会成员，在感性的熟悉关系中坚持道德准则，要比在理性化的关系中容易得多。

促进陌生关系熟悉化，还有利于人们有效地进行感性选择。市场交易行为一定是选择行为，但选择未必是理性选择。理性思维所支配的理性选择行为，虽然是市场交易过程中经常发生的行为，但不是唯一的选择行为。因为理性选择要在经济人、效益最大化追求、信息充分和选择自主性等假

[①] 费孝通. 乡土中国 生育制度. 北京：北京大学出版社，1998：52.
[②] 休谟. 人性论：下册. 关文运，译. 北京：商务印书馆，1977：510.
[③] 同②498.
[④] 同②498.

定前提下才能进行，而这些假定前提通常是难以具备的，所以理性选择也不是能够轻易进行的。相反，在市场中广泛发生的选择行为是由感性意识支配的，我们称之为感性选择。特别是在中国社会，注重感性思维和熟悉关系的市场交易者，其大量交易行为是一种感性选择。[①]

如果考虑到中国社会转型期的熟悉关系与陌生关系并存的复杂性，感性选择在市场交易中的地位和作用更值得重视。根据在长春等地的实地调查，我们发现，在熟悉关系中，商品信息和交易双方的信息都呈现为相对透明状态。特别是诚信关系有利于维持交易行为不断重复，提高了交易过程的熟悉程度，降低了交易行为中的不确定性或风险性。模仿、延续、从众等感性选择行为普遍发生，并且降低了交易成本，提高了交易效益。因此，在熟悉关系中，交易双方互相戒备、斤斤计较、力求效益最大化以及无情竞争的理性选择趋于淡化，而保持诚信、注重友情、淡化计算和持续重复的感性选择则能持久发生。

---

① 刘少杰. 中国社会转型中的感性选择. 江苏社会科学，2002 (2)：17-21.

第一章　市场交易秩序的生成与模式

虽然中国市场经济取得了巨大的成功，但也出现了很多令人感到困惑的问题。特别是一些市场经营者的不规范行为，如销售假冒伪劣商品、以欺骗手段坑害消费者等，不仅引发了很多交易矛盾，甚至给社会生活带来了很多风险，对市场经济造成了严重冲击。面对市场交易中的乱象，经济学和社会学都对市场交易秩序的形成与培育开展了深入研究，积累了丰富的研究成果。在形形色色的市场交易秩序理论中，具有代表性的是关于市场交易秩序的生成理论和模式理论，这些具有深刻思想内容的市场交易秩序理论，为在新形势下深入研究中国市场交易秩序问题，提供了重要的理论资源。

第一节 市场交易秩序的生成论

学术界关于市场交易秩序形成过程的讨论，形成两大相互对立的学派：自发秩序论与干预秩序论。强调市场自发秩序的一方坚持市场本身拥有自我调整的能力，市场交易秩序可以依靠自身运行机制而自发形成，国家和社会不能干预市场。强调市场干预秩序的一方则认为，市场嵌入社会结构之中，本身不是一个自我完善的系统，市场交易秩序的形成离不开国家和社会的理性干预，而且国家干预下的经济发展与市场经济并非是相互排斥的："国家主导的经济发展和市场战略之间的区分在某些方面也是虚幻的。市场本身也是一种制度，其有效性随着其自身结构的变化而变化，正如公共政策的有效性一样。而且，许多市场依靠一套附属的社会制度网络，而为了正常运转，这些制度网络通常是由国家行为来构建并维持的。"[①] 作为一种经济制度，市场离不开国家的干预。

以上两种争论，其焦点在于市场是否是一个自我完善的系统，市场交易秩序的形成是否是一个自发的过程。赞成市场是一个自我完善系统的学者极力反对外界的理性力量对市场交易秩序的建构。他们认为，任何形式的国家干预和社会介入，都会由信息不充分、知识有限且自以为是等因素造成错误的判断，最终使市场经济运转更为糟糕，市场交易秩序更为混乱。反对市场是一个自我有序运行系统的学者认为，现实的经济危机和萧条的到来已经证明市场经济自身存在的弊端，要想形成运转良好的市场交易秩序，必须借助国家干预、社会介入等外界力量对市场进行调整。

一、市场交易秩序自发论

较早对市场展开研究的无疑是经济学。"经济学"一词的起源可追溯到

---

① 霍尔. 驾驭经济. 刘骥，刘娟凤，叶静，译. 南京：江苏人民出版社，2008：336.

古希腊，当时"oeconomicus"的意思是"家庭管理"。[①] 市场的出现具有很长的历史，比如柏拉图就曾对市场经济中追求个人利益的行为进行批判。[②] 尽管随后亚里士多德和色诺芬都论述了其各自的经济思想，但不管是后来的基督教和伊斯兰教中的经济思想，还是以配第等人为代表的重商主义，都没有将"秩序"概念引入经济学领域。因此，他们也不可能对市场交易秩序进行深入的研究。

最早将"秩序"概念引入经济学领域的学者，是法国重农学派的代表人物魁奈。魁奈崇尚自由放任、符合自然秩序的市场交易秩序，而这种市场交易秩序来自依靠上帝意志设计的秩序，是一种先验的自然秩序，市场参与者的目的就是实现这个秩序。他的"自然秩序"观和"自由放任"的思想深深影响了亚当·斯密的学说，而以魁奈为代表的重农主义者所采用的分离与抽象的科学方法，则直接成为斯密和李嘉图经济学说的分析工具。[③]

魁奈提出了自然秩序学说，然而他关于自然秩序的论述还只停留在先验的水平，并没有系统进行。苏格兰道德学家孟德维尔是第一个系统说明自发秩序原理的伟大人物。[④] 他反对笛卡儿式的建构理性主义学说，认为人的本性都是自私和冲动的，缺乏理性与公共精神，并由此反对传统道德学说中关于人的动机的观点。在他的理论体系中，尽管人是自利的，但人们在追求自我利益的同时会促进公众利益的实现。在这种人性论的学说上，他确立了一种个人主义式的经济秩序，这一点对斯密经济学学说影响很大。被誉为现代经济学之父的亚当·斯密在总结前人思想的基础上，创立了一种系统的市场交易秩序学说——"看不见的手"。

受孟德维尔人性自私论的影响，斯密从"经济人"假设出发去构造市场交易秩序的基本原理。"经济人"的基本假设是：人是自私自利的、追求

[①] 布鲁，格兰特. 经济思想史. 邸晓燕，等译. 北京：北京大学出版社，2008：1.
[②] 山口重克. 市场经济：历史·思想·现在. 张季风，等译. 北京：社会科学文献出版社，2007：82.
[③] 罗尔. 经济思想史. 北京：商务印书馆，1981：130.
[④] 巴利. 古典自由主义与自由至上主义. 竺乾威，译. 上海：上海人民出版社，1999：24.

自我利益最大化的理性人。斯密论述道:"我们不打算怀疑任何人在自私方面都是有缺陷的——自利是人性的普遍特征,也是人们行动的基本动力。"①同样受孟德维尔学说的影响,斯密认为,人们在追求自我利益的同时会不自觉地促进社会利益。早在《道德情操论》一书中,斯密就从"看不见的手"出发论述了这一观点:"在任何时候,土地产品供养的人数都接近于它所能供养的居民人数。富人只是从这大量的产品中选用了最贵重和最中意的东西。他们的消费量比穷人少。虽然他们的天性是自私的和贪婪的,虽然他们只图自己方便,虽然他们雇用千百人来为自己劳动的唯一目的是满足自己无聊而又贪得无厌的欲望,但是他们还是同穷人一样分享他们所做的一切改良的成果。一只看不见的手引导他们对生活必需品做出几乎同土地在平均分配给全体居民的情况下所能做出的一样的分配,从而不知不觉地增进了社会利益,并为不断增多的人口提供生活资料。"②

斯密也论述了政府干预可能会对经济造成很大的危害,由此反对使用任何外力干扰经济所具有的自然秩序。从斯密的论述中可以看出,他认为政府应当充当"守夜人"的角色,最小的政府是最好的政府。市场机制能生成一种"自然秩序",这种秩序既能保证经济人的个人利益得以充分实现,使社会发展获得充分的动力资源,又能使"看不见的手"顺畅地发挥作用,从而促使个人利益和社会利益保持一致。这种经济是经济人在市场上相互竞争的产物,是市场本身固有的一种"自发秩序"。③

"看不见的手"的市场调节机制是斯密的重大发现,为后世学者研究市场交易秩序提供了很好的思考,引发了一大批学者对市场交易秩序的关注。正如哈耶克所说,斯密的决定性贡献是对一个自发秩序做出了证明。④ 不少学者追随斯密的脚步,认为市场本身是一个自我完善的体系,市场交易秩序是依靠市场自身力量形成的,任何外在的干预都会破坏市场的

---

① 斯密.国民财富的性质和原因的研究:上卷.郭大力,等译.北京:商务印书馆,1972:13.
② 斯密.道德情操论.蒋自强,等译.北京:商务印书馆,1997:229-230.
③ 杨春学.经济人与社会秩序分析.上海:上海三联书店,1998:274-275.
④ 哈耶克.经济、科学与政治——哈耶克思想精粹.冯克利,译.南京:江苏人民出版社,2000:331.

和谐状态。

对市场交易秩序自发论进行强烈维护的当属市场原教旨主义的观点。这一学派主张"回到市场",不断强调这样做的必要性和迫切性,极力讥讽政府干预的弊端,赞美市场力量的神奇。他们认为,市场总会趋向均衡,总会保证资源的最优配置;并且,放任每个人追求狭隘的私利,公众的利益就可以得到最大化;私人利益和公共利益并不矛盾,追求私利就等于追求公共利益;等等。这一套看法不仅观点十分明确,而且不留余地,不容置疑,所以往往又被称为"市场原教旨主义"观点。① 持这种观点的学者认为,尽管也存在市场失灵(market failure),但比起政府失灵,市场失灵所造成的破坏要小得多,因此,应该要市场决定而不要政府干预。市场原教旨主义者过分强调政府失灵的破坏作用,借此尖锐地批评政府干预,主张应该让市场做主。

市场原教旨主义者认为市场至高无上并加以顶礼膜拜,显然是不可取的,因为除了市场内在的东西以外,还有外在的建构性力量,它们对市场交易秩序的形成也起着一定的作用,不能将其排除在外;另外,市场原教旨主义者认为市场失灵比政府失灵的破坏性要小的观点也值得商榷,因为两者的破坏性的比较是一个复杂的过程,甚至无法比较。当然,他们也没有对政府失灵所造成的破坏进行深入的研究。"市场"与其说是他们理性思考的研究对象,不如说是他们神化的终极信仰的载体。

与市场原教旨主义略显粗糙的理论论述不同,哈耶克用一种更为精细的方式论述了国家干预经济的危害。他非常推崇自发的市场交易秩序,对国家或个体的理性设计的秩序保持高度警惕。哈耶克在反对理性建构市场交易秩序的基础上,形成了对自发社会秩序与市场交易秩序的系统论述。他为自发秩序思想的发展做出了重要的贡献,这主要表现在两个方面:一是为自发秩序理论,或者更宽泛些说,为自由主义提供了一个系统的认识

---

① 刘宇飞. 经济转轨中政府角色的两种定位:论据与标准//王跃生,等. 市场经济发展:国际视角与中国经验. 北京:社会科学文献出版社,2006:66.

论基础，这是前人没有做到的；二是清晰地阐明了经济制度，尤其是市场价格，在形成市场自发秩序的过程以及整个社会经济生活中所发挥的作用。①

哈耶克关于市场交易秩序的形成的思想首先表现在他对自发秩序的系统阐述上。哈耶克曾果断地提出研究市场交易秩序，主要应该研究秩序的自发生成过程。在哈耶克看来，自发秩序其实是一种调节人际关系的规则。他认为，形成社会的一个关键因素，是人类某一部分群体在一个相似的自然选择过程中形成了一套规则，它能对人际关系进行很好的调节，而它的形成不是人类有意的计划和追求的结果，而是在无人能预知其后果的情况下，在漫长的岁月中自发形成的。自发秩序介于本能与理性之间，是我们理解周围环境的理智结构的一部分，也是我们适应社会环境的能力及习惯。

哈耶克认为，在自发秩序中，个人不需要也不可能对应当追求的目标和手段都清楚："在自发秩序中，为了让人们各得其所，不需要任何人对应当追求的一切目标以及采用的一切手段了解得一清二楚。这种秩序是自己形成的。在调整中产生出秩序的各种规则，它们的出现并不是因为人们对其作用有了更好的了解，而是因为那些繁荣兴旺的群体恰好以一种增强了他们适应力的方式对规则进行了改进。这个进化过程并不是直线式的，而是在包含着不同秩序的领域不断试错、不断'试验'的结果。"② 因此可见，自发秩序不是一成不变的，而是一个随着时间的推移逐渐演进的过程，这个过程不是直线进化，而是通过"试错法"不断发展的结果。

哈耶克还论述了为什么秩序是以自生自发的形式形成的："毋庸置疑，一种秩序之所以最初是以自生自发的方式形成的，乃是因为个人所遵循的规则并不是被刻意制定的产物，而是自生自发形成的结果……当然，就我们所熟悉的这种社会而言，在人们所实际遵循的规则中，只有一部分是刻意设计的产物，如一部分法律规则（但是即使是法律规则，它们也不都是

---

① 巴利. 古典自由主义与自由至上主义. 竺乾威，译. 上海：上海人民出版社，1999：188.
② 哈耶克. 致命的自负. 冯克利，等译. 北京：中国社会科学出版社，2000：18.

刻意设计的产物),而大多数道德规则和习俗却是自生自发的产物。"① 正是这种自发秩序构成了人类社会秩序的基础,由于自发秩序本身不断通过"试错法"进行演化,诸如诚信、私有财产、契约、贸易、交换、竞争等方面的规则在这一过程中也逐渐形成,自发秩序不断拓展,形成"扩展秩序"。

在对扩展秩序展开论述的基础上,哈耶克对市场交易秩序进行了阐述:"市场秩序只是相对晚近的产物。这种秩序中的各种结构、传统、制度和其他成分,是在对各种行为的习惯方式进行选择中逐渐产生的。这些新的规则得以传播,并不是因为人们认识到它们更为有效,或能够估计到它会得到扩展,而是因为它们使遵守规则的群体能够更成功地繁衍生息,并且能够把外人也吸收进来。"② 市场交易秩序是一种扩展的经济秩序,"扩展的经济秩序是也只能是由一种完全不同的过程形成的,它是在一种由演化而来的交往方式中产生的,是通过这种方式而得到传递的,不是有关具体事实的无数报告,而仅仅是各种具体条件的某些抽象性质,例如有竞争力的价格,为了达成全面的秩序,必须使这种信息进入相互交流"③。

这种具有抽象性质的信息的相互交流,是市场交易秩序形成的关键,换句话说,只有市场才是人们获得信息的渠道。同时这种信息是非常复杂的,绝不是任何机构与个人能全面掌握的:"现代经济学解释了这种扩展秩序能够产生的原因,以及它自身如何形成了一个信息收集的过程,它能够使广泛散布的信息被公之于众并使其得到利用,这些信息不用说哪个个人,即使是任何中央计划机构,也是无法全部知道、占有或控制的。"④ 这是因为,任何人所掌握的知识都是分散的、多样性以及易变的:"市场是唯一已知的方法,它能够提供信息,使个人可以对他们直接有所了解的资源的不同用途的相对利益加以权衡,并且不管他们是否有此意图,他们都能够通

---

① 哈耶克. 法律、立法与自由. 邓正来,等译. 北京:中国大百科全书出版社,2000:67.
② 哈耶克. 致命的自负. 冯克利,等译. 北京:中国社会科学出版社,2000:13.
③ 同②98.
④ 同②11.

过利用这些资源,为相距遥远素不相识的个人的需求提供服务。这种分散的知识从本质上说只能是分散的。不可能被集中起来传递给专门负责创设秩序这项任务的某个权力机构。"①

以此为基础,哈耶克反对任何形式的企图对市场交易秩序做出理性建构的做法。哈耶克认为,那些试图通过理性建构来设计一个稳定的市场交易秩序的做法是不合逻辑的。他认为:"当我们努力建构一种合理的经济秩序(a rational economic order)的时候,我们想解决什么问题呢?根据人们熟知的某些假设,这个问题的答案是十分简单的。假设我们拥有所有相关的信息,假设我们能够从一个给定的偏好系统(a given system of preferences)出发,又假设我们掌握了有关可资使用的手段或资源的全部知识,那么剩下的问题也就只是一个纯粹的逻辑问题了。"② 如果我们能掌握所有的知识,那么就不需要再建构良好的经济秩序了。

哈耶克反对政府对市场的理性建构与干预。在他看来,干预不但不能有助于市场交易秩序的形成,而且会带来对秩序的破坏,造成效率的低下;不仅很难达到干预者所要达到的目的,而且有时会适得其反,造成更糟的结果:"这种干预自发秩序的企图,很少会造成符合人们愿望的后果,因为决定这些秩序的,是任何执行这种干预的人都无从知道的许多具体事实。譬如,为消除秩序内的成员因为随机性而造成的利益不平等而特意进行的干涉,有可能毁掉整体的运行,而与任何同它对立的秩序所能提供的机会相比,自发形成秩序的过程能够保证使这个群体中的随便哪个成员,在一个人人都可利用的更大的机会范围内,交上更好的运气。"③

哈耶克从自发秩序出发,论述了扩展秩序的形成,并在这个过程中阐释了市场交易秩序的形成,认为自发的市场是人们获取知识与信息的最好渠道,任何企图干预市场的做法都由于知识的有限与信息的不完备而差之

---

① 哈耶克. 致命的自负. 冯克利,等译. 北京:中国社会科学出版社,2000:87.
② 哈耶克. 个人主义与经济秩序. 邓正来,译. 北京:三联书店,2003:116.
③ 同①95.

毫厘、谬以千里。哈耶克观点的实质是将自己置身于市场之中，站在市场的角度来反对政府干预，从而忽略了市场嵌入社会结构之中这一事实。他只看到了理性力量对市场交易秩序的破坏作用，却没有看到仅靠市场自发的力量，很难形成一个较为完善的市场，因为市场交易秩序本身是自发性与建构性的统一体。

当然，除了上述学者或流派对自发的市场交易秩序进行系统的阐述外，还有一些学者或流派对反对理性建构的自发的市场交易秩序进行了论述，比如以米塞斯为主的奥地利经济学派就认为，正确的经济决策所需的信息资源必须建立在个人的主观判断之上，中央权力机构不可能以有效地指导经济活动为目的收集到这种信息并对它们进行测定。[①]

总之，我们在这里并不是对所有阐述自发的市场交易秩序的学者进行全面评述，只是对其中我们认为较有代表性的学者的思想进行梳理。与强调市场交易秩序是一个自我完善的秩序的学者不同，有些学者强调理性建构的力量在市场交易秩序形成中的作用，认为市场从来就不是一个自我完善的体系，完善市场交易秩序必须依靠外界的理性建构力量介入。于是，这些学者对自发的市场交易秩序的理论观点提出了挑战。

二、对市场交易秩序自发论的批判

挑战市场交易秩序自发论的学者的理论根据是，市场交易秩序本身是不稳定的，有其自身不可根除的顽疾。尤其是在经济危机和萧条时，要想恢复经济繁荣时的秩序，国家干预与社会性力量介入是必不可少的过程；甚至在经济繁荣时期，外在理性力量对市场交易秩序的建构也是不可或缺的。

这种挑战市场交易秩序自发论的观点与卡尔·波兰尼的反市场经济思想有一定的关系。波兰尼将人类经济运行方式分为三种形式：互惠经济、市场经济与再分配经济。波兰尼反对市场，尤其是反对自发的市场经济秩

---

① 多蒂，李. 市场经济：大师们的思考. 林季红，等译. 南京：江苏人民出版社，2000：51.

序观。他认为:"这种自我调节的市场的理念,是彻头彻尾的乌托邦。除非消灭社会中的人和自然物质,否则这样一种制度就不能存在于任何时期;它会摧毁人类并将其环境变成一片荒野。"① 从波兰尼的论述中可以看出,他认为自我调节的市场经济不仅不存在,而且过分强调它的作用将会严重破坏人类社会的客观结构。波兰尼认为,在市场经济发展的一百多年的历史中,市场从来就没有以一种自发的形式存在过,因为法律与行政干预等外在的建构性力量不断地形塑着市场交易秩序:"现代社会由一种双向运动支配着:市场不断扩张以及它所遭遇的反向运动。"②

波兰尼用"嵌入性"(embeddedness)概念形象地说明了经济嵌入社会关系之中,并以此说明社会活动与经济过程之间的紧密联系。他认为,因为社会活动构成了经济过程的一部分,所以可以称之为经济活动;从某种程度上说,制度就是这些活动的集合;任何构成经济过程的成分都可被看作经济的要素。③ 波兰尼的思想是在批判市场经济的基础上形成的,他强调外在力量对市场交易秩序的理性建构作用,认为市场交易秩序不可能通过自我调节而达到完善。这一结论不仅让许多学者重新审视市场经济与市场交易秩序,而且促使后人用理性建构的视角来开展对市场交易秩序的研究。

关注市场交易秩序的学者都无法忘记 1929 年,因为在这一年爆发了资本主义世界的经济大危机。这次大危机以美国纽约股票市场的崩溃为标志:纽约股票市场在一天之内,有 1 600 万股股票在证券市场上被抛售,股票价格惨跌,市场混乱不堪。④ 这次经济危机很快蔓延到欧洲与日本,老牌资本主义国家难免受这次危机的侵蚀。到 1933 年,这次危机和由此带来的经济大萧条给资本主义世界的生产力与经济发展造成极大的破坏,而崇尚自发的市场交易秩序的传统西方经济学在这次危机中无所适从,难以再用通过

---

① 波兰尼. 大转型:我们时代的政治与经济起源. 冯钢,刘阳,译. 杭州:浙江人民出版社,2007:3.
② 同①112.
③ 波兰尼. 经济:制度化的过程. 侯利宏,译//许宝强,渠敬东. 反市场的资本主义. 北京:中央编译出版社,2001:39.
④ 胡代光,厉以宁,袁东明. 凯恩斯主义的发展与演变. 北京:清华大学出版社,2004:1.

市场自发调节来恢复经济秩序这样简单的论调来自圆其说。

围绕这次经济危机,学术界展开了激烈的讨论:究竟是否需要诸如政府干预等外界力量来调节与维持市场交易秩序?主张政府干预市场的凯恩斯在这次论辩中声名鹊起,成为国家干预市场经济这一学派的领军人物。

其实早在大危机之前,凯恩斯就对市场交易秩序自发论提出了批评。在1926年所写的《自由放任主义的终结》一文中,凯恩斯就提出:"宣传私人利益和社会利益必定会相互一致,这是没有根据的,上天并非是这样来统治世界的。说两者在实际上是一致的,这也是不真实的,在现实生活中并非是照此来管理世界的。"[①] 在这篇文章中,凯恩斯已经表达了自发的市场交易秩序有其不可避免的弊端的意思,并认为秩序自发论设定的私人利益与社会利益一致的理论预设是毫无根据的,只有通过国家干预才能很好地调节个人利益与公共利益的冲突。

在1936年,凯恩斯出版了《就业、利息和货币通论》(以下简称《通论》)一书,这是一本"从理论上推翻了传统经济学教义的著作,它对政府干预经济活动的必要性问题和政府需要采取何种干预方式的问题做了系统的概括与解释",这是一个新的经济学理论,因而也被称作"凯恩斯经济学或凯恩斯主义"[②]。在《通论》中,凯恩斯的国家干预理论是建立在对传统经济学理论的批判之上的。他认为传统经济学过于乐观,假定市场交易秩序能够自我调节,是一个内在均衡的体系,这恰是导致经济危机与萧条的重要原因。

在凯恩斯看来,传统经济学设想的供给会自动创造需求或生产会自动创造销路的命题是一种理想状态,如果现实的经济处于这样一种状态,经济学也就因为失去自己的研究问题而没有存在的必要了。在现实生活中,消费倾向与投资引诱之间存在张力,二者很难相互适应。因此,为了使二者相互协调,凯恩斯认为:"要使消费倾向与投资引诱二者互相适应,政府

---

① 山口重克. 市场经济:历史·思想·现在. 张季风,等译. 北京:社会科学文献出版社,2007:122.
② 胡代光,厉以宁,袁东明. 凯恩斯主义的发展与演变. 北京:清华大学出版社,2004:11.

机能不能不扩大，这在 19 世纪政治家看来，或在当代美国理财家看来，恐怕是对于个人主义之极大侵犯。然而我为之辩护，认为这是唯一切实办法，可以避免现行经济形态之全部毁灭。"[1] 也就是说，政府是自发的市场交易秩序的倡导者和"守夜人"的传统观点必须得到更正。政府在市场交易秩序的形成稳定过程中应该履行本属于它的职责，否则，现行的经济形态将面临毁灭的威胁。

除了论述人的消费倾向外，凯恩斯还论述了人的心灵上的灵活偏好以及心理上对未来收益之预期，这三者成了解释社会出现总需求或有效需求不足的原因。人的心灵上的灵活偏好，将会加剧投资需求的不足；随着投资的增加，预期的利润率将会下降，人们会在心理上对投资的需求下降，于是就会引起投资需求的不足。它们构成了凯恩斯的三个基本心理规律，并进一步证明了国家干预经济的重要性与必要性。

总之，针对 20 世纪二三十年代经济危机与大萧条出现的问题，凯恩斯主张加强政府对经济的干预，这种干预主要通过财政政策、货币政策以及收入政策等调节经济的措施来实施。凯恩斯强调国家干预，其目的不是推翻市场经济，而是更好地保护它。他的进步之处在于，他推翻了市场交易秩序自发论关于市场是一个自我完善系统的预设。通过分析"非自愿失业"以及"三大基本心理规律"，他进一步证实了国家干预市场经济的必要性与重要性，并在二战后的二十年里促进了经济的稳定增长。然而，随着"滞胀"的出现，凯恩斯思想体系中对市场交易秩序进行短期静态描述的理论弊端也显露无遗，从而引发许多学者对其思想进行改进，保罗·萨缪尔森就是其中较有影响的一位。

萨缪尔森是一个学术上的多面手，其著作分布于经济学的各个领域。他在哈佛读研究生期间就对凯恩斯的经济学革命很感兴趣。在遵循凯恩斯思想的基本原理，承认市场经济在现代经济生活中具有不可替代性的同时，萨缪尔森认为："当今没有什么东西可以取代市场来组织一个复杂的大型经

---

[1] 凯恩斯. 就业、利息和货币通论. 高鸿业，译. 北京：商务印书馆，1977：324.

济。问题是，市场既无心脏也无头脑，它没有良心也不会思考，没有什么顾忌。所以，要通过政府制定政策，纠正某些由市场带来的经济缺陷。现代经济是市场和政府税收、支出和调节这只看得见的手的混合体。"[1] 萨缪尔森对凯恩斯思想的继承直接体现在他所倡导的"新古典综合派"理论上，该学派主要强调这样一种市场观念：在存在失业时，可依靠财政金融政策来调节总需求，而当经济被引至充分就业水准之后，可把经济委托给市场的伸缩性价值机构，通过进行"微调"（fine tuning），即可同时维持充分就业和经济成长。[2]

与凯恩斯倡导的"大政府"的理念不同，萨缪尔森认为，政府不是一直对经济实施干预，在达到充分就业水准以后，政府就可以放松其干预，让市场伸缩性价值机构通过微调的方式发挥作用，这样就能保持经济增长与充分就业的市场交易秩序。萨缪尔森的论述是在凯恩斯的基础上阐发的，最终还是强调政府干预的作用，虽然在其理论中政府干预市场的程度有所减轻。尽管承认在达到充分就业的条件下，可以通过微调的方式让市场发挥作用，但这种充分就业的状态究竟如何形成与维持，他论述得并不是很充分，所以他还是站在凯恩斯的立场上认为市场交易秩序的形成主要通过国家干预等外在力量的建构。[3]

极端强调外在力量对市场交易秩序形成的建构性作用的观点当属萨克斯设计的"休克疗法"。萨克斯是美国哈佛大学经济学教授，在苏联解体、东欧剧变后，曾担任波兰、俄罗斯等国的经济顾问。在这些国家短期内由计划经济向市场经济过渡的过程中，萨克斯设计的激进改革方案，被称作"休克疗法"。"休克疗法"的主要内容包括：放开价格、紧缩财政，全面私有化，对外贸易自由化，使本国货币成为可兑换货币等。"休克疗法"实施后出现了生产下降、物价暴涨、失业增加、居民生活状况进一步恶化等严

---

[1] 萨缪尔森. 经济学：上册. 12 版. 高鸿业，等译. 北京：中国发展出版社，1992：78.
[2] 山口重克. 市场经济：历史·思想·现在. 张季风，等译. 北京：社会科学文献出版社，2007：126.
[3] 当然，萨缪尔森在经济学各个领域都有很大的贡献，新古典综合派是他曾经倡导的观点。他的文章往往以复杂的数学公式作为支撑，在数量经济学与福利经济学领域，他的贡献都是很大的。

重问题。① 按萨克斯的说法,"休克疗法"的实质是"采取迅速而果断的行动,以激进的一步到位方式稳定宏观经济,同时向市场经济转轨"②。萨克斯本人也把"休克疗法"概括为"三化":宏观经济稳定化、经济自由化与国有企业私有化。

"休克疗法"是一种激进的经济改革方式,其目的是由计划经济快速过渡到市场经济,并迅速形成稳定的市场交易秩序。这是一种依靠极端的政府干预等手段理性建构市场交易秩序的方式。由于玻利维亚在改革前,已经有了一定的市场经济基础,这种改革方式在玻利维亚取得了巨大成功,为萨克斯的"休克疗法"提供了有效证明;但在俄罗斯和东欧其他国家实施时,"休克疗法"却遭遇严重失败,尤其是给俄罗斯的经济带来了重创,这一改革方案也因此声名狼藉,被学者科勒德克戏称为"只有休克,没有疗法"。③

"休克疗法"的起点是计划经济,手段是激进的政府干预与社会参与,目标是实现稳定的市场交易秩序,其结果却是俄罗斯经济的重创。俄罗斯向市场经济迅速转轨的失败告诉我们,仅靠外界力量的介入是很难实现稳定的市场交易秩序的,这也说明了市场具有自身运行固有的内在逻辑,市场交易秩序的形成离不开自发的因素和理性建构作用的双重影响。

与强调自发的市场交易秩序的学者不同,注重理性建构市场交易秩序的学者认为,市场交易秩序具有天生的不稳定性,必须通过国家与社会等建构性力量对市场经济进行调整与干预,才能形成稳定的市场交易秩序。20世纪20年代末30年代初的经济危机与大萧条,给理性建构主义者提供了很好的现实支撑。凯恩斯就是因系统地论述了国家干预理论而声名大振的经济学家,他不仅论述了国家干预在市场交易秩序形成中的作用,带来了英国多年的经济稳定增长,而且创立了新的经济学分支——宏观经济学。然而,凯恩斯的国家干预理论仍存在不足之处,这不仅因为他的研究是基

---

① 辞海编撰委员会. 辞海:1999年版缩印本. 上海:上海辞书出版社,2000:260.
② 毛增余. 斯蒂格利茨与转轨经济学. 北京:中国经济出版社,2005:125.
③ 同②126.

于短期的静态思考，还在于他忽略了市场交易秩序形成的自发性因素，虽然其"大政府"理论的目的是保护市场经济。

在经历了几十年的成功后，资本主义国家出现了"滞胀"现象，凯恩斯的理论在这种经济危机面前不仅变得无所适从，而且迫使其追随者考虑对国家干预理论进行修正，萨缪尔森就是其中一位。萨缪尔森将凯恩斯忽略的市场自身因素的作用带回了市场交易秩序的分析之中，但他做得不够彻底，因为他认为只有在达到充分就业的水准时才能让市场中伸缩的价值机构发挥作用。激进的理性建构主义者提出了更强大的政府干预模式，"休克疗法"就是其中一例。在玻利维亚取得巨大成功后，创始人萨克斯便想将这一模式推广，结果在俄罗斯和东欧其他国家却遭遇了巨大的失败。"休克疗法"受到不少学者的讥讽，萨克斯也因此颜面扫地。"休克疗法"的失败使人们认识到，单纯的理性建构力量是很难实现稳定的市场交易秩序的，因为市场交易秩序的形成还需要市场自身生长的条件，市场交易秩序的形成既需要市场内生因素的作用，也需要外在的建构性力量的作用。

令人欣慰的是，不少学者已经看到了在市场交易秩序形成过程中自发性因素与建构性因素的双重作用，并在强调自发性市场的基础上引入建构性因素，不再偏向一端，更加合理地解释了市场交易秩序形成的影响因素。

三、市场交易秩序自发论的修正

如果把市场交易秩序的形成看成一个过程，那么在这个过程中自发性因素在一端发挥着作用，建构性因素则在另一端发挥着理性建构作用，自发性因素与建构性因素构成了一个连续统（continuum）[①]。无论是自发的市场交易秩序的倡导者，还是市场交易秩序的理性建构主义者，都在研究市

---

① 所谓的连续统，就是在社会现象分类中主观建构出两个极端，这两个极端在现实中并不存在；现实中的社会现象都处在这两个极端之间。这里面比较典型的代表是柯林斯的微观的个人互动与宏观的社会结构和亚历山大的"科学思想连续统"。社会科学中有许多类似的连续统，比如德国社会学家滕尼斯的传统社区-现代社会连续统，亚历山大的科学观思想连续统，等等。ALEXANDER J C. Theoretical logic in sociology. Berkley：University of California Press，1982，1：2.

场交易秩序形成中偏向一端,前者偏向于强调自发的秩序,后者则强调理性建构的秩序。当然,没有人是纯粹的秩序自发论者,也没有人是十足的理性建构论者,只是他们往往强调一个方面而忽视另一个方面。

有些学者认为,市场交易秩序的形成既不像秩序自发论倡导者所提出的那样只依靠市场自身的因素,也不像理性建构论者所认为的那样依靠外在建构性力量的介入,而是一个复杂的过程。在市场交易秩序形成的过程中,不仅市场的内在因素会发挥作用,而且外界力量也会产生影响,市场交易秩序的形成是一个内因和外因共同发挥作用的结果。

波兰尼提出的"嵌入性"问题以及法律等制度对市场的反向运动的思想,已经包含了经济活动与社会之间的复杂关联。然而,波兰尼对经济与社会之间关系的论述却不是很详细,在"嵌入性"命题中,经济究竟指什么,社会又是包括哪些内容,波兰尼对此并没有进行深入的探讨,只是为后世学者提供了思考的方向。马克·格兰诺维特就是其中一位。

在波兰尼的基础上,格兰诺维特对"嵌入性"概念进行了梳理与拓展。首先,格兰诺维特认为,他使用的"嵌入性"概念与波兰尼不同。波兰尼使用这个概念,主要强调经济行动是一个制度化过程:"原则上,人类的经济是浸没在他的社会关系之中的。他的行为动机并不在于维护占有物质财富的个人利益,而在于维护他的社会地位,他的社会权利,他的社会资产。只有当物质财富能够服务于这些目的时,他才会珍视它……在每一种情况中,经济体系都是依靠非经济动机得以运转的。"[1] 格兰诺维特则指出这个社会过程应被视为人际互动过程,并在研究组织理论时强调,人际互动产生的信任是组织从事交易的必要基础,也是决定交易成本的重要因素。[2]

在系统论述"嵌入性"理论之前,格兰诺维特批评了两种倾向:在社会学研究中的个人过度社会化与在经济学研究中的个人低度社会化。格兰诺维特引用罗恩的看法,认为在现代社会学中,人被过度社会化了——人

---

[1] 波兰尼.大转型:我们时代的政治与经济起源.冯钢,刘阳,译.杭州:浙江人民出版社,2007:39-40.
[2] 格兰诺维特.镶嵌.罗家德,译.北京:社会科学文献出版社,2007:译者序第7页.

被视为完全敏感于他人的意见,并完全屈从于共有的价值与规范体系。①②个人在这个屈从过程中显得十分自然,是因为这些价值与规范已经通过社会化过程成功地内化到个人的思想意识与行为方式之中。这种观点曾一度在社会学中占主流地位,否认行动者的主观能动性。与此相反,古典和新古典经济学则主张孤立的、低度化的人类行为。③④ 它们的理论预设是,无论是个人或团体的生产、分配关系还是消费行为,都独立于社会关系与社会结构的影响,亦即经济行为独立于社会之外。过度社会化和低度社会化的观点尽管差异很大,但它们有一个共同点,就是以社会性孤立的行动者作为行动与决定的中心,两者都未把行动者放入关系结构中去考察他们的行为,这显然是不符合社会现实的。

因此,格兰诺维特强调,对人类行为的完整分析应该尽量避免过度与低度社会化的片面性。行动者既不是像原子一样独立运行于社会网络之外,也不会奴隶般地依附于他们所属的社会类别赋予他们的角色。他们具有目的性的行动企图实际上是嵌入真实的、正在运作的社会关系之中的。⑤ 这样,格兰诺维特就开始了对"嵌入性"理论的深刻论述。

格兰诺维特认为,单纯依靠自由竞争很难阻止欺骗,经济生活中会出现欺诈与不信任。对此,低度社会化理论给出的答案是,设计一些制度来阻止欺骗的产生。这一方案仅仅强调制度,没有考虑到具体的个人关系,以及随之而来的个人义务在防止欺诈中的功效。过度社会化理论给出的答案是,用"普遍道德"对欺诈行为进行规训。但格兰诺维特认为,"普遍道德"的约束力在现实中还是有限的,比如当交易金额相当庞大时,它能否起作用还是值得怀疑的。为此,格兰诺维特认为,"嵌入性"观点强调经济行为嵌入社会关系结构之中,而具体的关系以及关系结构能产生信任,防

---

① 格兰诺维特. 镶嵌. 罗家德,译. 北京:社会科学文献出版社,2007:译者序第 3 页.
② GRANOVETTER M. Economic action and social structure: the problem of embeddedness. American journal of sociology, 1985, 91: 481 - 510.
③ 同①4.
④ 同②.
⑤ 同①8.

止欺诈。当然，格兰诺维特在这里强调"嵌入性"理论，强调社会关系在经济生活中产生信任，并不是以关系网络取代道德或制度的功能。只有这样看待"嵌入性"理论才不致犯"替代论"错误：它只是维持社会秩序的一个答案；社会关系确确实实是信任和诚实行为的必要条件，但却不是保证这些的充分条件，甚至还会导致更大规模的集体舞弊与冲突。①

可以说，格兰诺维特"嵌入性"的观点是一种回归中程理论的分析，它是介于过度社会化的"普遍道德"以及低度社会化的非人性制度安排之间而发展出的针对具体的社会关系形态的分析方法。它以关系主义②的方式来论述人的经济行为。正如"嵌入性"理论所预设的，人的经济行为嵌入社会结构之中，那么经济秩序的形成必然会受到社会性力量的建构，同时经济秩序本身的因素也在发挥作用。

格兰诺维特通过对威廉姆斯一个观点的有力批判，展示了用"嵌入性"理论分析具体经济生活的例子。威廉姆斯在《市场与科层》一文中提出了公司与市场的边界的问题。③ 他给出的答案是，那些经常发生、结果不确定又需要特殊投资的交易由公司承担，而那些直截了当、不常重复又不需要特殊投资的交易则在市场中进行。格兰诺维特认为这一答案反映了典型的新制度主义经济学的观点，在这里，威廉姆斯过分强调了公司的科层制权力，把企业间的双边关系嵌入更广泛的社会关系视为一种例外，放弃了一条研究社会结构如何影响市场行为的路径。由此，格兰诺维特强调，新古典模型中所谓的"市场"实际上在真实的经济生活中并不存在，所有的交易都充斥着上述社会接触。④ 商业关系与社会关系联系甚为紧密，商业精英之间更是保持着密切的人际关系，因为市场经济是一种交往经济，人际关系圈子越大，生意往往会越成功，不仅在中国如此，在西方社会也是如此。

---

① 格兰诺维特. 镶嵌. 罗家德，译. 北京：社会科学文献出版社，2007：13.
② 布迪厄. 实践与反思. 李猛，李康，译. 北京：中央编译出版社，1998：15-20.
③ 关于企业与市场的边界问题，罗纳德·科斯在1937年所著论文《企业的性质》中做了详细的讨论，威廉姆斯发展了这一讨论。WILLIAMSON O E. Markets and hierarchies: analysis and antitrust implications. Social science electronic publishing, 1975, 86 (343): 619.
④ 同①17-18.

格兰诺维特认为，公司间的社会关系对秩序的贡献比《市场与科层》一文展示的更重要些，而公司内的权威也没有想象的那么有效力。

总之，格兰诺维特的"嵌入性"理论从社会学视角出发，分析了经济行动的社会属性，不仅避免了过度社会化和低度社会化的问题，而且促进了经济学与社会学之间的对话；在分析市场活动或市场交易秩序时，"嵌入性"理论不仅批评了市场交易秩序自发论的不完善性，而且提出了研究市场交易秩序的形成需要重视社会关系的力量这一观念。这样，在格兰诺维特看来，市场交易秩序实质上就是一个既受到市场的作用，又受社会因素影响的稳定状态，市场交易秩序的形成是一个复合的过程。

格兰诺维特的"嵌入性"理论旗帜鲜明地将社会因素带入关于市场活动与市场交易秩序形成过程的研究中，从社会关系的角度来考察经济行为与经济秩序的思想，不仅影响了许多社会学家的思考，许多经济学家也受到了他的思想的启发，这为市场交易秩序的形成的研究提供了新的分析进路。

许多经济学家在格兰诺维特"嵌入性"理论的启发下，发展出了自己的经济学理论。约瑟夫·斯蒂格利茨就是其中一个重要代表。与其老师萨缪尔森相似，斯蒂格利茨也是一个学术上的多面手，在宏观经济学、信息经济学、公共财政、发展经济学等领域都颇有建树，在转轨经济学方面也有深入和独特的理论与实证研究。[1]

斯蒂格利茨非常反对自发的市场交易秩序，通过研究，他批判了"看不见的手"理论："我们的研究认为，看不见的手之所以看不见，是因为它可能根本不存在。"[2] 在他那里，自发的市场交易秩序是一个不存在的东西，任何市场交易秩序的形成都是一个复杂的过程。在此基础上，他还批判了市场原教旨主义的错误："'市场基要主义'[3] 提到市场是能够自我调节的，并且朝着对每个人更好的方向调节。一些特别的利益团体，尤其是金融机

---

[1] 毛增余. 斯蒂格利茨与转轨经济学. 北京：中国经济出版社，2005：2.
[2] 斯蒂格利茨. 喧嚣的九十年代. 张明，何璋，译. 北京：中国金融出版社，2005：9.
[3] 即市场原教旨主义。——引者注

构都鼓吹完全市场调节论,虽然该观点没有得到经济理论和历史经验的证明,却仍然深入人心,并形成了大多数国际准则。最近美国金融系统出现的危机,就证明了监管不充分带来的经济代价是多么的巨大,以及要建立这么一个监管机制来处理现代社会复杂的金融创新是多么的艰难。"[1] 斯蒂格利茨用事实证明市场原教旨主义观点的错误,并认为市场本身有很大的问题,必须通过政府与市场之间的合作才能达到一种和谐的经济秩序:"在我看来,在政府和市场之间获得良好的平衡,是维持经济增长和获得长期效率的最佳方法。良好的平衡意味着,在某些领域内增强政府的角色,在另一些领域内则削弱政府的角色。"[2]

斯蒂格利茨不仅批评了市场原教旨主义的思想,也对"休克疗法"开展了激烈的批判,认为在市场经济的基础还很薄弱的地方,通过国家机器激进地推行市场经济政策,不仅不能带来稳定的经济秩序,而且可能破坏既有的经济运行状况,甚至导致经济倒退。斯蒂格利茨所倡导的稳定的市场交易秩序既需要发达的市场,也要有强大的政府。[3] 他认为,市场原教旨主义者所倡导的市场优于政府的观点是没有根据的,市场失灵是一种普遍的现象,而市场失灵至少能界定政府可能的活动范围。当然,斯蒂格利茨认为,市场失灵未必须由政府去实施干预,但政府干预确实具有其独特的优势——征税权、禁止权、处罚权与交易成本,这些被他称为纠正市场失灵的四大优势。[4] 当然,政府干预也不是万能的,政府干预也会产生浪费与无效率,形成"公共失灵"[5]。在此基础上,他对"休克疗法"展开了批判,认为这种方式过度强调政府在市场化进程中的作用,忽视市场自身的作用,

---

[1] 斯蒂格利茨. 中国的"新的增长模式". 理论导报, 2008 (4): 8.
[2] 斯蒂格利茨. 喧嚣的九十年代. 张明, 何璋, 译. 北京: 中国金融出版社, 2005: 9.
[3] 斯蒂格利茨. 政府在经济中的作用. 郑秉文, 译. 北京: 中国物资出版社, 1998.
[4] 他认为,政府的交易费用优势主要体现在四个方面:组织费用、"搭便车"问题、不完善信息市场与逆向选择。斯蒂格利茨. 政府在经济中的作用. 郑秉文, 译. 北京: 中国物资出版社, 1998: 74-77.
[5] 斯蒂格利茨认为,公共失灵与市场失灵类似,都与不完善信息和不完全市场有关,它主要来源于两个方面:政府的受委托责任给就业政策带来了严重压力;这种受委托责任尤其对关注公平的支出政策带来了严重的压力。

最终会走向失败。

在右派纯理论家看来，政府干预在任何时候、任何情况下都会降低福利水平，政府的浪费是先天性的，而且政府所进行的再分配只会产生寻租活动。与之相反，左派则主张加强政府干预。他们把政府理想化、人格化，把政府纠正市场失灵的失败归结为环境因素。斯蒂格利茨认为这两种观点都是片面的。他主张一种折中的态度，倡导当市场不能满足社会需要时，政府就要干预。他认为，经济学家的作用就是帮助政府认识到在何时以何种方式进行干预是最有效的。总之，他认为，在市场交易秩序的形成过程中，政府扮演着重要的经济角色，当然，也不能忽视市场自身的因素。

斯蒂格利茨的论述已经包含了市场交易秩序的形成过程的复杂性，超越了左派与右派的简单二元论的认识，为人们深刻认识经济的运转提供了借鉴。然而，对科斯强调的社会机构与制度因素在经济运行中的作用，他是持批评态度的，但他的批评也使他不够重视社会结构与制度因素对市场交易秩序的作用。当然，他对转轨经济学的丰富研究，使学者对市场交易秩序的研究由静态的描述转向动态的分析。

既不同于格兰诺维特强调社会结构对市场交易秩序的影响，也相异于斯蒂格利茨强调政府干预对市场交易秩序的作用，新制度经济学派则强调制度因素对市场交易秩序的作用。在科斯看来，古典经济学家的"经济人"假说强调信息完备性、交易成本为零的观点是不正确的。很少存在交易成本为零的情况，交易成本问题的存在使产权等相关制度因素变得非常重要。市场的作用是有限的，在某些情况下企业制度的存在有助于减少交易成本："显而易见，采用一种替代性的经济组织形式能以低于利用市场时的成本达到同样的效果，这将使产值增加。正如我多年前所指出的，企业就是作为通过市场交易来组织生产的替代物而出现的。"[1] 在这里，科斯强调企业等组织制度在形成市场交易秩序的过程中有很明确的作用。

科斯认为，经济学家有时太重视政府干预的作用，其实政府本身也是

---

[1] 科斯，阿尔钦，诺斯，等. 财产权利与制度变迁. 刘守英，等译. 上海：上海人民出版社，1994：21.

一个企业："实际上，政府是一个超级企业（但不是一种非常特殊的企业），因为它能够通过行政决定影响生产要素的使用。"① 从科斯的论述可以看出，尽管政府管制能够以低于私人组织的成本进行某些活动，但政府行政机制本身也是需要成本的，而且成本很高。因此，直接的政府管制未必会带来比由市场和企业自身发挥作用更好的解决问题的结果。可见，科斯对政府干预经济是不怎么提倡的。

道格拉斯·诺斯非常强调制度在经济增长中的作用，他把制度的外延大大扩展，将制度分为诸如法律、条例等正式制度和习俗、惯例、意识形态等非正式制度，并探究了其在经济活动中的作用。制度外延的扩大使诺斯认识到，在市场经济的运转中，国家、社会性力量以及市场自身的因素都会发挥作用，市场交易秩序的形成是一个复杂的过程。

诺斯在科斯强调制度因素对经济的作用的基础之上，进一步强调了国家和意识形态在经济运行和市场交易秩序形成中的作用，增强了其理论的现实解释力，但他的许多论述大多是在静态的层面上对市场交易秩序的形成因素进行分析，很少从演化的研究进路出发，探讨市场交易秩序形成中的动态变化过程。

四、从静态描述到动态分析的理论演化

许多学者在研究市场交易秩序时往往停留在静态的层面，很少关注动态的市场变化。这样的研究不仅大大缩小了其理论的解释范围，也不能满足当前市场经济不断变化与发展的需要。苏联解体与东欧剧变为研究市场交易秩序的动态变化提供了很好的现实范例，不少学者在研究苏联与东欧问题时，得出了许多令人深受启发的结论。② 然而，俄罗斯的市场经济转型之路到目前为止，仍在经历着巨大的失败，东欧其他国家的改革有的成功了，有的却遭遇了像俄罗斯一样的失败，只有中国的市场经济转型取得了

---

① 科斯，阿尔钦，诺斯，等. 财产权利与制度变迁. 刘守英，等译. 上海：上海人民出版社，1994：22.

② 比如斯蒂格利茨的研究等。苏联解体的原因很多，学术界对此的解释也比较成熟与充分，因此，文章的研究综述主要针对中国市场转型而进行。

巨大的成功，也引发了许多学者从动态的视角对中国的市场经济转型与市场交易秩序开展研究。

首先，倪志伟早在1985年就对福建省30个自然村624户居民户均收入开展了调查，并在1989年撰写了颇具争议的文章《市场转型论：国家社会主义从再分配向市场的过渡》[1]。在这篇文章中，倪志伟通过调查，以抽象的方式对中国的经济改革由再分配向市场过渡的分配机制的变化进行阐述，并在动态中考察中国市场经济的形成过程，得出了这样的结论：社会主义经济由等级制向市场的转变将改变获得社会经济地位的决定性因素，从而改变权力与特权之源。[2] 倪志伟的这一结论是建立在再分配经济与市场经济相比是一种截然不同的经济形态，与之相联系的是一种完全不同的分配机制这一假设之上的。倪志伟认为，在中国引入了市场体制后，权力和特权等因素在分配机制上逐渐让步于市场因素，市场经济已成为中国社会分层的主要机制。

显然，倪志伟对中国现实的初步判断不仅与中国的社会现实有差距，而且受到了众多学者的批判，这使他又重新修正了研究的模型。他在1996年撰写了《一个市场社会的崛起：中国社会分层机制的变化》[3]一文。在该文中，他认为由权力带来的收入（比如干部的收入）随着改革的深入而上升的事实与他的市场转型理论没有冲突，因为随着改革的深化，各个阶层的收入都在增加，而干部阶层的收入比其他阶层的收入增加得要慢。倪志伟还区分了不同地区市场化程度的差异：就中国来说，根据市场化程度的不同，共有四种经济类型。内地市场化程度较弱，是一种再分配经济，权力的作用还很大；沿海某些初步实现了改革的地方，市场化程度也不高，被称为沿海再分配经济，在这里，权力也有客观的经济回报；沿海合作经济是指国家、社区与市场三种力量结合，在这里，尽管市场化程度较高，但干部还保留着对资源的控制，因此权力也有一定的经济回报；在市场化

---

[1] 边燕杰. 市场转型与社会分层. 北京：三联书店，2002：194.
[2] 同[1]183.
[3] 同[1]217-259.

程度较高的沿海某些地区，存在着自由放任型经济，在这里，市场经济是主要的分配方式，权力的经济回报已经不明显了。①

尽管倪志伟对市场转型的理论做了一些修正，并得出了一些具有启发性的结论，但是他的解释仍与中国社会现实存在一定的差距，市场转型论也受到许多学者的批评，这些批评集中于在中国市场经济中权力是否还在发挥着资源再分配的作用。

通过对天津地区的调查，边燕杰与罗根提出了权力维系论的观点。他们的文章指出，中国的市场经济改革是在两大制度未发生动摇的前提下进行的，这两大制度分别是共产党的领导制度与城市单位制度。这两种制度的持续存在与发生作用保证了政治权力对资源的控制与分配，使得政治权力得到维续。②他们认为，政治权力之所以得以维续，是因为市场是在政治权力的影响下崛起、成长的，不仅如此，市场机制往往是在再分配体制内部发育与发展壮大的。因此，在中国的市场交易秩序研究中不能否认权力对市场的影响作用。从当前来看，城市的单位制已经发生了很大的变化，对于权力在市场交易秩序形成中的作用究竟如何，还需要进行深入的分析。

白威廉与麦谊生在批判市场转型论的基础上提出了政治市场的观点。他们认为，注重经济、政治二元市场的结构与互动规律，是解开市场转型论争辩的钥匙。③他们认为，存在三种主要的政治市场，在中国具体体现为工人与干部的关系、企业与政府主管部门的关系以及地方与中央的关系。在向市场经济过渡的过程中，这三组关系存在讨价还价的互动过程，而在这个过程中涉及的资源往往是政治性的。这三组关系的存在不仅影响着利益分配，而且影响着市场经济的运行与市场交易秩序的形成。在中国市场交易秩序的形成过程中，政治权力与资源都不会贬值，它们仍会获得可观的经济回报。他们将经济与政治的互动过程引入分析的中心，这样不仅使分析更加明确，也符合中国市场交易秩序的形成过程，反映了中国市场经

---

① 边燕杰. 市场转型与社会分层. 北京：三联书店，2002：235.
② 同①24.
③ 同①26.

济变迁的过程，对开展中国市场交易秩序研究具有一定的启发意义。

白威廉与麦谊生的政治市场概念为认识中国市场经济秩序提供了很好的视角，然而，他们的研究却没有将政府带入经济市场的分析之中。与之不同的是，魏昂德的研究更进一步，提出了"政府即厂商"的观点。[①] 他认为，地方政府已经是经济市场的一分子，从事经营活动，以厂商的身份参加市场活动。在这个过程中，政府不但通过法律政策来管理市场，而且直接参与市场活动，影响市场发展。因此，在这个过程中，权力更容易获得经济回报。当然，魏昂德认为，不是所有的政府都参与市场活动，而是行政级别越低的政府，越倾向于成为厂商。魏昂德分析的情况在我国确实存在，改革初期，许多地方政府往往既是"裁判员"又是"运动员"，既是管理者又是市场参与者，但是随着时间的推移、改革的深入，这种政企不分的情况发生了变化，地方政府直接参与市场活动的情况也变得越来越少，权力对市场的直接影响程度也将越来越低。

林南以天津大邱庄为例，提出了"地方市场社会主义"的观点。[②] 他认为，像大邱庄这样的社区，地方政治权力结构不一定随着市场转型而发生根本变化，因为大邱庄的权力基础来自家族网络。通过实地调查，林南发现，大邱庄从再分配性质的集体经济发展到市场化的集体经济，其政治权力结构并未发生根本性变化，不但主要领导人没有离职，而且新的领导人又是从"老干部"家族中提拔的。这一发现对市场转型理论构成了挑战。而这一切在林南看来，主要是由于政治权力的基础来自家族网络。林南的发现给我们的启示是，研究市场经济秩序，不能仅从抽象的理论出发总结出一种普适的理论，因为市场具有地方性与情境性，不同的地方的市场经济运行方式与利益分配方式可能会表现不同。

总之，从动态角度考察中国市场交易秩序之形成，具有重大的理论意义与现实价值。倪志伟的市场转型论就是从动态的角度来考察中国市场经

---

① 边燕杰. 市场转型与社会分层. 北京：三联书店，2002：27.
② 同①28.

济的运行方式的，尽管他的解释由于种种原因受到了非议。倪志伟在论述中国的市场经济体制时，深受波兰尼的影响，将再分配经济与市场经济看作截然不同的两种经济形式。但是由于调查资料的限制，其结论还是与中国的社会现实存在一定的距离。其间虽然经过修正，并扩充了调查范围，但他的市场转型论的基本观点没有改变，在解释中国社会现实上有明显的不足之处。多数批评者认为，权力的经济回报在中国的社会改革中并没有被削减，它们要么继续维系，要么有所加强。有的学者甚至认为，经济制度和权力结构都在变革，因此，权力的经济回报没有减弱。这些学者都是在现实调查的基础上得出结论的，他们的结论具有一定的现实性，也说明中国的市场交易秩序具有地方性、情境性。从变动的角度对市场交易秩序开展研究，不仅给我们提供了市场经济在现实中的真实图景，也使我们克服了从静态描述认识市场经济的局限性，为更好地认识我国市场经济的运行状况提供了很好的研究思路。

当然，我国也有不少学者对市场交易秩序的理论与实践进行了探讨，其中主要以经济学家为代表，如洪银兴、刘根荣、柳思维等人。他们主要分析了市场交易秩序形成过程中的经济因素，却对市场交易秩序形成过程中的社会因素论述得不是很充分。国内对市场交易秩序的研究多数集中在政治经济学的视角，很少有人从社会学的角度来探讨市场交易秩序形成过程中的社会因素。

第二节　市场交易秩序的模式论

在关于市场交易秩序的研究中，交易模式理论占有十分重要的地位。因为市场交易秩序的根本含义在于市场交易是否呈现稳定而协调的状态，而一旦这种状态具有持续性，并具有在相同条件下可以共享的普遍性，这种秩序也就可以被看作一种可以扩展的交易模式。正是在这个意义上，经济学和经济社会学在关于市场交易秩序的研究中，阐述了许多不同类型的交易模式，进而使交易秩序研究变得更加充实具体。

一、交易模式形成的经验研究

在探讨市场运行与市场秩序的生成过程，尤其是面对具体的市场情境时，交易模式的形成过程是其中重要的影响因素。交易模式不仅是经营者日常交易行为的惯例化、普遍化，而且构成某一市场运行的主要特征，有助于健康稳定市场交易秩序的形成。经过梳理，我们发现，按不同的标准，交易模式可以有多种分类。我们主要关注这样两类对交易模式的研究，一类是以纯粹经济利益追求为主的商业交易模式，另一类是在追求经济利益的同时伴随着情感性联系的商业交易模式。由于文化、制度等因素的影响，两者的比重在具体的市场情境中表现相异。

从现存研究来看，对交易模式的研究方式主要有两类：有的研究从具体的经验调查出发，从实证的角度探讨两种交易模式的具体展现；有的研究从宏观的角度出发，在抽象层次上探讨两种交易模式产生的深刻原因，这些研究往往采用比较的方法，对比不同交易模式产生的现实原因。这两类研究从不同的角度展示了市场运行中交易模式产生与形成的缘由，为分析市场运行中经营者的经营行为和顾客的购买行为提供了很好的参考。

为了研究市场运行的具体情况与市场交易秩序的形成过程，许多学者从实地调查出发，考察交易模式的形成与实施情况，探究市场的运行特征，从而达到研究的目的。虽然这些研究往往采用一种市场民族志或统计调查的研究方法对市场进行实地调查，但它们能够获取市场运行的基本经验事实，其研究成果也具有一定的理论意义与现实价值。对交易模式的具体研究主要集中于市场营销学这一学科中，只有为数不多的学者从经济社会学的视角出发，探寻市场运行中交易模式形成的具体过程。

迪马奇奥等人的研究是其中一个典型代表。他们从顾客的角度出发，深入分析了涉及社会关系纽带的消费交易过程。[①] 以 1996 年美国 GSS 数据

---

① DIMAGGIO P, LOUCH H. Socially embedded consumer transactions: for what kinds of purchases do people most often use networks? American sociological review, 1998, 63 (5): 619-637.

为实证材料,他们得出了"嵌入社会网络关系的商业交易是有效的"这一结论。他们认为,非商业关系进入交易不仅能够规避交易中的风险,而且能够稳定交易关系,促进交易的顺利完成。顾客在消费的过程中,往往倾向于到熟人那里完成交易,因为他们相信朋友能给自己提供更好的服务和产品,经营者往往也会采用一种默认的策略给存在社会网络关系的顾客提供某种优惠。

尽管迪马奇奥等人是以美国市场交易的经验数据为基础得出结论的,但是他们的研究对认识中国市场的交易模式具有很大的启发意义。在已经形成相对完善的市场制度的美国,日常的商业交易也不是完全排斥社会网络关系的交易。我国是一个更加重视亲情纽带的国家,社会网络关系在日常生活中发挥着非常重要的作用,而且市场经济至今没有形成一个完善的体系,因此,我国的市场交易行为很难排斥社会关系纽带的作用,在存在交易风险时尤其如此。

从现存理论和实地调查出发,乌泽分析了社会网络关系如何帮助企业获取金融贷款。[①] 通过对经验数据的分析,他发现与银行拥有社会网络关系的企业不仅能够更容易获取贷款,而且能获得较低的贷款利率。这是因为,社会网络关系的存在使银行和企业之间形成信息传递的桥梁,由于信息相对透明,信任得以建立,因此企业往往很容易获取银行贷款。由此可见,社会网络关系嵌入银行与企业的贷款交易中,不仅能够促进交易的完成,而且能在一定程度上促进交易双方的相互信任和共同发展。

市场制度在我国的施行只有几十年的历史,市场运行处在一种"摸着石头过河"的过程中,很难说已经形成了完善的市场经济体系,再加上重视关系纽带、亲情原则的传统,参与交易的双方很难按照纯粹的商业原则进行交易,尤其是存在熟人关系时更是如此。但遗憾的是,国内很少有学者从经济社会学的视角探求社会关系网络对交易模式与市场交易秩序形成

---

① UZZI B. Embeddedness in the making of financial capital: how social relations and networks benefit firms seeking financing. American sociological review, 1999, 64 (4): 481-505.

的影响,也很少有学者从具体的市场情境出发,研究中国特色的市场经济运行情况。

有些学者以民族志的方法调查某一社区的经济社会生活史,其中包括丰富的市场交易模式的论述,为理解中国市场运行的真实情况提供了很好的借鉴。项飚以实地调查的方式,经过多年时间,详细展现了"浙江村"的形成过程,并着重剖析了村民的经济社会生活史,为认识"城中村"这种跨越边界的社区提供了很好的研究启发。[①] 其中,他关于村民的"生意圈"和"亲友圈"相互结合、共同发挥作用的论述,为认识中国市场交易中理性交易和情感纽带相互结合的交易模式提供了很好的启发。遗憾的是,由于他的研究重点是"浙江村"村民的生活史,因而他对市场交易中的交易模式论述得并不多。

廖勤樱以北京中关村电子市场为例,考察了中关村电子市场的交易格局,详细分析了市场交易中理性交易与情感纽带的关联,阐述了市场经营者的生存状态,为认识中关村电子市场的交易格局提供了很好的借鉴,但其对市场运行中交易模式的形成及其产生的深刻原因论述得不够充分。[②]

关于市场运行中的交易模式,尤其是面向熟人的交易与面向陌生人的交易的具体呈现以及二者之间的异同,在现存的文献中很少被涉及,这对认识中国市场的交易模式、市场运行的真实情况以及市场交易秩序的形成过程不能不说是一种缺陷。

二、交易模式研究的理论思考

与深入市场进行实地调查,用经验材料展示市场运行中交易模式的具体形成过程不同,有的学者从抽象的角度出发,从文化等角度解释市场的产生与交易模式的形成。由于是从宏观的理论概括出发,缺乏具体的经验材料支持,这类研究往往受到人们的质疑,但是它们提供了关于市场生成

[①] 项飚. 跨越边界的社区. 北京:三联书店,2000.
[②] 廖勤樱. 交易的格局:以中关村电脑市场为例//郑也夫,等. 北大清华人大社会学硕士论文选编. 济南:山东人民出版社,2006.

和交易模式研究的深邃的理论思考，为人们研究交易模式和市场交易秩序的形成提供了很好的理论启发。

马克斯·韦伯是从文化角度解释资本主义市场产生的典型代表，其重要著作《新教伦理与资本主义精神》尽管饱受争议，但仍不失为一部解释资本主义的产生的里程碑式作品。韦伯认为，资本主义精神与新教伦理之间有一种亲和性，而资本主义精神是资本主义产生的重要条件。[1] 以此为基础，韦伯从宗教和文化因素的角度阐述了西方社会产生资本主义的原因，并指出由于缺乏理性宗教的作用和儒家伦理的稳定而长期的限制，资本主义在中国未能产生。[2]

韦伯认为，在中国，一切信任和商业关系都是建立在亲戚关系或亲戚式的纯粹个人关系上的，很难形成纯粹理性的商业交换关系。与清教徒强调理性地改造世界不同，儒家伦理更加强调理性地适应世界，一切共同体行动在中国一直被纯粹的个人关系，特别是亲戚关系包围着。[3] 因此，这种强调个人关系作用的儒家伦理很难产生纯粹理性化的交易模式，资本主义也难以产生。很多学者对韦伯的观点提出质疑，余英时就是其中一位典型的代表。

余英时承认中西文化存在一些根本差异。他认为，一部西方近代史主要是由圣入凡的俗世化（secularization）过程[4]，而中国文化却没有这段俗世化的过程。中国文化具有内倾的性格，和西方式的外倾文化形成鲜明的对照。同时他认为，中国现代化的困难之一即源于价值观念的混乱；而把传统文化和现代生活笼统地看作两个不相容的对立体，尤其是乱源之所在。[5] 由此可以看出，他认为传统文化与现代生活方式并非水火不容的矛盾对立体，而是存在一些一致的方面。传统文化不仅不是现代市场和理性交易的羁绊，而且在一定程度上蕴含着促进资本主义产生和市场运行的因素。

---

[1] 韦伯. 新教伦理与资本主义精神. 康乐，简惠美，译. 桂林：广西师范大学出版社，2007.
[2] 韦伯. 儒教与道教. 王容芬，译. 北京：商务印书馆，2003.
[3] 同[2].
[4] 余英时. 儒家伦理与商人精神. 桂林：广西师范大学出版社，2004：10.
[5] 同[4]37.

余英时认为，由于当时的汉学水平和资料的限制，韦伯关于中国宗教的论述不够准确，有时还得出了恰恰相反的结论。韦伯认为，"入世苦行"（inner-worldly asceticism）的宗教伦理为西方所独有，并在加尔文诸派的教义中发展到最高峰。余英时则认为，中国的宗教伦理大体上恰好符合"入世苦行"的形态。① 尽管认为中国宗教属于"入世苦行"这一类，但他并不认为资本主义迟早会在中国出现。他对韦伯的回复是，资本主义为什么没有出现，其原因并不在于中国缺乏"入世苦行"的伦理，而在于中国的政治和法律还没有经历过"理性化的过程"（the process of rationalization）。②

韦伯认为，新教伦理之所以有助于资本主义的发展，首推"勤"（industry）与"俭"（frugality）。但余英时认为，在中国文化传统中，勤俭是最古老的训诫。韦伯在《儒教与道教》中特别强调中国商人的不诚实和彼此间毫不信任，并认为这和清教徒的诚实与互信形成了尖锐的对照。余英时以明清商人伦理为例，否认了韦伯的这一论述。他认为，在明清商人伦理中，"诚信""不欺"是占据中心位置的道德，在新儒家伦理中尤其占据最中心的位置。③ 也就是说，余英时认为，韦伯对中国商人的误解缘于他看错了中国的价值系统，因为韦伯认为中国缺乏超越宗教道德的信仰，但中国实质上存在超越宗教道德的信仰。

余英时并不是否定韦伯关于新教伦理与资本主义精神之间关系的论述，而是在承认韦伯贡献的同时，反对其对中国宗教伦理的不准确论述。韦伯和余英时争论的焦点是，儒家伦理等中国传统的道德原则能否产生理性的交易模式，也就是说，传统道德原则是理性交易模式的羁绊，还是拥有产生理性交易模式的因素。从当前我国市场运行的情况来看，无论是韦伯还是余英时的观点，都由于时代等因素的限制，不能很好地解释中国现时的市场运行和交易模式。实际上，中国的市场运行和交易模式尽管呈现出与

---

① 余英时．儒家伦理与商人精神．桂林：广西师范大学出版社，2004：222．
② 同①224．
③ 同①320-321．

西方不同的面貌,但取得的经济成就为世界所共睹,乃至许多学者纷纷尝试解释中国经济增长的原因。我们正是在这个基础上,通过中关村电子市场这一具体市场情境,探寻中国市场交易模式形成、市场交易秩序生成的过程。

三、交易模式的制度论

在制度经济学家看来,制度是市场交易行为的重要结构。因此,市场交易模式不是自由竞争自发形成的,而是由社会制度塑造的结果。以康芒斯为代表的老制度经济学派,从社会关系的角度理解交易行为,具体论述了一种在制度"控制"之下交易模式的形成问题。以科斯、威廉姆森和诺斯等学者为代表的新制度经济学家,从制度结构(契约或合同)的角度,将制度视为市场的替代物,并在此基础上寻求建立一种能够节约交易成本、降低交易费用的市场制度安排和与之相适应的交易模式。

受法国重农学派代表人物魁奈的"自然秩序"观和"自由放任"思想的影响,现代经济学鼻祖亚当·斯密将交易理解为双方基于利己心对物品的自由买卖。[①] 在市场自由竞争机制("看不见的手")的作用下,斯密论述了一种自由形成的互利性的交易模式。[②] 此后,在一个相当长的时间里,这种观点被自由主义经济学家奉为圭臬。随着以康芒斯为代表的老制度主义经济学的兴起,以斯密为代表的对交易模式的简单化理解才被打破。

以康芒斯为代表的老制度经济学体系,主要建立在以交易为基本分析单位的基础上。在康芒斯看来,交易就是一种合法控制权转移的单位,它包含着冲突、依存和秩序这三种社会关系。[③] 因此,交易行动就是个体之间的行动,即它是一种真正的"交互影响的行动"。从"交互影响的行动"角度重新理解交易具有重要的意义,它标志着经济思想从古典学派和快乐主

[①] 汪和建. 迈向中国的新经济学——交易秩序的结构研究. 北京:中央编译出版社,1999:30.
[②] 斯密. 国民财富的性质和原因的研究:上卷. 郭大力,等译. 北京:商务印书馆,1972:27.
[③] 康芒斯. 制度经济学. 于树生,译. 北京:商务印书馆,1997:73.

义学派转变到制度学派。[①]

从人与人之间相互影响的角度来理解交易行为,它包含三种交易类型,即买卖的交易、管理的交易和限额的交易。在康芒斯看来,这三种类型的交易活动包罗了经济学里的一切活动,其中买卖的交易是财富所有权的转移,管理的交易是财富的创造,限额的交易则是财富的分配。[②] 这些交易是地位平等的人们之间或上级和下级之间的活动单位,因此,它们的性质是伦理的,也是法律的和经济的。同时,在每一件交易中又包含着冲突、依存和秩序三种关系,这样市场的交易秩序就需要制度的协调才能实现。康芒斯认为,交易中的利益冲突源于"普遍的稀少性"和"取多予少"。[③] 交易秩序,是"集体行动的运行规则"[④] 的结果,即它是制度对交易双方之间的利益冲突进行协调的结果。

康芒斯从法律的、经济的和伦理的这样一个广泛综合的角度,论述了一种经由制度协调得以实现的交易秩序。正如康芒斯所指出的那样,制度论所注意的是有意的和有目的的变动,是一种管理的平衡而不是自动的平衡。[⑤] 也就是说,这是一种人们有目的地控制的秩序,是个人或集体行动按照他们自己认为合宜的观念进行选择的结果。因此,康芒斯实际上论述了一种人为的交易秩序。

以科斯、威廉姆森和诺斯等人为代表的新制度经济学,尽管与以康芒斯为代表的老制度经济学存在一定的差异,但他们继承了老制度经济学从法律、伦理等非经济因素的角度对交易行为进行研究的传统。康芒斯对交易关系的研究虽然扩展了经济学研究的理论视野,但他忽视了交易活动本身不可避免地要耗费资源和付出代价的事实。新制度经济学家以交易成本为核心,旨在探讨一种能够缩减交易成本和提高资源配置效率的交易方式实现的条件、具备的特征等问题。

---

① 康芒斯. 制度经济学. 于树生, 译. 北京: 商务印书馆, 1997: 92.
② 同①86.
③ 同①113.
④ 同①18.
⑤ 同①147.

科斯在《企业的性质》一文中，首先提出在市场交易成本为正的情况下，企业和市场这两种交易方式的选择或替代的问题。[①] 科斯提出的重要问题一直处于"引而不用"的状态，经过多年沉寂，直到20世纪70年代才为奥利弗·威廉姆森等人所发扬光大。

威廉姆森作为交易成本经济学最为重要的代表人物，被誉为在交易成本经济学的"概念诠释和实证检验两方面都取得了长足的进展"[②]。威廉姆森的交易成本经济学将人的行为假设为契约（合同）人、有限理性的和投机主义的。在此前提之下，他对人们的异质性交易方式、交易的治理结构以及各种治理结构的选择问题进行了系统的阐述。威廉姆森认为，从经济合理性的角度而言，不同类型交易组织方式差异的原因在于资产专用性、不确定性以及交易的频率不同。因此，根据这三个衡量尺度，就可以刻画出不同交易方式所具有的属性。[③] 为了便于讨论，威廉姆森假定在不确定性程度已知的情况下，集中分析资产专用性（非专用的、混合式的和高度专用性的）与交易频率（偶然交易和经常性交易）这两个因素对交易方式的影响。由此便形成了六种不同的交易模式：非专用的偶然交易、非专用的经常性交易、混合式的偶然交易、混合式的经常性交易、高度专用性的偶然交易和高度专用性的经常性交易。[④]

由于每一次交易都涉及一个合约（合同），在市场上所进行的交易都会在缔约各方之间产生产权的全部或部分转让，这些转让都是通过不同的合约安排进行的。[⑤] 也就是说，不同的交易方式需要不同的契约安排，而不同的契约安排也对应着不同的交易模式。因此，非专用的偶然交易和非专用的经常性交易需要古典合同式的治理（市场治理），混合式的偶然交易和高度专用性的偶然交易需要新古典式的合同治理（三方治理），混合式的经常

[①] 科斯. 企业的性质//盛洪. 现代制度经济学：上册. 北京：北京大学出版社，2003：103-117.
[②] 克劳奈维根. 交易成本经济学及其超越：原因与途径. 朱舟，黄瑞虹，译. 上海：上海财经大学出版社，2002：1.
[③] 威廉姆森. 资本主义经济制度. 段毅才，等译. 北京：商务印书馆，2002：78.
[④] 同③105.
[⑤] 张五常. 交易费用、风险规避与合约安排的选择//科斯，阿尔钦，诺斯，等. 财产权利与制度变迁. 刘守英，等译. 上海：上海人民出版社，1994：17.

性交易和高度专用性的经常性交易需要关系合同的治理（双方治理与统一治理的结合）。① 这样，威廉姆森以交易方式为基础，逐步建立起了交易治理结构的理论体系。

威廉姆森的交易成本经济学是以个人的有限理性属性和机会主义的行为属性为基础的，对此克劳奈维根就鲜明地指出，威廉姆森忽视了个人属性中的信任关系和社会认可在交易中的作用。② 不仅如此，在威廉姆森所运用的研究方法中，由于他采用微观的分析方法，规范、法律规章和其他环境对治理结构的影响并未得到很好的阐述。③ 针对威廉姆森研究中的这些不足，诺斯在其对交易模式的研究中给予了充分的阐述。

诺斯不仅论述了交易成本的来源，而且探讨了"交易的诸种特征与社会制度结构之间的联系"④。他认为，制度为交易提供了结构，决定着交易费用和转型成本。随着交换规模和范围的扩大，分别形成了"客户化的或人际关系化"的交易方式、"非人际关系化"的交易方式和"由第三方实施的非人际关系化"的交易方式。而且这三种不同类型的交易方式的交易成本分别从低向高逐渐增加，所需要的制度框架也不相同。⑤ 诺斯将约束个人机会主义的制度框架视为包含正式约束和非正式约束的综合体，因此，交易费用反映了制度的整体性结构。⑥

四、交易模式的信息论

信息经济学是在质疑和批判新古典经济学关于"完全信息"的假设的基础上发展起来的，认为新古典经济学通过供求法则实现市场均衡的假设过于严格。⑦ 在信息经济学看来，市场之中的价格并不能够包容与传递所有

---

① 威廉姆森. 资本主义经济制度. 段毅才, 等译. 北京: 商务印书馆, 2002: 106-113.
② 克劳奈维根. 交易成本经济学及其超越: 原因与途径. 朱舟, 黄瑞虹, 译. 上海: 上海财经大学出版社, 2002: 4-12.
③ 同②.
④ 诺斯. 制度、制度变迁与经济绩效. 杭行, 译. 上海: 格致出版社, 2008: 46.
⑤ 同④46-49.
⑥ 同④93.
⑦ 陈钊. 信息与激励经济学. 2版. 上海: 上海人民出版社, 2010: 11-13.

的信息。① 不仅如此，市场经济本身并不完善，其中也存在着低效率的现象。与经济活动相关的信息因素，则是其中的一个重要原因。②

一般而言，信息经济学是关于"对经济活动中的信息及其影响进行经济分析的经济学"③。乌家培等人指出，在一定的经济环境中，市场的信息一般表现为公共信息与私人信息、同质信息与异质信息、完全信息与不完全信息以及对称信息和不对称信息。④ 尽管如此，正如陈钊认为的那样，信息经济学首先是关于"不完全信息"的经济学（相对于新古典传统的完全信息假设而言）；其次，"不对称信息"则是"不完全信息"中的一种特殊情形。⑤ 不仅如此，信息不完美（信息不对称）在现实生活中是普遍存在的。⑥ 在斯蒂格利茨看来，信息经济学的提出具有里程碑式的意义，它意味着经济学的研究范式将会从主流的竞争均衡范式转到信息范式。⑦ 本书主要考察在信息不对称的背景下，市场信息对交易行为产生影响的经典研究。

乔治·阿克洛夫在对"柠檬市场"⑧的经典研究中，首次探讨了在信息不对称的背景下交易行为中的逆向选择和市场失灵的问题。⑨ 在阿克洛夫提供的二手车交易市场的案例中，卖家显然比买家拥有更多的关于旧车质量的信息，买家只能根据二手车市场的平均质量给出一个折中的价格。如此一来，那些高质量旧车的卖家因买家出价过低而选择退出市场。在折中的价格中，买家很可能购买到的是质量相对较差的二手车，而没有高质量的

---

① MCCORMICK B J. Hayek and Keynesian avalanche. NY: St. Martins Press, 1992: 260// 陈钊. 信息与激励经济学. 2 版. 上海：上海人民出版社，2010：15.
② 乌家陪，谢康，肖静华. 信息经济学. 2 版. 北京：高等教育出版社，2007：2.
③ 同②.
④ 同②84.
⑤ 陈钊. 信息与激励经济学. 2 版. 上海：上海人民出版社，2010：16.
⑥ 斯蒂格利茨. 信息与经济学范式的变革//斯蒂格利茨. 信息经济学基本原理：上. 纪沫，等译. 北京：中国金融出版社，2009：30-102.
⑦ 同⑥.
⑧ 在美国的俚语中，"柠檬"是指残次品和不中用的东西。在信息经济学中，"柠檬"成为信息不对称条件下次品的代名词。因此，"柠檬市场"就是指次品市场。乌家培，谢康，肖静华. 信息经济学. 2 版. 北京：高等教育出版社，2007：226.
⑨ AKERLOF G. The market for "Lemons": quality uncertainty and the market mechanism. Quarterly journal of economics, 1970, 84 (3): 488-500.

产品交易。如此循环下去，低质量的二手车会将高质量的二手车挤出市场。这样一个过程就是逆向选择。逆向选择会进一步降低二手车市场的质量，最终导致交易的减少和市场的萎缩，甚至消亡。

在信贷交易市场和保险交易市场中也同样存在类似的问题。在信贷交易市场中，由于高质量客户投资项目的收益率低，而低质量客户投资项目的投机性强，当银行提高利率时，高质量的客户会因为利息的增加而选择退出信贷市场，相反，那些低质量的客户则因为赔付金额不变，仍然选择贷款。[1]因此，随着银行利率的提高，高质量的客户会被"赶走"，从而导致整个贷款市场质量的降低。由此形成信贷交易市场中的逆向选择。在保险交易市场中，身体状况不佳者往往会购买保险，而身体健康者却不会购买，由此将提升保险市场的平均风险，进而使保险公司增加保费，最终促使一部分身体较为健康者选择退出保险交易市场，市场也难以达到有效的规模。[2][3]

道德风险也被称为"败德行为"或"隐蔽行为"[4]，是指当委托人和代理人之间信息不对称时，经济代理人在使自身效用最大化的同时，损害委托人或其他代理人效用的行为。[5]

在信贷交易市场中存在着道德风险。银行根据借款申请人的资信、收入和还款能力等条件决定是否发放贷款。当贷款合同签订之后，银行无法观察到借款人的行为，更无法随时掌握借款人的经济条件、家庭等方面的变动情况。也就是说，银行在贷款之后与借贷人之间出现了信息不对称的问题。此时，借款人可以有两个选择：一是按时还贷款本息；二是赖账，拒绝还款。在违约成本较低的情况下，个人遵守信用、按时还款的行为不能得到任何形式的奖励；相反，不守信用、恶意赖账的行为，却可能获得相对多的效益。这将导致信贷交易市场中的道德风险问题。[6]类似的情况在

---

[1] 乌家培，谢康，肖静华. 信息经济学. 2版. 北京：高等教育出版社，2007：238.
[2] MICHAEL R, STIGLITZ J E. Equilibrium in competitive insurance markets: an essay on the economics of imperfect information. Quauertely journal of economics, 1976, 90 (4): 629-649.
[3] 赖茂生，王芳. 信息经济学. 北京：北京大学出版社，2006：37.
[4] 陈钊. 信息与激励经济学. 2版. 上海：上海人民出版社，2010：107.
[5] 同[1]243.
[6] 同[1]252.

保险交易市场中同样存在。

信息经济学对新古典经济学的"完美市场"和"信息充分"的前提假设进行了批判,并指出了信息对市场交易和市场交易秩序的重要影响,但忽视了信息的"产生和作为交易对象的作用"[①]。随着以信息为基础的社会的到来和迅速发展,马克斯·H.布瓦索以信息空间为概念框架,建立了一种研究组织、制度和文化在信息及其传播技术影响下相互转换的信息政治经济学范式。

在布瓦索看来,所谓的信息空间就是由信息的编码、抽象和扩散三种信息处理机制组成的三维空间,它是引导知识流动和分配的力量。在信息空间中,信息与制度和组织之间相互"结构化"。他认为:"经常发生的信息流导致交易模式的产生,这在某种情况下结晶为组织和制度,其特点反映了它们在信息空间中的特定位置。在发生这种情况的地方,由此而形成的结果反过来会对流动产生影响,并帮助规范流动。"[②]

由此,布瓦索在信息、交易模式和制度(组织)之间建立起了一种关联。也就是说,社会和经济交易为信息的产生和交换提供激励,而信息总是以支持处理与其环境之间的交易而告终。[③] 信息的抽象、编码和扩散,共同决定着交易方式在信息空间中的位置,布瓦索以此为标准区分了四种交易结构:市场、官僚制度(bureaucratism)、宗法(clans)和采邑(fiefs)。他认为:"这种交易结构既是信息流的产物,又是其形式的决定者,在信息流稳定和经常发生的地方,这样的结构会变成制度。"[④] 与这四种交易结构对应的四个国家,分别是美国、英国、法国和中国,它们表现出各自不同的交易模式。信息、交易的结构和交易模式的特征之间的对应关系,如表1-1所示。

这样,布瓦索在理想类型的意义上建立了交易的类型学,并且在信息

[①] 布瓦索.信息空间——认知组织、制度和文化的一种框架.王寅通,译.上海:上海译文出版社,2000:前言第2页.
[②] 同①导论第8页.
[③] 同①328-332.
[④] 同①328.

环境因素和具体的交易行为模式之间建起了联系。他说："我们可辩驳的假设，即它们是有关系的，一个具体交易秩序的失败将和潜在的信息分配的变化相联系，……交易要么跟随着数据场中知识分配的改变，要么引起这种改变。"① "交易并非只发生在信息空间中的一个区域，在复杂的交易格局中，……没有理由假定它们均各自独立地起作用。的确，位于空间不同区域的交易很有可能以相互增强的方式起作用。因此，人们不一定要在市场和等级制、采邑和宗法制之间做出排他性的选择。"② 也就是说，交易结构总是以混合的方式存在。

表 1-1　　　　　　　　信息空间中的交易模式

	官僚制度	市场制度	采邑制度	宗法制度
信息空间	信息是抽象的、编码的和未扩散的，即扩散是受到中心控制的，如财务月报	信息是抽象的、编码的和扩散的，如价格	信息是具体的、未编码的和未扩散的，如个人儿时的记忆、专门知识	信息是具体的、未编码的和有限扩散的，即向一个群体而不是目标人口的全体扩散，如神话故事、口头传说等
关系类型	关系是非个人的身份，不重要	关系是非个人的身份，不重要	关系是个人的身份，重要	关系是非个人的身份，不重要
控制方式	控制是外部的、不一定需要共同的价值和信任	控制是外部的、不一定需要共同的价值和信任	控制是内部的、需要共同的价值和信任	控制是内部的、需要共同的价值和信任
协调类型	等级制的和正式的	横向的自我调节（看不见的手）	等级制的和非正式的	横向的、通过相互调整进行的
目标来源	上级规定	每个参与者自由追求自己的目标	上级规定	参与者之间通过谈判得出
核心价值观	服从规定	交易自由	对领导的效忠和服从	忠于群体
代表国家	法国	美国	中国	英国

资料来源：布瓦索. 信息空间——认知组织、制度和文化的一种框架. 王寅通，译. 上海：上海译文出版社，2000：381.

布瓦索的信息空间理论提出了完全不同于新古典经济学的理论框架，通过信息的编码、抽象和扩散机制，将新古典经济学视而不见的信息内在

---

① 布瓦索. 信息空间——认知组织、制度和文化的一种框架. 王寅通，译. 上海：上海译文出版社，2000：381.

② 同①386.

化了，对不同组织结构的信息含义进行了令人信服的论证，触及了新古典经济学的盲点。① 布瓦索认为以威廉姆森为代表的新制度经济学也存在着局限性。首先，新制度经济学虽然注意到了信息在选择交易安排上的重要作用，但忽视了有关交易数据的编码或抽象程度，由此造成在论述交易结构的安排上要么"集中在一个集权—分权连续统的两端，即集中在官僚制度或市场上，后来又集中在中间形式上"②。其次，市场和等级制范式隐含着一种能动的信息流动理论，但并没有加以发展。最后，新制度经济学家将等级制和市场混合起来，等级制被当成公司内部的东西，而市场则被视为外在于公司的制度。③ 在此基础上，布瓦索指出了制度经济学未来前进的道路："制度经济学需要更具能动性的信息流理论，……在已经确定存在市场制度之外的可靠制度选择的情况下，它需要表现出信息生产和交换是如何支持它们，如何塑造它们内部的演进以及合作和竞争的方式的。"④

五、交易模式的嵌入论

经济史学家卡尔·波兰尼认为，欧洲延续百年（1815—1914）的相对和平与繁荣之所以突然崩溃，是因为市场自由主义的理念和实践导致的"大转折"，即是市场经济活动脱离于社会，并将社会牢牢控制在市场原则之下的结果。与这种脱嵌的自我调节的市场经济相反，波兰尼从嵌入性的角度出发，认为市场经济活动总是嵌入政治、宗教和社会关系之中，经济从属于社会。⑤ 在他看来，人类的历史上分别出现了互惠交易、再分配交易与市场交易这三种交易模式（资源分配的形式）。⑥ 它们作为经济体获得统

---

① 许文彬，张亦春. 信息结构、制度变迁与金融风险演进. 北京：中国财政经济出版社，2004：72.
② 布瓦索. 信息空间——认知组织、制度和文化的一种框架. 王寅通，译. 上海：上海译文出版社，2000：412.
③ 同②413.
④ 同②414.
⑤ 波兰尼. 大转型：我们时代的政治与经济起源. 冯钢，刘阳，译. 杭州：浙江人民出版社，2007：导言第15页.
⑥ 波兰尼. 经济：制度化的过程. 侯利宏，译//许宝强，渠敬东. 反市场的资本主义. 北京：中央编译出版社，2001：63.

一性和稳定性的整合形式①，是人类历史发展到一定阶段的产物。其中，互惠交易和再分配交易在人类历史中长期处于支配地位，而市场交易仅仅是在市场制度兴起之后才出现的交易模式。总之，不管是互惠交易、再分配交易还是市场交易，"都被浸没在普遍的社会关系之中，市场仅仅是某个制度设置的附属特征，而这个制度设置前所未有地受着社会权威的控制和规制"②。正如弗雷德·布洛克所认为的那样，嵌入概念是理解波兰尼思想的逻辑起点，不仅如此，它也是理解当代经济社会学关于交易模式的研究的起点。

受波兰尼嵌入性思想的影响，格兰诺维特对社会学和经济学中的过度社会化与低度社会化现象展开了批判。③ 在他看来，是"社会关系，而不是制度安排或普遍的道德，在经济生活中产生信任"，防止交易中的欺诈。在此基础上，格兰诺维特对威廉姆森关于交易何时在公司内或市场中发生的二元对立观点进行了批判。他认为，威廉姆森一方面忽视了市场中交易的社会性质，另一方面又高估了组织内科层力量的效率。与之相反，经济交易行为实际上取决于公司间、公司内个人关系以及关系网络的性质，而且交易秩序或失序、诚实或欺诈与关系结构密切相关，与组织形态关联较少。④ 在此基础上，格兰诺维特提出了经济交易行为嵌入社会网络之中的观点。

受此影响，沃尔特·鲍威尔从社会网络的角度，论述了网络在价格的形成、交易的达成、信息的传递等市场活动中的重要作用，从而说明了社会网络是在市场和层级组织（企业）之外的协调交易行为的重要表现形式。⑤ 另外，韦恩·克贝尔对美国股票市场中社会网络结构与股票价格和交易行为的关系的研究⑥，也得出了类似的结论。罗纳德·伯特认为，在经济

---

① 波兰尼. 经济：制度化的过程. 侯利宏, 译//许宝强, 渠敬东. 反市场的资本主义. 北京：中央编译出版社, 2001：42.
② 波兰尼. 大转型：我们时代的政治与经济起源. 冯钢, 刘阳, 译. 杭州：浙江人民出版社, 2007：58.
③ 格兰诺维特. 镶嵌. 罗家德, 译. 北京：社会科学文献出版社, 2007：12.
④ 同③27.
⑤ POWELL W W. Neither markets nor hierarchy: network forms of organization. Research in organizational behavior, 1990, (12)：295-336.
⑥ BAKER W E. The social structure of a national securities market. The American journal of sociology, 1984, (4)：775-811.

交易领域之中，生产者如果拥有一个结构洞丰富的网络，就能够在与供应商、消费者的交易谈判中占据优势，因此也就能够比别人获得更高的投资回报率。① 在经济社会学中，与此相类似的研究还有很多。

经济社会学家的这些研究，强调了社会网络在市场交易行为中的重要作用，这种现象被韦恩·克贝尔概括为"关系导向"（relationship orientations）交易模式，与此对应的则是一种"交易导向"（transaction orientations）交易模式。他认为在市场交易中，无论是"关系导向"模式还是"交易导向"模式，都是两个理想类型，现实中的交易模式往往是这两者的混合。② 无独有偶，美国契约法学家麦克尼尔也认为，当事人之间除了物品的单纯交易外不存在关系的"个别性交易"是不存在的，实际上任何物品的交易都与关系密切相关，都是一种"关系性交易"。③

国内学者汪和建最早从经济社会学的角度对交易模式进行了系统的深入探讨。他以交易秩序为研究对象和中心，运用行动—结构互动的综合理论方法，探讨"决定交易秩序建立与扩展的内在结构要素"，并试图建立一个能够解释"交易秩序转型和扩展的基本力量和可能途径的理论框架"④。

汪和建延续了康芒斯对制度的界定，认为交易是"个体之间的交互影响的行动，即互动"。秩序反映的是不同层次上利益的协调状态。因此，交易秩序"既包括微观层次上交易活动的利益协调，又包括宏观层次上交易者与外部受影响者之间在利益和价值上的协调一致"⑤。在交易秩序内部存在着四项秩序结构，分别是"规范、动机、交易和秩序目标"，"这些制度结构都有各自不同的起源，与其他秩序结构存在着直接或间接的交互作用关系"⑥。

从交易秩序转型的角度而言，中国经济秩序经历了从计划的交易秩序

---

① 伯特. 结构洞——竞争的社会结构. 任敏，等译. 上海：格致出版社，2008：86.
② BAKER W E. The social structure of a national securities market. The American journal of sociology, 1984, (4): 589-625.
③ 麦克尔尼. 新社会契约论. 雷喜宁, 等译. 北京：中国政法大学出版社，2004：4.
④ 汪和建. 迈向中国的新经济学——交易秩序的结构研究. 北京：中央编译出版社，1999：20.
⑤ 同④28.
⑥ 同④53.

和传统的交易秩序向市场导向的交易秩序的变迁。由于"交易秩序存在于特定的社会文化环境之中,特定的社会文化环境,尤其是传统的信仰体系、政治文化和习俗成为交易秩序建立和扩展的根本性的制约因素",而且它们还塑造着人们交易的方式。因此,这三种交易秩序分别对应着三类不同的交易模式:计划性的交易、人格化的交易和市场导向的交易。其中计划性的交易是以社会契约为基础,计划设计者与广大人民之间相互有利的交易。"这种交易是非对称的,并且建立在对未来相互利益的预期和某种'信任惯性'基础之上。"人格化的交易,是建立在"传统伦理和日常互动关系所限定的特殊主义信任基础"之上的交易。市场导向的交易,是建立在个人选择和形式理性的权利法约约束下的普遍主义的信任基础之上的交易。[1]

由此可知,汪和建从文化和意识形态等宏观社会的结构的角度,阐述了社会结构对交易模式的塑造作用。近年来,沿着这样一种思路对中国市场中的交易模式进行研究的还有张军。他在对中关村电子市场交易秩序的研究中,发现了在同一个市场中存在着两种截然相反的交易模式,即面向熟人的"关系交易"和面向陌生人的"转型交易"。[2] 这两种交易模式分别体现了不同的交易原则,其中"关系交易"是一种诚信的交易,"转型交易"则是一种带有欺诈的投机交易。在他看来,问题的症结在于现代市场制度与中国传统熟悉社会结构之间的复杂关系。一方面,中国的现代市场制度所需的法律制度尚不完善、普遍主义的道德体系也未形成;另一方面,传统熟悉社会中的特殊主义的道德原则具有较强的延续性和稳定性,仍然为社会运行提供道德支持。这种复杂的关系,在市场交易中同时存在。当交易双方是一种熟悉关系时,传统的道德原则规范着交易双方的行为,并避免了投机性交易的产生。此时,交易双方之间就是一种"关系交易"。相反,当交易双方是一种陌生关系时,特殊主义取向的道德原则难以在陌生关系中发挥作用,在法律不健全和普遍主义道德原则缺失的背景下,就表现为"转型交易"。

---

[1] 汪和建. 迈向中国的新经济学——交易秩序的结构研究. 北京:中央编译出版社,1999:26.
[2] 张军. 市场秩序生成中的交易模式分化与整合. 学习与探索,2015(12):31-36.

第二章　熟悉关系陌生化的"转型交易"

　　市场经济的引入，使中国社会发生了翻天覆地的变化。在诸多变化之中，法律和规章等正式制度能够在一夜之间改换颜面，但诸如道德、价值、意识形态、习俗、惯例等非正式制度难以迅速发生变化，依然在人们的社会生活中稳定地发挥作用，并顽强地阻碍着正式制度的变迁过程。理性的市场制度冲击着人与人之间相互维系的传统纽带的同时，也遭到了传统道德原则的反抗。由于缺乏普遍主义道德根基，陌生人之间的各种欺诈性交易在很多市场不断涌现并愈演愈烈。这已成为中国市场运行必须面对的问题，因为它严重影响良性市场交易秩序的形成。

第一节 从熟悉关系进入陌生关系

新中国成立以后，国家实行高度集中的计划经济体制，在一定程度上强化了熟悉社会的根基。从广大农村来看，其社会原本就是熟悉社会，在人民公社制度之下，农民的相互协作得以强化，熟悉关系、亲情原则在社会生活中发挥着极为重要的作用。在城市社会，人们固守于单位之中，"归属于"单位。正如路风所言，单位对就业居民的意义重大：他们不仅工资收入来自单位；而且诸如住房、副食补贴、退休金等社会福利保障也来自单位，单位中的就业者不会失业，但也不能随意流动，他们的生老病死都仰赖单位的照料；人们的社会活动也离不开单位，登记结婚、住宿旅店或购买飞机票都要出示单位工作证或介绍信，这是对个人身份和行动合法性的证明，而且出具证明的单位像家长一样对被证明人负有连带责任。[①] 单位不仅是一个小社会，而且是一个熟悉社会，其中的主要行为准则有：重视人际关系、服从权威、平均主义等。

由此可见，从新中国成立到改革开放前，无论在喧嚣的都市还是偏僻的农村，熟悉社会的行为准则都发挥着极其重要的作用。中国人重视亲情血缘、善用熟悉关系网络有其深刻的社会根源。费孝通指出：熟悉社会的根源是以土为本的乡土文明，因为土地不可移动，所以农民世代厮守田园、安居重迁，十分狭小的生活空间使农民长期生活在彼此非常熟悉的环境中，于是，以各种亲属关系和地缘关系结成的熟悉社会逐渐形成。这是因为，乡土社会在地方性的限制下成了"生于斯、死于斯"的社会。人们被束缚在土地上，地方性的限制所导致的"熟悉"成为乡土社会的重要特征。他指出，乡土社会的生活是富于地方性的。地方性是指人们的活动范围有地域上的限制，在不同区域间接触少，生活隔离，各自保持着孤立的社会圈

[①] 路风. 单位：一种特殊的社会组织形式. 中国社会科学, 1989 (1): 71-88. 路风在随后的文章中强调，只有国营部门的机构才具备最完整的单位形式. 路风. 中国单位体制的起源与形成. 中国社会学, 2003 (2): 127.

子。因此，乡土社会是一个"熟悉"的社会，没有陌生的社会。① 按照费孝通的观点，这种"熟悉"主要是从时间上、多方面、经常性的接触中所产生的亲密的感觉，乡土社会的人们从这种熟悉中获得信任。

费孝通指出，在乡土社会，人们因熟悉而信任。由于乡土社会持久的互赖关系与密切的内部联系，人们一次不守信所带来的收益远小于他失去信任所造成的损失，他甚至可能无颜再在村里立足。可以说，在熟悉社会，因为大家彼此熟悉，所以自然而然产生信用及规矩，很少有谁会或敢于破坏这种信用和规矩，否则他会受到大家即熟人们强有力的惩罚。熟悉社会中的人们便是以这种方式体验着信任关系，生产和再生产着这种包含了强烈感情色彩的信任机制。由于这种信任机制因熟悉而直接、自发产生，所以被称为"直接信任"或"人格化信任"。②

因此，乡土社会的信用并不是对契约的重视，而是发生于对一种行为的规矩熟悉到不加思索时的可靠性。③ 这种行为规矩是"习"出来的礼俗，这一礼俗就是儒家伦理的道德规则和价值追求。儒家伦理追求的社会秩序是一种礼治秩序，礼是社会公认合适的行为规范。④ 礼的施行并不是靠外在的强制力推动，而是从教化中养成了个人的敬畏感，使人自觉地从内心服从其要求，也就是说，人服从礼是主动的行为。

费孝通是以乡土社会为基础，来论述熟悉社会的根源的，但这并不意味着熟悉社会仅仅来自乡土社会和农民生活。韦伯在更广泛的层面上论述了中国人的信任机制。他认为中国人的信任是"建立在亲戚关系或亲戚式的纯粹个人关系上面"的，是一种凭借血缘共同体的家族优势和宗族纽带而得以形成和维续的特殊信任，因此对于那些置身于这种血缘家族关系之外的其他人即"外人"，中国人普遍地不信任。福山则更进一步将人际信任扩展到关于社会信任的分析探讨，认为在诸如中国、意大利和法国这样的

---

① 费孝通. 乡土中国 生育制度. 北京：北京大学出版社，1998：9.
② 朱佩娴，叶帆. 走出"熟人社会"，我们如何去信任——关于信任机制的研究综述. 人民日报，2012-04-05.
③ 同①10.
④ 同①10.

国家，一切社会组织都建立在以血缘关系维系的家族基础之上。[1]

刘少杰对费孝通的熟悉社会概念进行了系统阐述。他认为，时下人们谈及熟悉社会存在的根源，通常仅仅想起费孝通关于熟悉社会或乡土社会以土为本的观点，把熟悉社会同农业文明、农民生活方式联系在一起，而忽视了费孝通关于差序格局的制度结构在熟悉社会中的规范作用的论述。[2]他指出，熟悉社会不仅存在于乡土社会农民的生活方式中，而且存在于现代城市市民的日常生活中，判断熟悉社会的存在与演变，不仅要注重熟悉关系发生的场域，更重要的是应当考察那些制约人们行为方式、思维方式和生活方式的制度结构的变迁。

随着改革开放的实施和市场经济的引入，中国社会发生了巨变。中国人正在经历着一场心理上的波动、行为的巨变和观念的调整。在农村社会，尽管亲情原则、差序格局思维仍然在人们的日常生活中发挥着重要的作用，但现代性逻辑和市场原则不断冲击着传统观念。农民不再厮守于土地，而是奔向城市，在相对发达的城市社会中寻求就业机会，由此形成有中国特色的、蔚为壮观的"民工潮"。外出农民在城市中的生活体验引起了心理嬗变、行为改变和观念更新，并在返乡生活的过程中对农村社会的传统生活方式产生冲击。

市场制度的确立不仅使农村社会发生巨变，而且影响着城市社会居民的生活方式和工作选择。市场化运作不仅使国有企业面临市场竞争，而且促发了大批外资企业、私营企业和个体户的产生。在此冲击之下，无所不包的单位制面临调整甚至解体，因为我国以工厂或商店为独立核算单位的企业，它们的许多重要的组织功能被国家行政组织承担，远不具备现代企业组织的全部功能，这也与市场运行的基本规律相悖。单位制的松动不仅带来资源的流动、效率的提升，更重要的是带来人员的流动——很多单位

---

[1] 李伟民，梁玉成. 特殊信任与普遍信任：中国人信任的结构与特征. 社会学研究，2002（3）：11-12.

[2] 刘少杰. 中国市场交易秩序的社会基础——兼评中国社会是陌生社会还是熟悉社会. 社会学评论，2014（2）：28-34.

不再将人的一生限制于某一岗位之上。很多人走出单位、走向社会，重新就业或创业，在市场社会中谋求新的发展机会。

改革开放为市场形成提供了必要的制度保障，而城市"单位制"的松动和农村大批劳动力流入城市，则为市场运行提供了充足的人力资源。对中国市场运行状况展开研究，探索主要的交易模式，离不开对典型市场的实证研究。因此，本书将在理论梳理的基础之上，对典型市场开展研究，中关村电子市场便是典型市场中重要的代表之一。

作为中国重要的信息产业基地之一，中关村是中国IT从业者符号化的载体，有"中国硅谷"之美称。中关村声名鹊起，不仅闻名全国，而且在全世界都有一定的声誉，这为中关村电子市场的形成与发展提供了得天独厚的环境。从另一方面说，中关村的发展也离不开中关村电子市场的繁荣。可以说，作为全国最活跃的电子市场，中关村电子市场已经成为当前中关村的重要组成部分，与中关村的发展息息相关，在一定意义上创立了一种电子信息产品流通的"中关村模式"。① 这种"中关村模式"是一种具有地方性特征的市场运行模式，它最初的创立者是"一群知识技术水平并不高的人，甚至很多都是外地进京经商打工的农民，他们踏进了一个门槛低的高科技产业，在一个自由的市场上，在市场需求的驱动下，结合产品的特性，形成了一种独特的经营模式"②。

从最初的形成来看，中关村电子市场的经营者主要由两类人群构成。

第一类人群是知识技术水平不高的城市个体户，他们来自改革前的熟悉社会，并从单位的束缚中走出来，在市场社会中寻求发展机遇。电子产品的产生与巨大的市场需求为他们提供了良好的机会。在中关村电子市场交易中，作为经营者，他们不仅面对熟悉的交易对象，而且更多地与陌生人进行交易。在自觉甚至不自觉的过程中，这些经营者从单位制式的熟悉社会进入市场中的陌生社会，在交易中既需要处理熟悉关系，又需要面对

---

① 姜宁，肖楠. 发现中关村. 北京：北京大学出版社，2001：240.
② 同①241.

陌生关系。

第二类人群是附近的菜农。他们放下锄头，到中关村寻求发展的机会，成为中关村电子市场最初的经营者之一。这群农民进入中关村电子市场，为其带来"大白菜市场"的称号。该类经营群体来自农村，当时的乡村社会主要是靠亲情纽带维系的熟悉社会，经营者需要处理的往往是"抬头不见低头见"的熟悉关系。而在市场制度确立以后，这些农民从熟悉社会中走出，化身为电子产品的销售商，必然会面对陌生的交易对象，由此，他们也从熟悉关系进入陌生关系，在交易活动中需要不断与陌生人打交道。

从面对熟悉关系到应对陌生关系，无论是城市个体户还是农民，都会产生观念和行为的分化。当面对熟人时，无论是农民出身的经营者还是城市中的个体户，都会受到熟悉社会传统道德的规制，常常能够做到重诚守信、推心置腹地面对交易对象。[①] 作为交易重要参与者的顾客在购物时，往往也会选择熟悉的市场经营者，尤其是购买大件物品时更是如此，这在一定程度上强化了熟人之间交易的频繁产生。比如到百货大楼购买大宗商品的顾客，在有熟悉关系存在的情况下，常常会利用它们找到相关的人，以节约自己的购买成本。

在中关村电子市场，熟人之间交易的基本类型主要有以下几种。

第一种为厂商与高级代理商之间的交易，这是生产部门与商贸部门的第一步关联。在中国，厂商与高级代理商之间虽然有利益分割，实质上却形成了一种休戚相关的共生关系。因此，厂商与高级代理商之间的交易基本上是一种熟人之间的交易，双方都会顾及彼此的需求，二者之间的交易也是一种诚信的交易。为了维持二者之间的关系，厂商常常会成立相关部门，派遣专门的业务员。业务员奔走于各大代理商之间，以保持紧密的联系，并向厂商反馈产品在市场上销售的具体、及时的信息。高级代理商也会以各种方式接待厂商业务员，以及时获取厂商产品的信息。无论是厂商

[①] 无论是在我们的实地调查中，还是在其他市场的日常交易中，"杀熟"交易都是存在的，但这一现象不仅面临道德风险，从长远来看还有损经营者的经济利益，因而经营者很少会铤而走险从事这种交易。由于发生的频率较低，"杀熟"交易不是我们分析的重点。

还是高级代理商，维持紧密的联系都需要付出一定的成本，但是二者都不会放弃这种联系，因为这种紧密的联系将给他们带来更大的利益。

第二种熟人之间的交易是高级代理商与低级代理商之间，以及面向一般顾客的市场经营者相互之间的交易。由于这种交易往往具有重复性和稳定性的特点，各级代理商之间以及代理商与市场经营者之间的交易大多数表现为熟人之间的交易。一般来说，刚进入市场的代理商或市场经营者都在进入这个行业前做了充足的准备，拥有了一定的熟人关系，在别人的带动下进行经营。市场经济是一种交往经济，随着时间的推移，这些刚刚进入某一行业的代理商和经营者的交易对象不断增加，交易范围不断扩大，他们的关系网络也不断拓展，熟人之间的交易也会不断增加。

第三种熟人之间的交易是主要市场经营者与顾客的交易。总体来说，面向消费者的交易多发生于陌生人之间，但也会有一定数量的交易在熟人之间进行，尤其在注重发展"回头客"的某些特殊行业。一般的市场经营者都会拥有一定的"回头客"，熟人之间的交易额在其交易总额中占有一定的比例。即使是不太重视"回头客"的正规百货商场，如果有熟人关系存在，交易的过程和结果也会不尽相同，尤其是在购买大宗商品的时候。许多顾客在规模较大的商场购买大宗商品时，往往会利用自己的关系网络，找到相关部门负责人，从而使本来陌生的交易转化成在熟人之间进行的交易，以较为优惠的价格购买需要的商品。

市场经济是交往经济，随着其不断扩张，陌生的交易对象将不断被卷入交易。由此，除了熟人之间的交易之外，陌生人之间的交易在我国的市场中也占有较大的比例。此种交易集中表现在市场经营者与陌生顾客之间。当面对陌生的顾客时，市场经营者一般不会像对熟人那样有耐心，很难做到推心置腹，有时甚至会使用一些不正当的手段获取利润。由于信息的不对称性等原因，顾客往往无法判断自己在交易中是否上当，在这种情况下往往成为受害者。

由于具体的市场情境不同和面对的交易参与者相异，熟人之间与陌生人之间的交易往往会呈现较大的差异，即使在同一市场中，交易模式也会产生分化，呈现出两种截然不同的图景。

交易伊始，熟人之间与陌生人之间的交易分化就已然展现出来。当客户是熟人时，在开展交易之前，市场经营者在多数情况下打算较为真诚地对待顾客，尽量让交易在愉快的氛围中进行，以继续维持这种熟人关系。客户到熟悉的市场经营者这里购物，其主要目的是不仅买到货真价实的商品，而且希望以较优惠的价格购得相应的商品。因此，在交易的初始，客户往往比较有信心购买到满意的商品，从而降低对市场经营者的戒心。于是，市场经营者和客户之间就建立起了一种不同于陌生人交易的信任关系。但当客户是陌生人时，市场经营者很难做到真诚与之交易，也不打算给其提供较大的价格优惠。客户到陌生经营者那里购物时，也很难完全相信经营者，对其存有一定的戒心。陌生人之间的交易在起初就未形成坚实的信任基础。

在交易的过程中，熟人之间和陌生人之间的交易也会产生相互分化的趋势。由于稳固的信任关系，熟人之间的交易往往能够比较顺利地进行。市场经营者愿意向客户透露商品的详细信息，在交易的过程中也会表现出较足的耐心和极大的热情；客户多数也会相信市场经营者的话，认真听取其建议，整个交易往往能够顺利完成。而由于彼此很难信任，陌生人之间的交易过程则变得较为复杂。市场经营者一心想把商品以较高的价格推销出去，并有选择地向客户透露商品信息，在交易中使用各种交易策略与技巧以促成交易的完成；客户一般会谨慎地判断来自经营者的信息，并不断地和经营者进行讨价还价，以自己心中的标准权衡是否进行交易。由此可见，信任和熟悉程度使熟人之间和陌生人之间的整个交易过程产生了较大的差异。

从交易的结果来看，熟人之间与陌生人之间的交易也各不相同。由于交易开始时的相互信任、交易过程中的愉悦欢快，熟人之间交易的成功率大大提高。即使由于某种原因，交易没有达成，但"买卖不成仁义在"的古训，也能使交易双方的熟悉关系依然存在，因为这种"仁义"的存在，本身就是双方熟悉关系得以维系的重要基础。熟悉关系的存在，在很大程度上省略了令人烦恼的讨价还价过程，较大限度地降低了交易成本。相反，由于交易起始时的彼此不信任、交易过程的复杂性，陌生人之间的交易不仅费时费力，而且交易的成功率往往不高。复杂的讨价还价过程、彼此间的相互猜忌大大增加了交易成本。

在交易没有成功的情况下，熟人之间交易的双方虽然心存遗憾，但彼此的关系往往依然存在，下次交易依然有发生的可能；而在交易行为最终成功完成时，由于之前付出了较高的交易成本，陌生人之间交易的双方都会产生挫折感，下次交易发生的概率也将变得很低。在交易获得成功的情况下，熟人之间交易的双方往往都会感到满意，彼此之间的关系也有可能进一步加深，多次交易的可能性大大提高。而在交易成功时，陌生人之间交易双方的感受大不相同，一般来说，市场经营者可能对交易的结果感到满意，而客户的感受往往较为复杂：有的客户对交易的结果较为满意，这是其讨价还价的理性结果；有的客户对交易的结果心存疑虑，担心自己上当受骗；有的客户对交易的结果感到后悔，感觉所购买的商品物无所值。客户对交易的反应不同，再次交易发生的概率也会相异。感觉好的客户可能会成为"回头客"，感觉不好的客户就很难再次光顾了。

总体来说，随着时间的推移，市场不断发展，尽管其中的经营者来自熟悉社会，但随着交易对象范围的逐步拓大，他们需要面对熟悉与陌生双重交易关系，并由此形成两种分化的交易过程。当面对熟悉关系时，经营者在交易中显得得心应手，其原因在于他们本来就来自熟悉社会，只要将原有的行为规则套用到交易行为中即可，因而，此种交易模式更多地体现为一种惯例性行为。但当面对陌生关系时，熟悉社会的行为逻辑在交易中往往不能奏效，经营者常常遵从一种相异于熟人交易的行为规则，采用不同于熟人之间交易的行为。他们对陌生人难以做到推心置腹，追求利润最大化的行动规则在陌生人的交易中时有体现。在交易中，各种信息欺诈常常尽显无遗，经营者要么在商品的性能上隐瞒信息、进行欺诈，要么哄抬价格、获取高额利润，要么利用多样化的产品型号张冠李戴、实施交易，最终获取高额利润。总体来说，利润的驱使和陌生关系的存在，使经营者往往采取欺骗的方式进行交易,这不仅损害了消费者的利益,而且在很大程度上影响着整个市场的声誉,阻碍着良性市场秩序的形成。

随着时间的推移,中关村电子市场发生了很大的变化,经营者由起初的两类人群逐渐变得多样化。各类人群纷纷入驻中关村,构成了鲁瑞清笔下的"蚂蚁雄兵"。[①] 经营者队伍的不断壮大,促使中关村电子市场的空间规模不断扩展,形成了世界闻名的电子产品交易场所。市场参与者逐渐增多,交易规模和交易空间不断发展,造成了经营方式和经营环境的变迁,中关村电子市场面临全新的机遇与挑战。

第二节 规模扩张中的环境变迁

中关村电子市场的发展轨迹与改革开放紧密联系。方兴东、蒋胜蓝将中关村电子市场的发展过程划分为三个阶段:第一阶段,中关村的成功在于构建出了全国最活跃的电子市场;第二阶段,在建设单点式电脑卖场方面也有所成就;第三阶段,思考如何构建全国网络式的电脑卖场。[②] 他们划分的依据主要是中关村电子市场的发展形态,该划分既是一种计划性的理性构建,也没有脱离中关村电子市场的发展现实。他们认为中关村的发展已经达到第二阶段,但构建全国网络式的电脑卖场这一发展规划却没有实现。此种划分为本书的研究带来一定的启发,但是显得不够具体,使人们不仅不能很好地了解各个阶段的具体发展情况,而且对电子市场发展轨迹的认识还停留在抽象的水平。为了清晰地展现中关村电子市场的发展轨迹,我们从时间的维度出发来认识中关村电子市场发展的实际过程。

在成为全国最活跃的电子市场的历程中,中关村经历了一个复杂的发展过程。随着中国改革开放政策方针的施行,早在 1980 年 10 月,以中国科学院物理研究所研究员陈春先为首的一批科技人员,就组成了"等离子

---

① 鲁瑞清. 解读中关村一号. 北京:经济日报出版社,2007:30.
② 方兴东,蒋胜蓝. 中关村失落. 北京:中国海关出版社,2004:50.

学会先进技术发展服务部",尝试以一种准企业的方式将科技成果直接转化为社会生产力。这也许是中关村电子市场形成的前奏,但"等离子学会先进技术发展服务部"只是以一种准企业的方式运行,还没有完全形成完善的市场运行机制。

1983年,中关村第一个民办科技开发经济实体——北京华夏新技术研究所成立。由此,中关村电子市场具有了一个市场主体,初步的市场关系逐渐生成。到1985年,随着经济改革逐步深入、市场制度不断发展,不少非科技企业也开始从事科技产品的贸易,以获取高额收入,"中关村电子一条街"的概念逐渐出现于官方文件和人民大众的日常话语之中。官方正式使用"中关村电子一条街"这一名称是在1986年。1986年7月21日《科技日报》的一篇报道使用了"中关村电子一条街"的概念。[1] 在"中关村电子一条街"时期,中关村电子市场环境单一,经营商户数目不多,竞争压力不大,商业利润较为丰厚。在笔者进行的深度访谈中,很多经营者或亲身经历,或听人言说,不断传颂着当时的"销售神话",如:

> 在以前("中关村电子一条街"时期),我没来的时候,我听我们的老板、店长和经理级的这些早来的人给我们讲以前,就跟讲故事一样,听起来跟听神话一样,那么傻的顾客。你应该知道中达,它是最早做这个的。那时中关村全是一间间平房,全是小房子,之后是里面放着一些投影机,一些笔记本,店主要多少钱,顾客基本上就给多少钱,因为那时没有别的地方卖,就他家卖。报价3万,你说便宜点,便宜几千或者几百,成交,行,就行了。具体的情况我也不是很知道,我是2000年来北京的。就是这样的,以前样机就放在这,不用试,你就告诉他多少钱,就是这样简单。[2]

然而,由于经营者构成单一,且来自熟悉社会,当突然面对陌生的交易对象时,受利润驱使,又缺乏熟悉社会中传统道德的规制,他们很容易

---

[1] 鲁瑞清. 解读中关村一号. 北京: 经济日报出版社, 2007: 26.
[2] 依据中关村e世界二层WL访谈记录整理而成。

在交易中牟取暴利。环境的宽松、制度的缺位、管理上的不规范和激烈竞争的缺乏，使中关村电子市场运行较为混乱，暴利盛行，甚至被顾客称为"倒爷一条街""骗子一条街"。无论是来自城市的个体户还是来自乡村的农民，都在市场形成的初期，获取了暴利，挖到了经营电子产品的第一桶金，完成了资本初步的"原始积累"。

> 关于"骗子一条街""倒爷一条街"，就是有那么一小部分人，被宰了呗。这很明显，没有骗子不骗子的，不过就是挣钱挣得太多了吧，暴利。一台挣了一万多，怎么挣的呢？这样的人（顾客）以后可能知道了，就说他们大骗子。挣得太多了。[①]

总之，在"中关村电子一条街"时期，在简单的竞争环境下，经营者赚钱还是非常容易的。再加上改革初期社会舆论对商人持有偏见，"中关村电子一条街"的经营主体被称为"骗子""倒爷"也是很容易理解的。

可以说，在20世纪80年代，中关村电子市场是一个充满机遇、激情、创意与风险的地方，"中关村电子一条街"的名声越来越响。在当时，"四海"市场是中国IT卖场的鼻祖，而"四海"创始人张德清先生也成为中国IT卖场的第一人。[②] 随后，中关村电子市场的发展规模越来越大，到中关村淘金的人越来越多。

1997年9月12日，党的十五大的召开标志着又一次重大的思想解放，中关村电子市场也迎来了巨大的发展契机，不仅在正式的市场制度上得到了国家的承认，而且涌现出诸如中关村电子配套市场等许多电子市场，市场环境发生了深刻的变化：经营主体多元化趋势明显，市场竞争日趋激烈，交易的空间也不断扩大。到1999年，中关村电子市场的交易场所出现了巨大的变化：昔日的平房被高楼大厦取代，一般的电子市场为大型电子城所替换。"硅谷""太平洋"和"海龙"三大电子城先后投入使用，结束了中关村以小型电子市场为主的格局。到2003年，中关村又出现了三大电子城，从而出现了"老三强""新三强"的说法。所谓"老三强"，指"硅谷"

[①] 依据中关村e世界二层WL访谈记录整理而成。
[②] 鲁瑞清.解读中关村一号.北京：经济日报出版社，2007：30.

"太平洋"和"海龙";所谓"新三强",指"鼎好""科贸"和改造后的"海龙"。"新三强"气势汹汹,特别是"鼎好",开业半年销售额就超过了"硅谷"。2005年,"鼎好"销售额超过"海龙",位居中关村第一,并连续三年蝉联销售冠军。① 在"新三强"角逐的过程中,"老三强"受到了很大的冲击。

通过回顾中关村电子市场发展的简单历史,我们发现,它的形成与发展不仅与国家的政策有很强的关联性,而且与自身所处的环境有密切的关系。从市场制度萌芽、形成,到大型电子城的出现与拓展,中关村电子市场在规模不断扩大的过程中,其发展环境经历了复杂的变迁。

从经营主体的演变来看,从最初的城市个体户和农民到多元异质的经营者,经销商发生了巨大的变化。清晰展现经营主体的复杂构成,离不开对其进行精确的分类,而分类首先需要确定标准。为了把握市场运行的本质,我们对中关村的经营者展开研究,主要聚焦于销售电脑及其零配件的人。目标群体确定以后,对之进行分类的主要标准有很多,比如可以从经营规模进行分类,也可以从经营的产品展开划分等。为了确切了解中关村电子市场的经营者构成状况,在多次实地调查的基础上,我们最终将"进货渠道"作为分类标准,因为它能很好地反映经营者的基本分布。

按照"进货渠道"这一分类标准,中关村电子市场的经营者可以划分为炒货商、混合商和代理商三种类型。炒货商主要指没有自己代理的产品,所销售的产品全部来源于其他卖主的经营者,也就是最普通的柜台经营者。他们常常分布在各类电子城的三层以上,没有专门主营的产品,也不直接从厂商那里进货,市场里什么产品行情好,就卖什么。有时候,炒货商会先从其他商家手里"抓"一批货回来,摆在自家柜台充实门面,招揽顾客;但更多的时候,其柜台里其实没有顾客需要的产品,当买家提出要购买某种产品时,他们常常以去仓库拿货为借口,将顾客稳住后,在市场其他经营者那里现抓现卖,一进一出,由此挣个差价。炒货商主要经营电脑零配件,同时兼营电脑维修等,其经营场所主要是由个人租赁经营的柜台,或

---

① 李昶. 中关村电子卖场显现"马太效应". 数码世界,2008,7(10):33.

者是几个人合伙租赁的柜台，各个电脑城的三至五层是他们的集中地。

代理商与炒货商在进货渠道和经营方式上存在很大差异，他们主要销售某一件或几件产品，通常有固定的进货渠道——厂家、产品总代理或区域代理，采用批发兼零售的混合经营模式。依据厂商实行的销售策略和其自身的实力，代理商常常分化为不同级别。他们覆盖和控制着整个产品的营销渠道，是普通柜台经营者的进货来源，但他们正式的挂牌名称存在差异：有些经营者挂名为"×××代理商"，有的是"×××分销商"，有的是"×××经销商"，还有的则为"×××零售商"。

这些分殊的"代理名称"有其历史根源。在中关村电子市场的发展初期，为了满足营销需要，电子产品厂商亟待招募一个地区总代理；随着产品种类的不断增多和市场规模的逐渐扩大，这个总代理难以应对日益扩大的市场需求，遂发展了若干个子代理。在此种营销模式中，电子产品在市场销售中呈发散状，各级代理为厂商打品牌、争客户、承揽生意。尽管中关村的多重"代理制"迎合了市场需求，满足了厂商的销售需要，促进了经营空间的拓展，但也带来了一些弊端。

由于市场监管不力和政策制度的缺席，发展至今日的"代理制"呈现出"一仆多主"的局面。在利益的驱使下，很多代理商不再忠实于某一种品牌，而是一下子揽下多种品牌的代理权，何种品牌收益高，便将经营重点放在该产品上面，这既是代理对厂商不加区别地无限制发展代理商数目的强烈反应，又是代理商针对日趋激烈的电子市场竞争而采取的生存策略。此种状况造成许多代理商实际上成了分销商，这在电子商城中不仅造成品牌之间的相互竞争的局面，而且造成各个分销商之间为利益相争的结果。

实力雄厚、层级较高的代理商大多经营整套产品，如品牌笔记本电脑或者台式机，在各个电子城，常常以装修豪华的展厅形式出现。这些高级代理商租赁的展厅往往会冠以"体验店""旗舰店"等名称，主要分布在各大电脑城的一至二层，而公司的总部一般也会安置在电脑城的高层写字楼上。实力一般、层级较低的代理商多数经营零散的电脑配件，比如移动硬盘、MP3、机箱、显卡等。这些代理商一般都租赁价格相对优惠的柜台;为了利益最大化,他们也会在各个电子城都租赁柜台。此种做法有两个主要目的:一是掌握各个电子城销售同类产品的经营者的最新信息,及时调整销售策略;二是了解不同电子城顾客的多元需求,通过不同柜台的产品互换满足购买需求。

随着时间的推移,扩大的市场规模与激烈的竞争促使了混合商的产生。他们是一种介于炒货商和代理商之间的经营者,其货物主要来源于两个渠道:一为代理一种或几种产品,可以从厂家或更高级别的代理商处拿货;二为根据市场行情和顾客需要,从其他商家那里"抓货"以获取差价。从目前的市场情况来看,混合商也许是中关村电子市场中的经营主体,他们租赁的销售场所多样,既有面积较大的展厅,也有相对狭小的柜台;其分布较广,在各大电脑城的一至五层都有他们的身影。

根据实地调查的结果,我们对中关村电子市场的经营者进行归类并形成表 2-1。

表 2-1　　　　　　　　中关村电子市场主要经销商分布

	炒货商	混合商	代理商
货物来源	零售	零售与代理	代理
经营形式	全部是柜台	展厅与柜台混合	主要为展厅
空间分布	三至五层	一至五层	一至二层
分布数量	较少	较多	较少

资料来源:于乐. 框架分析视角下的"转型交易"研究——以中关村电子市场为例. 北京:中国人民大学,2011. 表格略有改动。

回顾中关村电子市场的发展历程,我们可以发现,不仅经营者发生了巨大的变化,而且到此购物的顾客也在不断演变。作为市场重要的参与者之一,顾客从最初的单纯到如今的精明,经历了复杂的变化。

在"中关村电子一条街"时期,经营者单一,经营场所简陋,经营产品单一且价格昂贵。当时的电脑等电子产品都是奢侈品,价格信息不透明。顾客来购买时,在无法查询价格、进行产品比对等情况下,毫无准备地进入当时销售电脑的平房内,听到销售人员报价后,根据大致判断进行还价。

由于利润丰厚，只要顾客不是还价太低，经营者都能爽快地同意进行交易。交易结束后，有的顾客可能会发现产品的巨大利润，感到上当受骗，由此觉得中关村电子市场的经营者都是骗子，并称之为"骗子一条街"。

随着中关村电子市场的快速发展，经营者不断增多，带来了竞争的加剧。顾客在购买产品时，也逐渐变得谨慎与精明。他们不再轻易做出购买决定，而是在电子城诸多经营场所中穿梭，不断地打听产品的性能和价格信息，多次进行讨价还价，力争做到以最低价格买到最优产品。随着信息披露制度的建立和网络的发展，顾客不仅更容易了解到产品的性能和价格信息，而且能了解商家的诚信度情况，在交易中能够最大限度地保障自身利益。于是，很多商家发现，一个U盘的利润只有几元钱了，一个移动硬盘的利润只有十几元了。空前激烈的竞争环境使经营者感到力不从心，居高不下的淘汰率便是很好的证明。

无论从经营者还是消费者来看，中关村电子市场都经历了复杂的演变。不仅如此，市场的外部环境也发生了很大变化。高楼林立的中关村，不仅迎来了被鲁瑞清称为"蚂蚁雄兵"的市场经营者，也迎来了其他形式的竞争者的挑战。诸如"国美""苏宁"等销售电器的3C店就是其中有力的挑战者。在当今的中关村电子市场，不少3C店开始进驻，直接挑战中关村电子市场。比如在科贸电子城，国美电器就在五层与六层设店，直接挑战电子市场的电子产品交易。这些3C店没有太多的价格优势，却能提供优质的服务和确切的产品信息，做到诚信经营和明码标价。由于在中关村电子市场遭遇欺诈，很多消费者愿意到价格略高的3C店购物，这本身就造成了电子市场自身的顾客流失。

网上购物的兴起尤其是京东商城等大型购物网站的出现，使中关村电子市场面临另一严峻挑战。随着网络技术的不断发展和普及，网上购物在世界范围内掀起了一场"消费革命风暴"。2016年1月22日，中国互联网络信息中心（CNNIC）在京发布第37次《中国互联网络发展状况统计报告》（以下简称《报告》）。《报告》显示，截至2015年12月，中国网民规模达6.88亿，互联网普及率为50.3%，网络购物用户规模达到4.13亿，较 2014 年底增加 5 183 万,增长率为 14.3%。伴随着网民队伍的迅速扩大和网购人数的急剧增加,消费者通过网购平台购买的产品范围也在不断扩大,种类从低端的书籍、服装、化妆品、居家用品等向手机、家电、电脑等高端产品延伸,销售规模迅速扩大。

正是在网购不断发展的背景下,以京东商城为代表的大型购物网站应运而生,直接影响着中关村电子市场的发展。京东商城在 2004 年涉足电子商务领域,专注于在该领域发展,秉承"先人后己"的理念,发展迅速。其销售额从 2004 年初创时的 1 000 万元飙升至 2015 年的 4 465 亿元。在取得巨大销售额的同时,京东商城也获得了消费者的美誉。"今日资本"在京东商城的客户中进行调查,得到的反馈是:(1)京东没水货,全是正品;(2)价格比线下便宜 10% 至 20%,购买方便;(3)客户黏度高,六个月内,重复购买 2~3 次的占 50% 以上。[①] 京东商城无论在访问量、点击率、销售量还是在业内知名度和影响力上,都在国内 3C 网购平台上首屈一指。

与中关村电子市场相比,京东商城等网上购物平台不能在交易中将实体商品呈现给顾客,这使商家和消费者之间存在商品信息不对称现象。经营者知道产品的质量、配置、价格等,而消费者只能通过网站上的图片和文字了解产品。由于信息不对称的存在,很多网络经营者对消费者展开欺诈:在网上公布某款产品的图片,但消费者购买到的却是另外一款产品。这在网络购物中经常出现,也是很多顾客不愿意进行网上交易的重要原因。

为消除商品信息的不对称现象,引导消费者选购,京东商城建立了专业的摄影棚,展示的所有商品图片都为实物拍摄。此外,京东商城还推出了视频介绍产品的新服务,用真人为用户展示商品,对各种商品的推介都详尽入微。比如对一台电脑,除了基本的多方位图片展示,还会有商品生产厂家、出产地、重量、上架时间、电脑外部材料、安装系统特色、质量保证等信息。这样,可以在一定程度上解决商家与消费者之间的信息不对

---

① 张凯锋. 京东商城最具争议的 B2C. 创业家,2009-06-10.

称问题。

尽管京东商城付出诸多努力,但消费者依然没有办法接触到商品,直接感知商品。于是京东商城向消费者宣称:"京东商城所销售的产品与各大电器卖场所销售的产品进货渠道都是一样的,所以消费者如果想对产品有更直观的了解,不妨去各大家电卖场去看一看,再比较一下价格,我们京东商城保证不会有假货,保证价格比它们要低。可以说,那些家电卖场是我们京东商城的产品展示厅。"通过各类图像文字、真人展示以及消费者到各大商场的体验,京东商城与消费者之间信息不对称的情况有了很大的改观。京东商城开诚布公地向消费者传递商品信息,不仅使消费者能够节省大量的搜寻成本,以最小的代价获得对商品最大限度的感知,而且使商家与消费者之间信息不对称的程度大大减弱。京东商城在消费者与产品之间搭建了一座桥梁,使消费者与商品之间建立了熟悉关系。

总体来说,以京东商城为代表的购物网站的兴起,对中关村电子市场产生了巨大冲击。许多消费者往往先到中关村看好所购产品的型号,然后在京东商城等购物网站下单购买;有的顾客甚至不到中关村看实物,直接在网上查好型号、比较好价格后,进行交易。网上购物的盛行,在很大程度上减少了中关村电子市场的顾客群,使竞争不断加剧,也使经营者的淘汰率居高不下,市场经营环境面临诸多挑战。

除了物理环境发生变化之外,中关村电子市场的技术环境也发生了很大的变化。电子产品本身更新换代较快,产品型号多样,随着技术的提升,电子产品的使用周期进一步缩短,产品型号更新速度不断加快,造成了中关村电子市场交易方式和交易过程的变化。在"中关村电子一条街"时期,为数不多的产品更新较慢且型号简单,不仅限制了顾客的选择,也缩短了讨价还价的过程,交易很快就能达成。而随着技术的更新,产品数量的增多、型号的复杂不仅增加了顾客搜寻产品的时间,而且为商家实施产品欺骗提供了便利。

从中关村电子市场的萌芽、形成、发展、稳定和遭遇挑战等各个发展时期来看,它在不断扩张的同时,无论在物理环境还是在技术环境方面,都经历了复杂的变化历程。最初的设计将之定位为"中国硅谷",但如今的中关村不仅同美国的硅谷存在巨大的差异,而且也没有成为"中国式硅谷"。比如有学者指出:由于缺乏创新的制度支持、缺乏竞争所必需的本国技术能力、产权不清晰、风险资本匮乏以及政府过多介入等障碍因素,中国的高新技术园区很难成功复制类似硅谷等的发展模式。[①] 中关村高新技术园区同样如此。硅谷的基础是技术与资本的协调发展,而中关村更多体现为一种电子市场。这样,中关村越来越显得"空壳化",它离知识经济似乎越来越远,离实体经济越来越近。

近几年中关村鲜有重大的技术革新,多的只是炒地皮、炒电子产品的商人。黄金般的产业群落如今已七零八散,健康的产业形态已受到强大的"官本位"文化和"暴发户"文化的双重侵蚀。[②] 在经历岁月的洗礼和空间的拓展后,中关村电子市场形成了独特的交易现状与发展规模。

第三节 道德失范且持续的"转型交易"

在中关村电子市场,激烈的竞争使各类经营者遭遇发展甚至"生存"的困境。"在中关村,不要点手段很难生存"的言论不仅存在于炒货商那里,还存在于混合商、代理商那里。他们不仅经营理念如此,而且其具体行为中也是如此。在实地研究中,我们发现,中关村的这点"手段"早已为消费者所熟知,但由于价格优势等原因,它不仅没有得到遏制,还有不断扩张之趋势。

此种"手段"主要发生于陌生人之间的交易中,是一种欺诈性交易。在没有熟人关系存在的情况下,每一个到中关村电子市场购买电脑的消费者,都会经历一个复杂的交易过程。在进入卖场时,顾客不仅要穿越拥挤的人潮,还要遭到导购的"死缠烂打";摆脱大厦门口导购的"纠缠",进

---

① CAO C. Zhongguan cun and China's high-tech parks in transition. Asian survey,2004,44(5):647-668.

② 方兴东,蒋胜蓝. 中关村失落. 北京:中国海关出版社,2004:42.

入卖场后,顾客不仅会被嘈杂的叫卖声困扰,还会受到市场内导购和展厅销售人员的热烈"招待";选定交易场所后,顾客一般会受到真正的"优待"——有个座位,一杯水,还有一个专门的工作人员耐心地倾听与介绍;当顾客说出自己购买的产品品牌、型号、愿意购买的价格等信息时,导购或销售人员有时会以一种专家的口吻,向顾客介绍产品的优点和缺点,尤其是强调顾客欲购买产品的缺点,并极力推荐相关品牌,最终的结果是,许多顾客很难买到自己打算购买的型号的电脑。

在中关村,这种陌生人之间的交易模式不仅存在于电脑、数码产品等价格昂贵的高端产品市场,而且存在于小的电脑零配件市场,在炒货商、混合商及代理商等多重经营者那里都会发生,成为一种广为流行的交易模式,植根于电子市场每一个角落。

例如,顾客 A 到 ESJ 准备买一款惠普 P4 电脑。在网上查好价格后到了一家店,经过讨价还价后,最后确定价格为 5 900 元。交款之后,销售人员将 A 领到一个僻静的仓库,并告诉他,这款电脑只能安装 Vista 系统,不适合学生使用,因为必须配套安装 Word2007,而 Word2007 在使用半年后必须每月更新,更新费 80 元。然后销售人员向 A 推荐另一款电脑,并称这一款性价比不比上一款差,而且不存在这个问题。当时 A 就买了销售人员推荐的这一款。A 回家后,到网上一查报价,发现这款电脑售价才 4 000 元,而且还能讲价,A 在交易过程中遭受了较大的经济损失。[①]

在深度访谈中,顾客 B 讲述了与 A 类似的经历:

> 当时去买笔记本(电脑)的时候,我就瞄准了(预先做过功课)想买的那款。过去之后呢,在楼下柜台就把要买的型号告诉了对方,然后听对方报价。对方给了一个价位,我觉得比在网上查的还要低,当时很欣喜,跟着对方去了他们楼上的总公司。
>
> 进了公司之后,技术人员就把我们带到一边,说帮我们提机子去

---

① 根据中关村电子市场消费者深度访谈资料整理而成。为了保护访谈对象,我们对其个人信息做了技术化处理。

了。在这个过程当中,这个技术人员就跟我讲了很多,包括我选择的这台机子的性能是如何的不好,他认为这台机子是一款娱乐版的机子,他建议像我这样的学生,如果对于游戏的要求不高的话,可以去买一台商务机。其实他就是一直在那边推荐另一款机子。

当然我们之前也有所耳闻,不会轻易受骗。但关键就是,这个技术人员的年龄比我还小,穿得比我更像学生,还戴着眼镜,眼睛看着你的时候非常有诚意,好像打心里希望你买到更好的东西。他确实有技巧,那个话讲得像是掏心掏肺一样,讲自己是什么学校毕业的呀,自己来北京打工了多少年呀,就是讲了一大堆自己的亲身经历嘛,一下子就把距离拉近了,我们的戒备心就下去了。这个时候呢,机子也拿过来了,他也把机子打开了,都已经在那边装程序了。

这时候我想着,本身对游戏也不是很感兴趣,买商务机确实有道理,他也给了一些理由,而且这些理由都是很充分的,很令人信服。他的理由是,主板的价格一般在电脑中比较贵,因为主板差,电脑就便宜了,所以它的性价比就提高了。那个时候就笃定要买商务机了,就立马跟对方说给我换台商务机吧,这时候就出现了这么一种情况,因为他已经在给我装机了,所以露出了为难的脸色,那种脸色虽然不是怪顾客,但是可以给你压力,好像在说我都已经给你选好了,都已经开始装了,你还换机器,这不是为难我们嘛。那个时候我们的姿态都换了,好像是我们在求他给我们换一台,当然他最后给我们换了一台商务机。那台商务机的价位,我们完全不了解,当时还挺高兴的,觉得捡了便宜。但是拿了电脑回去的时候,才知道自己受骗了。[1]

上述这种在陌生人之间广为流行的交易模式被称为"转型交易"[2],它

---

[1] 于乐. 框架分析视角下的"转型交易"研究——以中关村电子市场为例. 北京:中国人民大学,2011.

[2] 在实地调查中,访谈对象都将这种欺诈性的交易模式称为"转型交易"。事实上,这里的"转型"是指转换产品的型号,是一种产品的转换,与社会学中常说的社会结构"转型"意思不同。为了不违背访谈对象的原话,我们仍将这一交易称为"转型交易"。

普遍存在于中关村各个电子城，集中体现在销售电脑与数码产品等贵重IT产品的过程中，也存在于销售其他电脑配件的过程中。当顾客来中关村购买电脑时，一般在网上已经查过所买产品的价格等相关信息，但到中关村时，导购会主动与其套近乎，报一个很低的价格，甚至是低于成本的价格。消费者如果觉得价格便宜，导购就会把其带到销售电脑的地方，自己或者展厅销售人员、柜台销售人员开始向其销售电脑。当顾客付钱后，销售人员和导购就会突然说这个产品没货，然后转而销售其他型号的产品，并利用信息的不对称性，以高于市场报价很多的价格进行销售。

从上述两例"转型交易"的发生过程可以看出，导购与销售巧舌如簧，不仅将消费者引入一种同其信息严重不对称的境地，而且使消费者被动地接受了"专家"们的信息，于是也就心甘情愿地接受了"转型"。当然，这种利用电子产品复杂多变的信息人为制造的人与物（消费者与产品）之间的陌生化，只是"转型交易"得以实施的基本条件之一；"转型交易"得以顺利实施，与制造人与人（消费者与经营者）之间的陌生化亦有很大关联，这也是我们得出"它多发生于陌生人之间"这一判断的重要原因。在深度访谈中，消费者C的交易经历就是其例证：

> 前段时间我去e世界想买一台笔记本电脑。当我刚进门的时候，就有导购缠着我了，可能是因为当时我穿着运动服，还背着书包，所以导购以为我是个学生，就不停地跟着我说："同学，要什么样的电脑？"我就跟他说，我需要宏碁某某型号的电脑（事先已经了解），于是他说他们家有，而且报价比我了解到的更低。因此，我跟着导购去了他们家的展厅，选好后就上楼准备装机了。在楼上，我等他们拿机子的时候，一个技术人员走到我的面前，很热情地问我选中了什么机子。我告诉他后，他说你选的机子不好，说什么那款机子的主板有很多是翻修的，用不了多久，还有散热器什么的也不好，总之就是那款机子不值得买。他又向我推荐了另一款机子，说怎么怎么好，还说只要我买，就送我无线鼠标、耳机等配件。在聊天的过程中，那个技术人员问我是哪所学校的学生。我说自己不是学生，在知春路上一家IT

公司工作。我还说你们"中关村在线"网站就是外包给我们公司做的。没想到我无意中的一句话,竟然改变了那个技术人员对我的态度,他可能觉得我肯定对电脑以及对他们的经营模式都很了解,不容易上当,他说:"我给你的建议,你可以参考下。如果已经决定了买之前看中的那款,也没有关系,一旦出现任何问题,你都可以来我们这里维修。"说完没多久,那个技术人员就走了,此后也再没有人跟我推荐别的电脑了,没多久我也拿着电脑回家了。[①]

消费者C的交易过程告诉人们,"转型交易"是否实施与交易对象的身份有较大关系。经营者只要和顾客进行简单的沟通后,就能够迅速做出以下判断:消费者是本地人,还是外地人?他的职业是学生,还是在职人员?他是个人购买,还是公家采购?他对电脑很精通,还是门外汉?在对消费者身份有了基本认知之后,经营者就会决定采用相应的交易手段,从而实现利益的最大化。在上述案例中,经营者根据消费者C的外表形象,误判其为高校学生,并准备对他实施"转型交易";但知晓C是IT行业从业人员、对中关村电子市场很了解后,为避免"惹火烧身",不得不放弃"转型",采用了正常的交易方式。这种人与人的陌生不仅体现在中关村电子市场,我们在其他市场的实地调研中也发现了"转型交易"。在访谈中,合肥百脑汇电脑市场宏碁笔记本电脑销售处的S告诉我们:

>以前,百脑汇电脑市场并没有对买电脑的进行"转型",但最近一年,市场来了几个上海等外地的商家,他们有雄厚的实力,销售多种品牌电脑,在写字楼拥有办公室和仓库。他们主要对学生这一群体"转型",为什么呢,因为合肥不算大城市,一般的社会上的住家在买电脑时,都能找到熟人,而学生在合肥求学,往往人生地不熟的,他们就成为"转型"的对象了。遇到学生买电脑,他们常常以较低的价

[①] 此次深度访谈由于乐实施并整理。

格吸引,将学生带到市场之外的办公室交易,好来"转型"。①

如前所述,成功的"转型交易"必须通过两种"陌生化"得以完成:一为人与物之间的陌生化,即商家利用电脑产品的各种技术参数的复杂性,造成消费者对购买商品的陌生;二为人与人之间的陌生化,即消费者对经营者是陌生的,因而在销售过程中,商家利用彼此的不熟悉,根据消费者的身份适时进行"转型"。

自"转型交易"成功实施之后,它在很多电脑城不断上演,形成一种持续的欺诈性交易;其"转型"过程不断变化,"转型"形式也千变万化。

> 中关村这边笔记本(电脑)分东西,没有假货,有水货。有些公司吧,它(笔记本电脑)不是原装的,纯水货,就是把里面的内存给你换一个,其他也换不了,就把原装的内存条抠出来,给换一个普通的内存条,里面的机芯什么的他没有机会换。现在是低于成本价报价,然后开始"转型",如果实在"转"不动了,还有一招最损的,我听说过,比如这个机器你拿过来之后,交钱,交全款嘛,我给你开封,开封之前他自己(商家)已经对机器动手脚了,比如说光驱,比如说里面的东西给你动了一下手脚,行,试完了没问题,拿走了。走了之后,过一段时间,你这机器肯定是有问题的,你知道,顾客回去找,说你这机器有毛病什么的,这时销售会说,你要买的这款机器呀,我就说质量不好,你不信。这个时候还在"转",你知道吗,销售说,你买个这个吧,这个不错。其实一般的新机器试好以后,都不会出问题。所以这个时候我一"转型",就挣钱了。所以最损的一招就是把机器给它动了手脚,然后再拿来找,拿来再"转"。很多大的公司敢这样做,你说一个小店,如果顾客回来找,就麻烦了。所以小店就老老实实做生意,本本分分做生意。但是,这种人都挣不到钱。②

---

① 在 2012 年 9 月至 11 月底,我们在合肥百脑汇电脑市场进行了为期两个月的实地调研,发现了类似的"转型交易"情况。

② 根据中关村电子市场柜台主 Wl 访谈记录整理而成。

由于有一定的实力和规模，更容易受到电子城的保护，代理多重产品的混合商更倾向于"转型交易"，而且能为实施"转型"采取各种手段。诸如柜台等小店害怕顾客闹事，很少采取"转型交易"，本本分分做生意，但这样往往赚不到太多的钱。由于残酷的竞争，为了更好地生存，诸如柜台等小店有时也会采取"转型交易"：

> 有些销售柜台就是给他（指顾客）报负价（低于成本价的价格），让顾客转一圈再来找他。顾客回来后，柜台人员会说："不好意思，我记价记错了，你买个别的吧，要么你再加钱。"还有一种就是"我卖不了，我看错了"，也是这样的理由，之后顾客就走了。以上这些销售模式（"转型交易"）普遍，任何产品都有，比如买衣服也是。我这个店吧，怎么说呢，有时顾客给的价太低的时候，生气了也这么做。也不是说有一个店从来就不那么做。你要是卖东西你就特生气，你比如进价两百，他给你一百五。嘎嘎嘎讲了半小时，四十分钟，你说我生气不生气。咱们觉得是非常诚心地给他介绍一款机器，他给你砍价砍得太没边了。他不了解这个。很多外地的人，认为中关村的经销商赚钱就像捡钱一样，非常简单，你利润非常高。以前是这样，现在不是这样的，他们不知道呀，除非是做我这一行的，否则不知道。给你一个价，你去转吧，转一圈也买不着，遛他玩呗。①

由此可见，"转型交易"在柜台销售中也是存在的，柜台经营者不仅是生气时"转型"，而且在平时也会"转型"，激烈的竞争使柜台经营者转向那些价格不透明的产品以获取利润。

产品被成功交易后，"转型交易"往往并未结束，原因在于，顾客很快就会发现自己吃亏上当，也许有些人选择"忍气吞声"，自认倒霉，但也有不少顾客选择维权，来找商家理论。消费者 B、D 讲述了自己在"转型交易"之后的故事：

---

① 根据中关村电子市场柜台主 Wl 访谈记录整理而成。

当时（发现受骗后）我（消费者B）和几位同学就把电子城市场部负责人叫了过来，然后跟老板协商。看负责人的意思是，像这样的事情应该已经很多了，是很正常的事情。他铁青着脸和老板商量这事情怎么处理，但是头一天的经历使我们觉得他们都是在做戏，市场也是跟他们一伙的，或者说没有一伙，也是有利益瓜葛。市场部负责人最后就把这个问题全扔给了老板和我，自己不说了，说让我们自己解决。他当时还跟我说，我买的那款机子，他在中关村网站上找不到报价，因此这款机子的价位没有办法在市场上定夺。当时我就想推荐的机子可能都是这样的，在"中关村在线"这些网站找不到，你就找不到证据嘛，那么浮动的价格完全就是他们来定。没办法，当时只有以一种恳求的姿态、失落的姿态，表明自己是学生，希望对方给予一定的退款吧。最终退了一些钱回来，大概最后损失了一千块钱。

我（消费者D）知道自己受骗（跟消费者B的经历相同，因为购买笔记本电脑被经营者"转型"）后，就找到他们，让他们把钱都退给我。但是他们说，电脑是我自己要买的，他们并没有强迫，如果不是电脑有故障，他们是不会退款的。当时，我想和他们讲理，但是他们突然来了一大群牛高马大的人，威胁我说："你最好拿录音笔把我们的对话录下来，拿手机把视频拍下来，都交给电子城市场部的负责人，看看他们是相信我们，还是相信你。"我当时也找了市场部的负责人，但是他们果然偏向那些商家，不愿意管这件事情。我也不和那些人（经营者）吵架和打架，我就走到他们的办公室里面坐着，什么话都不说，就这样坐了几个小时。到了晚上十点多，他们要下班的时候，我还是不走。他们实在没有办法，只好说"我服了你，钱给你，赶快走"。就这样，我通过这种方式把钱要回来了。[①]

尽管上述案例中的两个消费者最终通过维权挽回了一些损失，但对找

---

① 这两个案例由于乐调查并整理。

商家理论的大多数顾客而言，事件的处理结果往往不能让其感到满意。"转型交易"纠纷的常规处理程序是：展厅通常不仅不认账，还用威胁的手段对待顾客，这时顾客可能会找卖场管理部门来解决问题。有的卖场管理部门是市场部，有的卖场管理部门是市场物业公司。这些管理部门出面后，往往以协调为主，这种协调的结果虽然不能让顾客感到满意，但许多顾客也只有忍气吞声地接受协调结果。

为此，我们曾走访中关村电子市场的鼎好电子大厦的市场投诉部，尽管发现这里的墙上贴有投诉的程序、投诉人员的职责以及《中华人民共和国消费者权益保护法》摘要等，但其实际效力究竟如何则尚待考证。当时恰逢一个顾客正在向市场投诉部人员叫嚷，坚持让投诉部的人把销售人员喊来解决问题。我们拿出学生证，向他们索要相关资料，得到的却是投诉部没有权限提供材料这一结果。他们还让我们到21层策划部去，让其提供资料，这种管理方式确实让人不解。

作为处理商家与顾客纠纷的重要部门，市场部理应秉公办事，公正地对待商家与顾客的纠纷，但在实际的处理过程中，其倾向性非常明显：一般的处理结果总是向着商家，顾客则处在弱势地位。尽管许多顾客感到很不满意，然而由于种种原因，他们最终还是接受了此种处理结果；也有些顾客受到欺骗后，感到气愤，会锲而不舍地与商家周旋，通过行政和法律的手段来维护自己的利益，有的虽然最后成功了，却付出了大量的时间与精力。[①] 毕竟通过行政与法律的手段来维护自身利益的顾客还是少数，大多数顾客在上当后往往自认倒霉，或者接受市场部的存有倾向性的处理方案。

从"转型交易"的最终结果来看，顾客吃亏上当却得不到合理的补偿。此种道德失范的交易模式一经形成，就难以根除，不断为中关村电子市场带来"污名"。当然，并非每一个经营者都在进行"转型交易"，那么，究竟是谁在"转型"呢？

---

① 中央电视台《经济与法》栏目曾经在2009年5月27日关于"中关村的另一张面孔"的节目中报道了一个经典的案例，在该案例中，有个上当的顾客一气之下，将市场经营者告上了法庭，在漫长的等待后，终于胜诉。

实地调查结果显示：经常实施"转型交易"的经营者，往往具有较大的经营规模，代理多种品牌，这为"转型"提供了必要的物质保障；而由于拥有一定的实力和规模，该类经营者更容易受到电子城的保护，造成"店大欺客"的结果。诸如柜台等小店害怕顾客闹事，很少采取"转型交易"，但这样往往赚不到太多的钱。由于激烈的竞争，为了更好地生存，柜台经营者也会适时采取"转型交易"谋取利润。代理商只能代理为数不多的品牌，产品构成较为单一，为了自身名誉和品牌地位，他们很少实施"转型交易"，但在特定场合面对合适的交易对象，他们有时也会采取"转型"的方式进行交易。实施"转型交易"的经营者基本分布见表2-2。

表2-2　　　　　　　　经营者"转型交易"实施情况表

	与陌生顾客交易情况
炒货商	较少实施"转型交易"
混合商	经常实施"转型交易"
代理商	较少实施"转型交易"

资料来源：根据实地调查总结而成。

从表2-2中可以清晰地看出，实力雄厚、规模庞大的混合商是电子城实施"转型交易"的主体。为什么炒货商不能频繁实施"转型交易"以获取利润呢？我们认为，这主要由以下几个因素造成。

首先，炒货商自身的特征使其难以实施"转型交易"。前文已述，"转型交易"的顺利实施需要经历两重"陌生化"过程，即"人与物"的陌生化和"人与人"的陌生化。对于"人与物"的陌生化，由于炒货商经营产品单一，型号较少，加之每个产品价格不高，其"转型"常常不易实现；对于"人与人"的陌生化，由于炒货商多为柜台经营，人员较少，没有足够精力实施"转型"以及应付后续的各种投诉，所以他们常常采取相对诚信的交易模式，主要通过议价过程中的技巧来获取利润。

其次，炒货商的经营场所使其难以完成"转型交易"。一般来说，"转型交易"的顺利实施，需要导购、销售人员和销售管理人员等众多参与者配合行动，具体过程为：先由导购将消费者吸引至展厅，再由销售人员在展厅为消费者介绍产品,最后销售人员将消费者领至楼上的办公室完成"转型"。[①] 一般来说,"转型交易"最终实施的地点是经营者在电子城楼上的办公室,正是在这个相对隐蔽的空间中,经营者对消费者展开"转型"中的"软硬兼施"。而炒货商主要的经营场所为柜台,它们分布在电子城的三至五层,是一个公开的场所,不仅"转型"过程会在其他经营者面前严重暴露,而且顾客的投诉与"闹事",将会引来诸多"围观",这无疑会给经营者带来恶名,使其丧失众多潜在顾客,最终遭受更大损失。

最后,柜台经营者难以得到电子城的偏袒。"转型交易"的顺利实施和延续离不开电子城管理部门的默许与支持,二者之间常常结成利益联盟关系,这也是经营者敢于频频对消费者实施"转型"的一个重要原因。相对而言,炒货商在市场中实力弱,规模小,淘汰率高,更替速度快,电子城管理部门对其不够重视——反正租柜台的比比皆是,因此炒货商便失去了"转型交易"背后的"保护伞"。

相比于各类炒货商,代理商似乎拥有一定规模和经济实力,这在客观上有助于其实施"转型交易",但由于其自身的固有特征,他们很少对顾客实施"转型"。此处的"代理"是指那些具有厂商认可资格的、为厂商承担一定销售任务的商家,其职责就是把自己代理的产品分销出去。他们代厂商打理生意,不是买断厂商的产品,而是厂商给额度的一种经营行为,货物的所有权属于厂商,而不是商家。因此,代理商进入厂商的正式销售渠道,必然要接受渠道规则的约束,对厂商的品牌和声誉负责。

例如,优派显示器的厂商对于经销商加盟资格做了严格的规定,明确了成为制度化的代理应具备的条件:一是完成定额任务;二是配合厂商的市场策略并遵守厂商的销售规范,包括公司制定的价格体系、市场体系、区域销售体系,只能从公司正规渠道进货,不得损害公司声誉等;三是具

[①] 于乐. 框架分析视角下的"转型交易"研究——以中关村电子市场为例. 北京:中国人民大学,2011.

备长期合作意愿。经销商的资格将由公司及总代理共同审核认定，并签订合作协议。①

可以说，正是厂商对代理商的种种制度性规范，降低了代理商实施"转型交易"的可能性。但这并不是说代理商就没有实施"转型交易"的可能。如前所述，有些代理商常常代理多个品牌，于是电子市场的代理出现了"一仆多主"的局面，在交易中，这些代理商可能对客户实施"转型交易"，销售那些利润较高、声誉不佳、信息模糊的产品，进而获取高额利润。

总体来说，由于自身的独特优势，混合商是整个电子城"转型交易"的实施主体，同时他们又是电子城的经营者主体，其有一套健全的交易队伍和交易模式，为其顺利实施"转型交易"提供了保障。混合商经营人员齐整，分工明确，拥有导购、销售、低层与中层管理人员，他们分别在"转型交易"中扮演不同角色。

在"转型交易"的整个交易过程中，导购是整个交易的起点，其作用是非常明显的。当消费者走进中关村电子市场时，经常会厌烦导购的纠缠不休与形影不离。在访谈中，中关村的 ESJ 电子商城四层的柜台主 WCQ 告诉我们，他上班的时候，导购甚至会向他兜售产品。导购之所以对顾客纠缠不休，除了为获取更多的利益之外，更多是为了生存，因为他们的底薪很低，有的导购甚至没有底薪。

> 中关村许多西装革履的年轻人，其实工资只有 600 元保底加提成，有的甚至只有提成。公司的模式也不一样，业绩考核的模式也不一样。有的导购是有 600 元底薪，那么拉到顾客并完成电脑交易给 50 元左右，有的导购没有底薪，拉到顾客并完成交易可能就会给 100 元。总之，相对于整体来说，他们工资差不多。②

所以当拉不到顾客时，只有 600 元底薪的导购，在生活成本较高的北

---

① 此次访谈由于乐实施并整理。
② 根据访谈对象 Wl 的深度访谈整理而成。

京是很难生存的，而没有底薪的导购压力就更大了，所以他们会不顾面子，采取一切手段来拉顾客。

> 如果你三天五天拉不到一个客户，你拉到一个客户，肯定要多赚一点。你不赚钱，拉到没用，因为他那个提成百分之六十。如果利润有一千块钱，也许就给你六七百块钱。这个公司就得到百分之三十到四十。但是你没有底薪，你拉到就有钱，拉不到就一分钱都没有。①

由于生存的需要和利益的诱惑，导购都想在拉来的顾客身上大赚一笔，尤其是在很多天拉不到顾客时。在拉到顾客后，导购直接将顾客带到销售电脑的地方，这时一些导购的工作已经完成。如果顾客最终没有购买电脑，公司可能就会给这个导购较少的钱，甚至不给钱；如果最终交易达成，公司可能就会给导购较多的钱。有些导购还从事着销售工作：当把顾客拉到销售地点后，他往往会以"转型交易"方式向其销售电脑，并从中提取总利润的百分之六十左右。

"转型交易"的完成还需要混合商中从事销售者的介入。他们是专门的销售人员，负责接待导购拉来的和主动到展厅购买产品的消费者。这些销售一般熟知各种电脑信息，拥有较好的口才，并且掌握营销技巧。依据以往的经验、良好的口才以及销售技巧，展厅销售人员能很好地劝说顾客放弃打算购买的型号，并购买那些信息不明确的电脑，成功的"转型交易"就这样完成了。

在论述习俗在经济运行中的作用时，学者施里特说过这样一段话："习俗其实并不为制度的形成提供一个牢固的基础，因为它自身是可塑的。它是由建立在它之上的特殊过程形成的。如果这里存在着欺骗的理由，那么，欺骗将会蔓延，习惯性的诚实将会遭到破坏，并且那些建立在诚实基础上的制度也将被破坏。"② 诚如施里特所述，"转型"手段是中关村电子市场的一个交易习俗，由于其存在欺骗性且欺骗理由充分，因此它在交易实践中

---

① 依据中关村科贸电子城厂商业务员 DBH 访谈记录整理而成。
② 施里特. 习俗与经济. 秦海，等译. 长春：长春出版社，2005：3.

不断被复制和拓展,并对诚实的制度进行无情的破坏。只要电子城的经营模式得不到大的调整,以道德失范为特征的"转型交易"就会一如既往地延续下去。

第四节 "转型交易"与"关系交易"并存

在中关村,带有欺诈性质的"转型交易"频发于陌生人之间,但我们在中关村电子市场及国内其他市场的调查中也发现了与之不同的交易模式。以中关村电子市场为例,经营者不仅要面对来来往往的陌生人,还要接触市场内外的经营者,并与熟客发生交易。我们将这种发生于熟人之间、以稳定关系为基础、以诚信为特质的交易称为"关系交易",它和"转型交易"一起,共同构成了市场中的两种基本交易模式。

在实地调查中,我们发现"关系交易"除了出现在经营者与熟悉的顾客之间以外,还更多地发生于经营主体之间、经营主体与各级代理商之间、代理商与厂商之间,这些人组合成了复杂的关系网络和利益链条。中关村中任何市场主体的生存都离不开两个相关的过程,那就是销售与进货渠道。销售主要发生于经营者与顾客之间,这类交易虽然以陌生关系为主,但也存在寻求"回头客"的"关系交易";进货渠道主要是市场主体之间的交易,大多发生于熟人之间,集中体现为"关系交易"。

在实地调查中,我们曾经发现大量"关系交易",这种"关系交易"首先体现在经营者与一部分顾客之间,也就是通常说的"熟客"关系和"回头客"关系。老客户关系的建立是以"关系交易"为基础的。经营主体在销售的过程中,在降低自己利润的基础上,充分利用各种营销技巧,把顾客当作老朋友,使顾客不仅能相信经营主体的诚信,而且感觉到购物的舒适,更重要的是感觉到经营主体很实在,甚至像自己的朋友一样,使自己能买到物美价廉的东西。这样,如果下次有需要的话,顾客仍会到这个经营主体这里购买商品,有时还会介绍身边的同学或朋友到这里购买。随着"关系交易"的实施,经营主体在一般情况下能建立起老客户关系,并不断维持这种关系，"关系交易"成了寻求"回头客"的核心。

2008年金融危机的冲击和之后的经济不景气使大多数经营主体面临生存的危机，然而，多数柜台经营者没有在这次经济危机中被迫关门，这主要得益于老顾客的光顾。中关村是批发市场，许多经营主体批发与零售兼做。在调查中，科贸电子城的J老板告诉我们：

> 我们现在就是靠点老客户，新的（客户）发展很少，再说，那时候外地（经营者）都是从北京上货，现在你看呀，都从二线、三线、四线小城市上货，（市场）都下放了。

残酷的竞争、市场的下放以及经济危机让这些柜台经营者感到很大的经营压力，在这种环境下，他们能做的就是努力留住老客户，争取挺过这段时间。

> 一天卖不了多少，我主要靠装机器，品牌机，然后笔记本、相机什么的。这没有摆货，等人要的时候，我们去公司拿。老顾客都知道，主要靠公司。现在生意难做，太难做。有的东西挣个十块八块都卖，（竞争）太厉害了。我们做老乡的生意很少，都是做老客户。老乡不挣钱，都是朋友与亲戚，哪好意思挣钱。[①]

从上述访谈记录可以看出，有的柜台经营者仅靠销售柜台上所摆设的东西还是很难生存的，因为残酷的竞争，他们很难靠简单的销售生存：每天不仅销售的东西很少，而且利润很低，几百元的东西只能赚到十元或八元钱。这些经营主体只能依靠一些老客户来维持生存，因为这些老客户不仅来买一些电脑配件，有时也会通过他们购买一些笔记本电脑或数码产品，或者进行台式机组装。

在受到经济危机影响的市场环境下，对于大多数柜台经营者来说，每天销售的东西都不多，尤其是周一至周五，许多经营主体甚至在赔本。正是由于老客户的存在，许多柜台经营者才得以生存与维持：因为老客户比

[①] 根据中关村e世界LXH访谈记录整理而成。

较稳定，受经济危机的影响不大，而且有的老客户购买的商品额有时等于经营主体一天的销售额。

对刚刚进入中关村电子市场进行销售的柜台经营者来说，由于缺乏老客户，他们的生存与发展受到了很大的威胁，这从反面证明了老客户和"关系交易"的重要性。我们在调查中遇到这么一个经营主体：他叫 WK，目前在中关村 e 世界销售 U 盘、摄像头等电脑配件。由于刚刚开业，WK 处在一个非常尴尬的境地，面临着没有老客户、生意不好、手头紧张、不熟悉产品等问题，他甚至想放弃。为了获取老客户，WK 在经营时尽量以薄利多销的方式进行诚信经营，不卖假货。

如前所述，规模较大的经营者更容易进行"转型交易"。但是，在调研中我们发现，无论是小规模的柜台经营者还是大规模的展厅经营者，都会采用"关系交易"方式，因为老顾客的存在，不仅是维持市场主体生存的重要基础，也是他们长远发展的重要支撑。由于规模较小，所销售的产品价格不高，柜台经营者很少采用"转型交易"的方式，而更多地采用"关系交易"。尽管"转型交易"对柜台经营者来说具有较大的诱惑力，但由于规模较小，经不起顾客的投诉，所以他们更多地选择通过诚信经营、热心服务来获取"回头客"。与柜台不同，展厅不仅规模较大，而且一般来说销售的是笔记本电脑与数码产品，单笔交易涉及的金额较大。对于展厅经营者来说，庞大的日常开支使他们更倾向于获取高额利润。规模大、人员多、隶属于大的公司使他们有足够的精力应付个别顾客的投诉与"闹事"，这些条件使他们能够经常采用"转型交易"以获取利润。然而，老顾客也是这些展厅经营者生存与发展的重要因素，尽管他们往往对新顾客采用"转型交易"，但他们是不会轻易放弃老顾客的。针对老顾客，展厅经营者还是会采用"关系交易"模式。可见，"关系交易"是和"转型交易"并存的一种基本交易模式。

在访谈中，HR 公司副总 XNS 告诉我们，像 HR 这样的大公司，不仅有个人顾客，还有从事电脑行业的企业以及政府机关和事业单位等团体顾客，这是规模较小的柜台经营者和展厅经营者很难拥有的。团体顾客总体来说都是老客户，交易的模式一般是"关系交易"，以较低的利润将这些顾客留住。在个体销售模式中,"关系交易"也占很大的比重,因为"回头客"是一个重要的销售渠道。

除了老客户关系之外,经营主体之间的"关系交易"更加频繁。电子市场中有庞大的经营队伍,经营者之间不仅因为长期在一个卖场中营销而结下了熟悉关系,而且很多经营者之间是同乡、亲戚或同学,亦即不仅有熟悉的职业关系,更有熟悉的地缘、亲缘或学缘关系。在这种熟悉关系中,经营者们互相打白条、赊账、拿货,互相支持、互相信任。[①]

在每个电子城内部,经营主体之间,尤其是柜台经营者之间都进行着较为频繁的相互交易。这是因为,电脑零配件具有复杂性,任何柜台都无力销售所有产品,即使只销售某一种产品,也无法包括其所有的品牌。当顾客有需求时,为了稳住顾客,即使自己柜台上没有,柜台经营者也会通过从别的柜台那里拿货,以获取利润。

柜台与柜台之间的紧密联系主要有两种,一种是基于关系纽带的联系,另一种是基于纯粹交易关系的联系。基于关系纽带的联系是经营主体"关系交易"的基础,也为我们所重点关注。

论及柜台与柜台之间基于关系纽带的联系,首先要追溯柜台的形成历史。租赁柜台的经营主体有这么几种:第一种经营主体是刚到中关村,就发现租赁柜台从事电脑零配件销售具有较大的利润空间,于是就到中关村成为柜台经营者;第二种是到中关村后在展厅或柜台打工的人,做一段时间后,他们积累了一定的经验和金钱,弄清了中关村的运营套路,跳槽后自己租赁柜台单干;第三种经营主体是看到老乡在中关村取得成功,就跟着老乡来中关村租赁柜台从事经营,或者直接由亲戚带来从事经营的。第一种柜台经营者进入中关村较早,并取得了较大的成功,拥有许多老客户,在中关村能够很好地发展下去。第二种柜台经营者起步不是很早,但由于积累了一定的经验,熟悉中关村的运营模式,也能在中关村很好地生存,

---

[①] 刘少杰. 陌生关系熟悉化的市场意义——关于培育市场交易秩序的本土化探索. 天津社会科学,2010,4(4):43-47.

虽然他们常常后悔没有尽早成为柜台主。第三种经营者一般进入中关村较晚，在他们成为柜台主时，市场基本上已经饱和，再加上销售经验的匮乏，他们往往在中关村发展得不是很顺利。

柜台经营者之间基于关系纽带的联系主要体现在朋友之间、老乡之间以及亲戚之间。一般来说，在中关村经营过一段时间的柜台经营者，都会或多或少与其他柜台经营者建立起一种较为亲密的朋友关系，这种联系可能起初是以交易为基础的，后来则发展为一个可信任的亲密关系，这种朋友关系有时会大于交易，但有时也会给柜台经营者带来很大的伤害，使他们不敢再在电子市场和其他人建立很亲密的关系。[①]

在中关村很少有孤军奋战的柜台经营者，在生意合作之外，许多柜台经营者有自己的亲友圈，这一亲友圈的存在，增加了柜台的横向一体化的趋势，体现了柜台经营者的集聚优势与共同生存的能力。

由于柜台经营者是生意人，日常的交易活动是他们最重要的活动，交易关系是他们非常重视的关系。由于销售产品的复杂性与多样性，再加上柜台这一销售空间的狭小，柜台经营者销售的产品的类型和数量都受到限制，柜台经营者之间只有相互合作，才能满足顾客的需求，增强其生存能力，这对一个从事装机的柜台经营者来说更是如此：

> 中关村主要都是互相拿货，比如说你家做那个，我家做这个，他家专做主板呀，我家做这些小配件，一同生存。装机器，装电脑的，他家做主板，他家做显卡，从他家拿主板，从他家拿显卡。[②]

柜台经营者之间相互拿货有一个专用名词，就叫"抓货"。所谓"抓货"，就是指柜台经营者之间相互拿货，并以打白条的形式过一段时间结账。这样一来，柜台经营者之间的"抓货"这一交易行为就与打白条制度紧密联系起来了。打白条制度自中关村电子市场成立起就已经出现，广泛

[①] 比如，在中关村e世界，LXH告诉我们，他有两个最好的朋友曾骗了他8万元。对一个柜台经营者来说，这确实是一个不小的数目，这让他很难再相信在电子市场还有亲密关系存在。但这种"杀熟"现象是一种发生频率较低的现象，不是我们关注的重点。

[②] 根据中关村e世界WJ访谈记录整理而成。

存在于柜台经营者之间的交易活动之中,被他们习惯性地接受。

> 打白条有风险,每年都会多多少少有风险。不过这种制度是中关村一开始就有,只要有固定柜台,就存在。你不做别人做,你怕别人不怕。要不然你老是不欠账,你的货堆那没人要,就这样。不过,骗的还是很少的。你要是结账的时候,还是给支票。都是互相的,你给他,他给你钱,转账支票。已经习惯了这种制度。一开始你肯定都了解这里面的规矩呀,行情呀,习惯了①。

打白条制度在中关村电子市场非常普遍。在访谈中,科贸电子城 J 老板告诉我们:"中关村柜台百分之九十九都这样。百分之一的现结的主要是不太熟悉的,还有些高端的东西,像笔记本数码等,都是现结(现金结账)的。DIY 这一系列,都是打白条。你说你不打白条,人家不拿你货,中关村到处都是货,没人(非得)要你的(不可)。"

尽管打白条存在风险,与理性的市场经济不相符,但是这已成为中关村电子市场普遍实行的制度,柜台经营者无法不遵守这一制度,否则只能造成商品堆积在那里,无人问津,最终柜台经营者无法在中关村电子市场生存。打白条实质上是以一种欠账的方式进行交易。对各个柜台经营者来说,资金周转非常重要,欠账的期限对柜台经营者的发展具有较为关键的作用。那么,白条何时能够兑换成现金或支票呢?

> 市场内部互相拿货,当天打白条,也有现结的,现结的少,一般来说是打白条。(账期)一般是一周或半个月,最多一个月就结了。再长就要靠关系了,关系好的时间就长一点,关系一般的时间就短一点。②

账期的长短主要取决于柜台经营者之间关系的远近,关系密切的往往账期较长,关系一般的短期内就要结账了。在访谈中,我们发现中关村电

---

① 根据中关村 e 世界 WJ 访谈记录整理而成。
② 根据科贸电子城 J 老板访谈记录整理而成。

子市场的一些老柜台，在每天快下班的时候，总有许多拿着白条的人到柜台上要账。比如中关村 e 世界的 LXH 是一个老柜台，在周五下午五点多，许多人到他的柜台上要求结账，有的他很快就结了，有的则推托今天结不了。我们发现，有一个白条两个多月了，由于对方是一个老乡，关系较好，他这次仍没有结。没过多久，LXH 也拿起自己的小包，把白条整理好，到其他柜台去要账了。由此可见，不仅白条制度非常普遍地存在于中关村电子市场每一个柜台经营者的日常交易活动中，而且柜台经营者之间的交易关系与情感纽带并不是相互排斥的，在多数情况下，它们稳定地结合于柜台经营者的日常交易活动之中。

中关村电子市场是一个批发市场，日常的"关系交易"不仅表现为柜台经营者之间的相互"抓货"过程，还表现在柜台经营者与厂家及不同级别的代理商之间的日常交易中。在这一大型电子批发市场中，代理商在整个交易的过程中扮演着重要的角色，是柜台经营者进货的重要渠道。

一般来说，某种品牌的电脑配件在每一个楼层都设有一个代理商，各个柜台经营者在需要的时候，可以到这个代理商那里"抓货"。代理商一般也是以柜台的形式出现。比如，科贸的 J 老板在科贸五层租用了一个柜台，主要代理 A 机箱，科贸五层的柜台经营者在装机器的时候，如果需要 A 机箱的话，一般都从他那里进货；鼎好的 LCQ 在鼎好二期四层代理某品牌的显卡，需要的柜台经营者可以到他这里拿显卡。这些代理商往往也是柜台经营者，他们有的兼做零售，有的只做批发，这与其销售的产品类型有关。销售台式机零配件的代理，一般零售的数量较少，比如 J 老板与 LCQ。销售 MP3、U 盘、移动硬盘、手机等独立产品的，零售的数量很大，比如中关村 e 世界二层的 WL，不仅向各个柜台经营者批发某品牌的 MP3，还做大量的零售生意，而且其他柜台销售的该品牌 MP3 的售后服务也在她这个柜台进行。

柜台经营者与各个代理商之间的交易，往往在一个楼层进行，这种空间上的紧密性使日常的进货非常方便，也给打白条制度提供了很大的便利。因此，"抓货"和"白条"不仅存在于柜台经营者之间，也存在于柜台与厂家代理商之间。

在柜台经营者的进货过程中，尽管中关村遍地都是货，但他们还是倾向于从固定的厂家代理商那里拿货，这样既能取得信任，也能使打白条更加容易，账期也变得更长。多数代理商都愿意维持老客户，给老客户提供一定的方便，但也有些代理商投机取巧，使用"杀熟"的伎俩坑害老客户。有的柜台经营者以为是老关系，不太警觉，但时间长了，"杀熟"现象还是会被柜台经营者发现。一旦某个柜台经营者发现从"杀熟"的代理商那里拿货较贵，不是立即不再从这一代理商这里拿货，而是口头警告；如果价格降不下来，那么下次他就可能重新找个代理商进货。

柜台经营者与各个代理商之间主要体现为一种纯粹的商业交易关系，然而在商业交易关系的背后，也存在着非商业交易关系，它们最终为交易关系服务。空间的邻近为柜台经营者与厂商之间的日常交流提供了很大的方便，在生意之余以拉关系为特征的日常聊天，成了厂商工作的重要组成部分。在必要的时候，厂商与柜台经营者还会在一起聚餐，以加强彼此的感情。科贸的 J 老板就告诉我们，在生意之余他有时也会请客户吃饭，一来为了加强沟通，保持长久的关系，二来为了增加更多的订单。

另外，中关村的许多柜台经营者都同时是代理商，有的柜台代理一种特定品牌的产品，有的则代理多种产品，他们与厂商之间也形成了一种复杂的关系。科贸的 J 老板告诉我们，其实，除了市场需求的影响之外，与厂商的关系也会影响他代理的产品。一般来说，如果与厂商联系较多、关系较好，当装机店需要机箱时，他就会刻意推荐主要代理的品牌。这样，主要代理的产品销量上去了，拿货的价格有时也能够降一点。

由于高频率的互动，代理商与厂商业务员的关系一般都比较密切。比如我们所访谈的 J 老板，由于是朋友介绍，访谈结束后非要请我们吃饭，并打电话给他所代理产品的厂商业务员 DBH，让他过来陪客，这样一方面能够让我们的调查更加深入，另一方面也说明他和厂商业务员 DBH 的关系很好，甚至将他当作很好的朋友。

如果将代理商与厂商之间的联系视为一种情感上的纽带，那就大错特错了，在这些紧密联系的背后，更多地体现了一种理性的算计。在和 J 老板一起吃饭的时候，厂商业务员 DBH 对 J 老板的请客表示了感谢，J 老板却说了一句"能将你们产品的价格再降一点就更好了"。由此可见，代理商与厂商之间的紧密联系，实质上是一种理性的博弈关系，情感的纽带最终为其生意服务。

有的代理商与厂商业务员还有直接的亲缘关系，比如鼎好二期的 LCQ，其姐姐在某个生产显卡的厂商那里上班，他就能很容易地代理那个品牌的显卡；中关村 e 世界的 LXH，其父就在生产某种移动硬盘的厂里上班，他因此能很容易地代理那个品牌的移动硬盘。作为产品代理商的柜台经营者与厂商之间的联系拥有多种形式，既有情感性关联，也有基于利益之上的理性博弈，而且更多地体现为以获取利益为特征的理性关联。

总之，中关村电子市场经营主体之间的相互交易总体上是一种"关系交易"，它极大地影响着经营主体在中关村的生存与发展状况。进货是中关村电子市场内交易的重要过程。与其他市场不同，中关村电子市场是一个批发兼零售的大型市场，许多柜台经营者就在中关村内部完成进货过程。柜台经营者与代理商之间的联系非常紧密，老客户关系在进货的过程中也显得十分重要。尤其是在目前竞争激烈的环境下，没有好的进货渠道，经营主体在市场中将举步维艰，很难生存下去。中关村电子市场经营主体每年的淘汰率除了关乎经营问题之外，与进货渠道也有很大的关联。

除了中关村之外，两种交易模式并存的现象也存在于其他市场。20 世纪 80 年代中期，中国的改革开放才刚刚起步，一些个体经营户看好临近湖南株洲火车站的芦淞区这块宝地，在这里租摊摆点搞起了服装经营。由于流动人口多，这里的服装生意非常火爆。现在，芦淞市场已经发展为有 33 家服装商场的市场群。我们通过对芦淞服装批发市场的实证研究发现，市场中存在着两种不同的交易模式。具体表现为：

当市场交易在熟悉关系中展开时，经营者与顾客互相都保持对对方的较高的信任度，经营者在进行交易时会更加"实在"，一般都会适当降低利润，与顾客进行诚信的交易。而且双方都能在交易过程中体会到愉悦，对交易结果感到满意，再次交易的概率也会增加，整个交易秩序矛盾较少，交易稳定且具有可持续性。

而当市场交易在陌生关系中展开时，经营者不会像对待熟悉的老客户那样保持较高的信誉度，伴随着欺诈的投机性交易由此产生。"宰客"现象就是这种投机性交易的重要体现，这不仅损害了消费者的利益，也不利于整个市场交易秩序的维护：一方面，经营者更容易采取不诚信的态度，甚至对消费者采取带有欺骗性质的投机性交易行为；另一方面，消费者对于经营者保持一种较低的信任度，在陌生关系中展开的市场交易更容易产生矛盾，交易的稳定性和可持续性较低。[1]

与"转型交易"不同，由于频繁的社会接触和情感关系纽带的存在，"关系交易"更多地体现为一种诚信交易，交易的效率较高，交易双方对整个交易往往有一个正向的态度，正如迪马奇奥等人所描述的那样："我们认为，拥有社会接触的交易是有效率的，这是因为在经济交换中，它将商业交换嵌入义务关系网络中，并使销售者履行网络中的角色期待。"[2] 将商业交换嵌入关系网络之中，使理性化的商业交换拥有了人情味，这不仅提高了交易的效率，而且符合中国熟悉社会的道德原则和传统价值，有助于稳定交易秩序的形成。

"转型交易"主要发生于陌生人之间，但当经营者面对熟客和其他经营者时，就不能轻易地"转型"，这时的交易往往体现为具有诚信特色的"关系交易"。在同一市场，由于交易对象不同，产生了并存但又截然不同的两种交易模式。综合中关村电子市场和芦淞服装批发市场的情况，我们可以得出一个判断：当市场行为在较强的陌生关系中展开时，经营者容易背弃诚信，市场道德水准较低；当市场行为在熟悉关系或陌生关系熟悉化中展开时，经营者们则能恪守诚信，市场道德水准较高。[3]

---

[1] 张冉. 熟悉关系与陌生关系中的交易行为研究——以湖南 LS 市场为例. 北京：中国人民大学，2012.

[2] DIMAGGIO P, LOUCH H. Socially embedded consumer transactions: for what kinds of purchases do people most often use networks? American sociological review, 1998, 63 (5): 619-637.

[3] 刘少杰. 陌生关系熟悉化的市场意义——关于培育市场交易秩序的本土化探索. 天津社会科学，2010，4 (4)：43-47.

第三章 "转型交易"持续存在的根据

在中关村，陌生人之间的"转型交易"不仅存在于电脑、数码产品等价格昂贵的高端产品，而且存在于小的电脑零配件市场，成为一种广为流行的交易模式，频繁发生于电子市场每一个角落。这是一种不健康的交易格局与市场行为，它严重破坏着中关村电子市场的声誉，阻碍着中关村电子市场的长远发展。这种破坏性的欺诈现象在中关村电子市场屡禁不止，相似的情况也存在于芦淞服装批发市场。作为一种欺诈性交易，其产生与持续具有深刻的根源，陌生人之间的欺诈交易拥有着长期形成、难以改变的现实土壤。

第一节　在竞争与限制中的选择

由于价格日益透明化，产品利润大幅缩减，各项成本也逐渐增加，因而经营者很难通过传统方式获取利润。不少经营者认为，在中关村生存就必须耍点手段，"转型交易"就是这样的手段。中关村电子城中的展厅与店铺模式使"转型交易"能够在空间中得到复制与传播。更为严重的是，"转型交易"的存在使得良性的市场秩序建构面临着集体行动的困境：大家都进行"转型交易"，若某些店铺不"转型"，反而易被淘汰。由此，这种集体行动在经营者当中得到延续。

伴随着房地产热潮的展开，中关村地区也开始了狂热的房地产开发。受此影响，在中关村地区至少有 10 个中小规模的电子市场先后被拆除，取而代之的是以房地产项目开发的形式呈现出来的电子城或电子大卖场。狂热的房地产开发，不仅将中关村地区的土地价值一次性地予以兑现了，而且在客观上导致了对中关村"草根力量"的大围剿。这批电子市场被拆除前，土地价格也就 3 000 多元/平方米；而当写字楼建好之后，土地价格就已经涨到了 10 000 多元/平方米。

对于中关村电子市场而言，从专业化的电子市场向电子城或电子大卖场的转变，带来的最为重要的影响是促发了中关村电子市场运营模式的变革，即商业地产式运营模式在中关村电子市场兴起。在此背景下，经过开发商和投资者的人为炒作，中关村电子市场中用于正常商业经营的摊位也变成了一种可以进行投资的对象，投资者开始疯狂地抢购那些用于出售的经营摊位。当然，在中关村电子市场中，并非所有的电子卖场都以出售经营摊位的方式，一次性获取经营摊位的收益。有的电子商场或电子大卖场，主要通过招租的方式出租经营摊位，这样可以在一个相当长的时期内持续性地获得租金收益和物业管理费用。

然而，不管是出售还是出租经营摊位，商业地产式运营导致的一个共同的结果就是电子市场中普通商户经营租金大幅度增长。在中关村几个主要的电子卖场中,地段比较好的商铺租金可达到上万元/平方米,即使是最为一般的位置,其价格也在三四千元/平方米。对此,中关村某电子商场渠道商 FT 根据自己的经历提供了一组有关租金的数据:"中关村的房租在近几年出现了持续上涨,而最明显的则是在 2006 年之后,房租几乎是以每年 15% 的速度在非理性增长,我们公司 40 平方米的店铺 2006 年租金还是 70 万,而到了 2008 年已经涨到了 100 万。"[1] 另一位位于该电脑城 18 层的商铺老板 QG 也有切身的感受:"几年前 8 000 块的铺位已经涨到了 4 万,而几年前还是 3 万的铺位如今涨到了 20 万,房租涨了几倍之多,利润却越来越少了。"[2]

对于普通的商户而言,商业地产式运营导致的商铺租金"非理性"增长,使得租金成为他们最主要的经营成本。商铺老板 QG 的"流水账",更为直观地体现了商铺租金的高涨对于商户的"意义":"在这里我有三个店铺,其中有两个门面在一楼大厅用于产品展示,另一店铺在 18 层用于销售。三个店铺一个月的租金总共是 5 万,加上销售、财务、商务、库管、电费、电话费等,公司每个月的成本是 63 000 元,平均每天(每月以 30 天计)的硬性成本是 2 100 元。如果加上楼上和楼下销售人员各 20% 的提成,每天的销售利润必须达到 3 500 元,才能保本。为此,我店铺一天的毛利润必须上万,即每天必须卖八台机器,而每台机器的利润至少达到 1 250 元才行。"[3] 在 QG 的"流水账"中,经过粗略的估算,我们可以发现商铺经营租金在他的整个经营性成本中所占据的比重已经达到了 47.6% 左右,这基本反映了在高租金之下普通商户群体的真实生存状态。因此,商铺经营租金的多少直接关系到商户的切身利益,它将成为压垮商户的沉重负担。

除此之外,来自中关村电子市场内部的同质性经营和外部的新兴销售渠道,进一步加剧了电子市场行业的竞争,形成了激烈的利益争夺的局面。这两种市场因素,不断改变着中关村电子市场中普通商户获利的机会,也

---

[1] 王卫东. 诚信缺失,中关村传统电脑卖场面临"崩盘"?. 计算机产品与流通,2009.
[2] 同[1].
[3] 同[1].

形塑着他们的行为方式和组织结构。

市场内部同质性经营者之间的竞争愈演愈烈。在20世纪90年代，中关村电子市场主要处于专业性的发展阶段，此时在白石桥以北和中关园（北京大学东门）以南这样一个区域内，主要分布着15家专业性的电子市场。即便如此，在当时，整个中关村电子市场中的商户也只有2 000多家[1]，截至1999年末，其营业面积总共也仅有7.32万平方米[2]。

到了1999年，伴随着中关村西区改造工程的开展，大约有10家中小规模的专业电子市场先后被拆除，取而代之的是一种新兴的商业形态，即电子城。从1999年到2011年5月，在"中关村电子一条街"这个不足一平方千米的范围内，最终形成了海龙、鼎好、太平洋数码、北京硅谷、科贸和e世界这六家电子城并驾齐驱的格局。图3-1给出了1999—2008年中

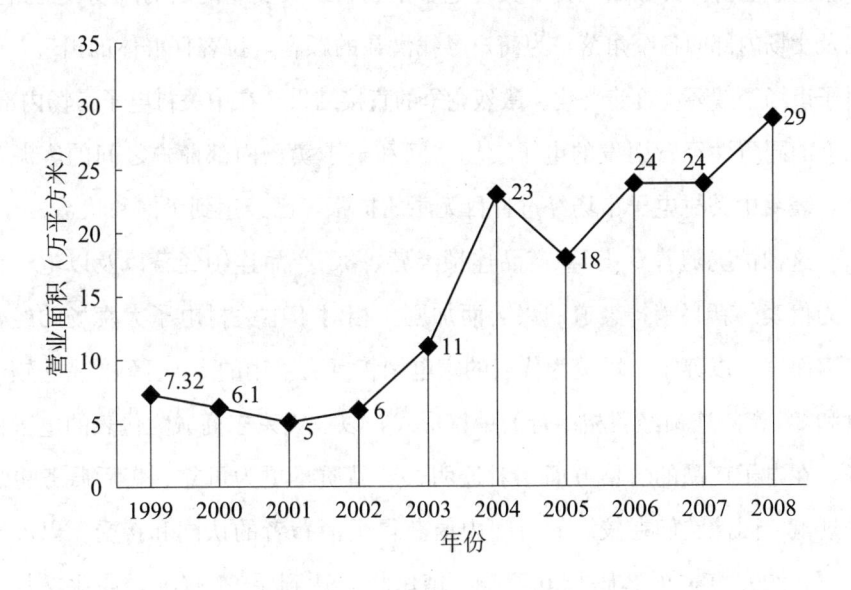

图 3-1　1999—2008 年中关村地区电子市场营业面积

资料来源：刘鹏.1999—2008年中关村地区卖场营业面积数据.（2009-01-16）[2018-03-20].http：//digi.it.sohu.com/20090116/n261791481.shtml.

---

[1] 鲁瑞清.中关村电子市场的发展及其地位.北京市财贸管理干部学院学报，2002（3）：21-22.

[2] 刘鹏.1999—2008年中关村地区卖场营业面积数据.（2009-01-16）[2018-03-20].http：//digi.it.sohu.com/20090116/n261791481.shtml.

关村地区电子市场营业面积的变化轨迹。截至 2011 年 6 月，中关村六大电子城的总营业面积已经从 2000 年的 6 万多平方米激增至 32 万多平方米，而且在其中从事经营的商户也多达 8 000 余家。①

在中关村电子市场升级换代的过程中，不仅市场的规模进一步扩大，而且市场的集中度也更加明显，这不可避免地导致市场中商户高度的同质性经营，也必然地会加剧市场竞争的激烈程度。这种竞争既表现在相互毗邻的电子市场之间，也体现在同一电子市场内部不同的商户之间。

为了争夺相对有限的客源，不同的电子市场之间展开了激烈的争夺战，由此在中关村电子市场中不仅产生了一个新的职业群体——拉客仔（导购），进而还引发了不同电子市场之间的冲突。在 2005 年前后，拉客仔这个新的职业群体开始出现在中关村电子市场各个大卖场门前的广场、马路上以及卖场内部的各个角落，为商户寻找潜在的顾客。拉客仔群体的出现，是电子市场经营环境逐步恶化、激烈竞争的直接结果。在中关村电子市场内部，高度的同质性经营引发的电子卖场之间和电子卖场内部商户之间的客源争夺，表明中关村电子市场经过盲目无序的扩张，已经达到了饱和状态。

这种情况随着专业 IT 产品连锁经营、3C 产品连锁经营以及以电子商务为代表的新兴销售渠道的兴起而加剧。相对于中关村电子大卖场的经营渠道而言，以苏宁、国美为代表的家电销售巨头采用的专业 IT 产品连锁经营和 3C 产品连锁经营相结合的销售形式，以及以京东商城为代表的电子商务，在电子产品的价格方面相对透明、产品质量更为可靠、售后服务也更加规范，因此它们在较短的时间内便获得了消费者的认同和接受。以苏宁为例，2008 年它的数码与电子产品销售收入达到了 67 亿元，同比增长了 43%，其中笔记本电脑的销售量更是以 100% 的速度增长。② 以京东商城为代表的电子商务的发展势头更为迅猛。自 2004 年以来，京东商城连续四年

---

① 张绪旺，罗添. 中关村：从电子一条街重返硅谷. 北京商报，2011-07-01.
② 倪洪章. 赔钱暑促难破低迷局面中关村卖场自救突围. 每日经济新闻，2011-07-09.

保持着300%的增长率；在2008年，其全年营业额已经突破13亿元。[①] 与电子产品新兴销售渠道的快速发展相反，自2008年以来，中关村电子市场的销售额增长率开始明显放缓。[②]

对于从事销售电子产品的商户而言，它们所面对的内部竞争会因为那些新兴销售渠道的快速发展而更为激烈。无论是市场内部的竞争，还是市场外部的竞争，最终不可避免地导致电子产品价格的相对透明化。在竞争日趋激烈的背景下，价格手段往往成为不同销售渠道吸引客源最为简单有效的工具，因此无论是电子市场、普通商户，还是京东这样的电子商务公司，它们或者构建自己的电子产品信息查询平台，或者借助于公益性的网络平台，以争夺电子产品价格的定价权和话语权。电子产品价格的透明化和不断降低只会进一步压缩中关村卖场经营者的利润空间。在这样的背景下，那些被认为是"蚂蚁雄兵"的普通商户该怎样生存呢？一本万利的"转型交易"就成为某些商户的"理性"选择。

"生意难做"已成为广大商户共同的感觉。拥有十余年从业经验，目前已是项目经理的DX说："现在的经营环境发生了很大的变化，从2007年开始公司生意就有些不好做了。笔记本的利润也变得较低，我们公司也被迫撤掉5个店面，专营一个品牌的机子。当时和我一起的老员工留下的也不到10人了。"

生存的压力迫使商户开始"想新的挣钱手段"，而"转型交易"就是其中最为普遍的一种方法。DX以她的经历这样给我们解释其中的缘由："现在电脑的价格也非常的透明，比如说6 000元的机子网上就报价6 100元，也就100元的利润，客户还要砍价，还要赠送配件。不'转型'怎么挣钱啊！现在一次成功'转型'挣1 500元已经很好了，挣3 000元就很高了，达到四五千的已经很少了。与2004年相比，真是相差太远了。"

---

① 刘斌．360buy京东商城：简单快乐的购物体验．（2009-01-16）［2018-03-20］．http：//digi．it．sohu．com/20090116/n261791656．shtml．

② 参见中关村电子产品贸易商会发布的年度报告《中关村电子产品贸易行业白皮书》，2003—2010年．

在 2007 年以后，不仅做整机销售的商户在广泛地运用"转型交易"，而且在攒机行业中，商户们也开始"转型"了。对于行业内部发生的翻天覆地的变化，做攒机生意的店主 LH，给出了与 DX 相类似的解释："在 2007 年以前，攒机的人多，做正常的销售就能挣很多钱，因此也就没必要去骗人了。从 2007 年起，随着产品报价信息的更加透明化，生意开始不好做了，我们的压力越来越大了，大家都开始想新的挣钱手段。于是，在攒机中也开始'转型'了，因为只有'转型'才能挣钱。'转型'这类骗术的运用也是迫不得已的，我们也要生活，也要过日子啊！"

面对生存的压力，中关村电子市场盛行着一种"利益导向"和"压力型"的组织运作机制，中关村电子市场中商户的组织结构是通过"科层制""专业化分工"和追求利益最大化的原则组织起来的。于乐以商户的进货渠道为标准，将商户分为"炒货商""混合商""代理商"三种类型。他在此基础上指出，"混合商"的内部结构是由"导购和展厅销售人员""展厅管理人员""公司高层"三种类型的角色群体组成，这些不同角色的承担者通过一定的职能分工共同促使了"转型交易"的实施。[1] 王水雄在一项相关的研究中同样指出，在作为组织的商户中存在着"分工"和"层级体系"的角色，即一个商户的基本组织结构大致包括三个层次：导购或展厅推销人员、后台营销人员（销售经理）和技术服务人员，以及店主、老板或者公司高层。[2] 一般而言，中关村电子市场中商户的组织结构主要由导购员、展厅销售人员、技术人员、店面经理以及公司老板组成。下面将分别对这些角色的分工予以分析。

导购员，即"拉客仔"或"拉客族"，是随着中关村电子市场外部发展环境的恶化和内部竞争的加剧而产生的。这个群体主要活跃在各大电子卖场的广场、商场入口、楼道以及电梯旁，通过主动同过往的人员进行交流，

---

[1] 于乐. 框架分析视角下的"转型交易"研究——以中关村电子市场为例. 北京：中国人民大学，2011.

[2] 王水雄. 信息不对称、结构博弈与交易组织制度：中国社会学年会"全球化时代中国经济社会结构变迁"论坛论文集. 2011.

以甄别潜在的消费者。如果他们获得了对方积极的正面回应，则迅速根据对方的需求给出相应的购买建议，并以许诺低价的方式，将那些有购物意向的消费者引领到雇佣自己的商家那里。简而言之，导购员主要的工作就是主动为商户发现有购物意向的潜在顾客，并向商户提供一些有关顾客购物意向的信息。于是，他们被人们称为"扒活的人"。

导购现象的出现固然有其必要性，但是当这个职业群体普遍化以后，他们的工作性质也在逐步发生变化，即经历了一个从正规的"导购"逐渐演变为"灰导购"再到"黑导购"的过程。中关村科贸电子城的一位电脑经销商 YF 这样评价导购群体："2005 年前后，中关村有些公司出现了导购。一开始他们比较正规，服装比较统一，还算比较本分。在门口拉拉客户，给客户介绍产品、提供建议。到了 2007 年前后，导购的性质发生了变化，慢慢变成'灰导购'，他们故意贬低别人、抬高自己。2008 年金融危机以后，市场经营状况恶化，'灰导购'又变成了'黑导购'。他们不是以介绍产品为主，也不是以服务客户为目的，而是为了赚到更高的利润，对客户进行诱导，设下陷阱去榨取客户的钱款。"

导购工作性质的转变，正反映了中关村电子市场中商户们生存生态的恶化。由于并不直接参与电子产品的销售，导购位于商户组织结构中的最底层，但又是整个销售渠道中不可或缺的一部分。

展厅销售人员是中关村电子市场中最重要的群体，他们主要的工作就是向顾客提供购买建议，并销售电子产品，其中比较成功的销售人员被业内人士称为"刀手"。普通销售员的每笔交易利润在 30% 以内，而"刀手"却能将每笔交易的利润"做到"30% 以上。因此，"刀手"就成为"宰客"的别称。"刀手"这个群体往往具有这样的特点：他们销售经验丰富、善于抓住消费者的心理、能够不择手段地追求高利润等。由此可知，"刀手"其实也就成了中关村电子市场中"转型交易"的主要实施者。作为电子市场中的销售精英，"刀手"被认为是"为商家做利润的人"，因此比较成功的"刀手"往往会被提拔为店面经理。在商户的组织结构中，"刀手"这个群体处于核心的地位，当然他们也是受消费者指责最多的群体。

技术人员主要为消费者提供与电子产品相关的技术性咨询、服务与支持。这个群体相对精通电子产品知识，他们一般以"工程师"的权威身份参与到销售的过程中，因此他们往往在"转型交易"实施过程中扮演关键角色。

店面经理以及公司老板，实际上是整个交易过程的幕后组织者，当然他们有时也会在销售员和消费者讨价还价时直接走到前台，帮助销售员"扛着价格"，让消费者相信销售员的报价，从而获取更高的利润。

商户这种营利性组织运作的内部动力在哪里呢？推动这种营利性组织运作的是一种"压力型体制"[①]。大部分经营主体每天都从事着艰苦的商业活动：一般都是早上九点上班，晚上六七点下班，没有节假日。他们一般住在离中关村很远的廉价出租房内，早上在家随便吃点饭就要乘车赶来上班，中午简单吃份盒饭，晚上回到家已经七八点，还要解决晚饭问题。这种生活方式不仅使他们养成了勤俭节约、吃苦耐劳的阶层惯习，而且使他们非常珍惜在中关村的发展机会，利用各种经营手段来保证其在中关村的生存。为了在中关村生存，他们养成了这样一种阶层惯习，就是将为实现利润最大化而实施的诸如"转型交易"等欺诈交易视为正常的心理支持。"在中关村，不耍点手段很难生存"这样的言论已经被经营主体意识形态化了，成为许多经营主体的经营理念与阶层惯习，并转化到他们的经营活动之中。这种阶层惯习的目的就是获取利润，使自己在中关村得以生存与发展，以满足自己和家庭生存与发展的需要。经营主体的这些阶层惯习和对获取利润的追求，不断地渗透到他们的交易活动之中。

除了阶层惯习产生的主观压力之外，还存在着组织结构产生的客观压力。导购员、销售人员、技术人员和店面经理等工作人员与公司老板之间是一种被雇佣与雇佣的关系。这些角色之间相互配合，但各自又承担着与自身角色相应的职责。借助于信息的交流和沟通，这些角色之间形成了一

---

① 压力型体制是对中国地方政府运行状况的一种描述，表明中国各级政府是在各种压力的驱动下运行的，从上到下的政治行政命令是其中最核心的压力［杨雪冬．压力型体制：一个概念的简明史．社会科学，2012（11）：4-12.］。本书借用这个概念，旨在表明中关村的商户也是在压力的驱动下运营，商户面临着强大的外在竞争压力，商户内部成员也自上而下地承受着这种压力。

个相互协作的功能整体。也就是说，在生存压力之下，商户老板会对组织最为核心的目标——获取利润——进行量化并层层"分解"给组织内部的每一角色的承担者。L先生在中关村电子市场中工作了两年，是一位"刀手"。他给我们粗略地讲述了公司内部销售任务确定、分配的过程："简单地说，每个月要完成多少任务，是根据总公司的任务确定的。他们先定一个任务，如32万，公司下面有8个销售，任务会平摊到每个人头上。也就是32除以8，每个销售要完成4万块钱的利润。"

同时，为调动公司员工的积极性，商户老板根据每个角色实际完成的"业绩"，分别为他们制定了一套带有级差的薪酬标准，以此激励他们在实现商户老板利益的前提下提升自己的利益。在中关村电子市场工作近七年的销售经理DX，这样给我们解释销售员的薪酬标准："销售员基本靠提成生活，提成的方式是以完成利润额为标准的。如果完成纯利润8 000～10 000元可提成10%，完成10 000～15 000元可提成12%，完成15 000元以上可提15%。那些小公司的销售员，就没有保底工资，如果完成规定的利润，就直接按30%的比例提成。"

对于那些只负责给商户拉客人的导购员而言，由于他们没有直接从事产品的销售，因此他们的薪酬标准就会因公司规模不同而有所差别。一般而言，导购员有600～800元的底薪。拉来一个客户，如果完成交易，会有30～50元不等的提成；如果没有完成交易，就按每人每次5元的标准给付报酬。如果导购员没有底薪，他拉来顾客并完成交易，商户就直接支付给导购员100元。

从这里可以看出，商户老板借助科层组织，通过销售目标的层层分解、细化以及富有弹性的薪酬标准，将其个人的生存压力转化为整个商户组织内部成员的生存压力。为了完成"销售任务"，每一个员工的人力资本都被调动起来，他们被吸附和整合在这种"利益导向"型的组织体系之中。在生存压力之下，他们实现了"集体选择"：普遍地运用包括"转型"在内的坑、蒙、拐、骗等手段以最大限度地赢利。为了生存，他们中的所有人都不能有丝毫的怜悯之情，更不能手下留情；而为了生存，也就成为他们在精神上自我安慰和自我解脱的唯一理由。

在生存的压力之下,作为经济组织单位的商户,按照"科层制"的原则,在各种角色之间建立起了一种既分工明确又彼此合作的"利益导向"型组织体系。在组织内部,商户通过层层分解销售目标和设置弹性的薪酬标准,促使每一位工作人员都直面来自生存的"紧迫性",由此最大化地实现组织内部人力资源的动员,从而为"转型交易"的实施提供强大的利益驱动力,形成一种"压力型体制"。"转型交易"的流行,其实反映了作为"蚂蚁雄兵"的商户当下的生存境遇。

总之,随着中关村电子市场规模的不断扩大,竞争日趋加剧。残酷的竞争使中关村电子市场的利润被不断压低,价值几百上千元的电脑配件卖出去,只能赚到几十元甚至几元,给经营主体带来了生存的压力。因此,许多经营者认为:为了在中关村更好地生存,不采取点手段是不行的。这种不正当的手段主要体现为交易过程中的各种欺诈:利用产品的复杂性在价格上欺诈消费者,利用调包的方式欺诈消费者,利用假货欺骗消费者,等等。可以说这种欺诈的手段五花八门,并不断为中关村的其他经营主体所模仿,而后形成气候,逐渐衍化成一种市场的"潜规则"和标准化实践,化身为一种非正式制度,这种欺诈交易集中表现为"转型交易"。从发展历程来看,"转型交易"由偶然的交易行为引起,并在后续经营中被各经营主体模仿,最终形成一种较为稳定的交易模式。"转型交易"这一交易模式形成后,不断被强化为具有欺诈性的非正式制度,并形成了中关村的市场秩序——过度的竞争使市场处于一种饱和状态,利润的不断削减使市场主体面临生存的困境,生存的需求使这种非正式制度不断得到强化。

"转型交易"被制度化为一种潜规则之后,就对守信行为形成了一种逆向激励,产生了"劣币驱逐良币"的后果。市场中健康、有序的交易模式,其实就是一种社会公共产品,它是市场中所有商户集体行动的产物。[①] 在这

---

① 奥尔森. 集体行动的逻辑. 陈郁,郭宇峰,李崇新,译. 上海:上海三联书店,2006:70-74.

里，商户们面临着集体行动的困境，商户从诚实、守信的交易关系中获得的收益小于通过"转型交易"获得的收益，尤其是当获利压力越来越大时，商户们往往倾向于为了个体的和眼前的利益而牺牲集体的和长远的利益。

第二节　复杂信息的不对称利用

"转型交易"是一种主要在陌生人之间发生的欺诈性交易。如果销售人员仅有利益导向的生存压力，没有对信息的利用，"转型交易"也将很难成功实施。在中关村电子市场中，相对于消费者而言，销售人员对于相关电子产品重要信息的占有和认知都处于明显的优势地位。关键性信息的不对称与分化产生了"信息权力"，促使信息成为销售人员支配和影响消费者购买行为的一种权力。在"转型交易"中，对信息的利用主要是对信息的复杂性和不对称性的利用，其根源在于顾客对信息的陌生。这种陌生主要体现为人与物之间的陌生和人与人之间的陌生。

人与物之间的陌生主要是因为市场产品信息的复杂性，让顾客很难掌握产品的全部信息，市场经营者正是利用顾客对产品的陌生实施"转型交易"以获取较高利润的。中关村电子市场是国内首屈一指的 IT 市场，IT产品本身就具有复杂性，含有丰富的信息。作为权力来源的信息主要是以抽象数字、字母、专业用语等形式表征电子产品的配置、型号、功用和价格等属性的符号体系，它们往往建立在一定的专业知识基础之上。因此，这里的信息就是一种由各种象征性符号构成的专业知识体系。下面就以中关村电子市场中流通的一款笔记本电脑的符号体系（宏碁笔记本信息标识码）为例，来揭示其中所包含的知识内容：

Acer Aspire 4 7 52 G—243 2G 75 M n

在市场中，电脑所具有的丰富信息往往以一系列排列有序的象征性符号系统来标识。在上述信息标识码中，任何一组字符都是意义的载体。其中"Acer"代表品牌名称；"Aspire"表示该款产品属于影音娱乐的系列类型；"4"表示这款电脑的屏幕尺寸是 14 英寸；"7"表明这款电脑处理器的类型是奔腾处理器;"52"表明这款电脑是第 52 代产品(数字越大说明电脑越新);"G"表明这台电脑的处理器和显卡的组合方式为酷睿处理器加独立显卡;"243"说明它配置了最新的酷睿 i5-2430M 处理器;"2G"表示它的内存是 2GB;"75"表示它配备了 750GB 的硬盘;"M"说明该电脑配备了 DVD 刻录光驱;"n"表示该电脑配备了 5100AGN 无线网卡。

电子产品信息的复杂性在中关村表现得非常明显,不仅不同的产品种类繁多,而且同一种产品就有数目众多的品牌,不仅消费者无法掌握产品的所有信息,甚至连最精明的经营主体也不能对电子产品的所有信息进行罗列。我们在访谈的过程中,遇到中关村 e 世界的 WK,他刚到中关村一个月,主要经营 U 盘和摄像头。他告诉我们,由于产品的种类较多,他经常记混价格,到现在还记不住一些产品的价格,在销售的时候有时不得不拿出进货单查询一下再报价。

连经营者有时都记不住产品的价格,何况顾客呢。正因为如此,在他们的交易活动中,经营主体就可以利用产品的复杂性与信息的不对称来更好地推荐利润较高的产品,"转型交易"有时就会在交易的过程中出现。

当然,在交易的过程中,顾客也不是沉默的羔羊,任由经营主体宰割。由于社会的发展、网络等技术的发达,信息搜索的渠道与手段也变得多样化。尤其是网络交易平台产生以后,产品的价格更加透明。顾客在决定买某种 IT 产品时,一般都会通过网络查询价格,了解产品的特征。中关村电子市场中网络信息载体的普及和广泛运用,为广大普通消费者的购物选择提供了大量有效的信息,尤其是有关电子产品价格信息的公开和透明化,在一定程度上限制了商户的过度投机性经营行为,压缩了他们的获利空间。

在面临着经营困境的背景下,卖场的管理者和商户也会或主动或被动地利用网络推进电子产品相关信息的透明化。不可否认的是,中关村电子市场中卖场管理者和商户的信息传递造成了一个意外性后果:消费者对自己所选定产品的重要信息的认知度在很大程度上得到了提升,尤其是对相关产品价格方面的信息有了更为确切的掌握。也就是说,消费者在一个相对有限的范围内,占有和掌握的信息数量得到了增加。尽管如此,作为市场中电子产品信息的主要传递者，商户在信息的传递过程中拥有较大的选择性和主动性，即传递什么样的信息、怎样传递，完全取决于他们的利益需求。比如，如果按照网络报价去卖产品，经营主体往往很难有太多的利润，因为为了吸引眼球，许多经营者在网上有时会压低价格甚至报负价。就整体言，消费者（买方）与商户（卖方）之间占有信息的差距和不对称并没有从根本上改变。消费者对信息的选择既是相对的，也是非常有限的。

在顾客掌握网络报价的情况下，经营者如果按照网络的报价将产品卖给消费者，就会得到较低的利润，很难维持其在中关村电子市场中生存与发展。为了获取较高的利润，经营者往往实施"转型交易"，先告诉顾客其所选型号的莫须有的弊端，然后向顾客推荐消费者自身无法掌握的其他型号的产品。产品信息的复杂性和不对称性直接成为经营者实施"转型交易"的工具。另外，消费者与商户之间信息占有数量的不对称，仅仅是中关村电子市场中信息分化问题的一方面，比这更为重要的是双方对信息的认知能力、理解能力和运用能力的差异。这方面的差异对市场中买卖双方的交易关系更具有实质性的影响。以下是一个非常"曲折"的"转型交易"个案，其中有这样一个情节：

消费者拿出一些从网上下载的测试软件对自己选中的电脑进行检测，发现机器正常。这时，谷某（销售人员）不断用手接触电脑说："这温度是不是有些高？"她招呼来公司的专职工程师，用软件将CPU、硬盘等检测了一番。该工程师宣称这款奔腾T2080（1.73GHZ）处理器是双核的，所以它显示了两个温度值，而CPU真实运行温度值则要把两个温度值相加。这时机器在Vista系统下运行了约30分钟，播放着一首音乐，显示CPU的两个温度值分别是51、51，该工程师说CPU温度已达102度。另外，检测显示硬盘温度是58度，而且这几个温度值还在上升。最后，该工程师给出一个结论：测试中的这台惠普V3322TU只能连续运行半小时，且不能运行较大软件。若半小时后不关机，因CPU温度过高，这台机器轻则会死机或自动关机，重则会烧毁CPU或损坏硬盘等。

这个个案的基本背景是，消费者已经按照商户的要求先行交付购机款项，然后才对这款机器进行验机。本个案中的情节发生在消费者的验机过程中，主要围绕着笔记本的CPU和硬盘的温度信息展开。在该公司的工程师看来，由于该电脑的处理器是双核的，所以会显示两个温度值，而处理器总的温度则是这两个温度值的总和，也就是102度。在此基础上，该公司的工程师顺理成章地认定这台消费者已经付款购买的机器有质量问题。工程师和消费者在如何认知和应用有关CPU及温度的信息上存在着严重的不对等，从而给消费者人为地制造"问题"机器的假象，以诱导（其实是某种程度的"迫使"）消费者接受"转型"。

一般而言，消费者的购买行为包括五个阶段，即确认需要、信息搜索、评估选择、决定购买和购后行为。[①] 中关村电子市场"转型交易"的展开过程，其实就是商户成功运用信息权力对消费者的购买行为实施支配或影响的过程。因此，这种信息权力的支配作用或影响效力，集中表现为对消费者购买行为中的"购物决策""议价过程""退出交易"以及"呼吁权益"等方面的影响。下面将分别从这四个方面，详细论述商户信息权力的具体表现形式和作用方式。

第一，信息权力对消费者的购物决策具有支配或影响作用。消费者的购物决策就是根据自己的需求，确定购物的目标及其具体的内容，如商品的品牌、性能、配置、基本价位等具体信息的过程。消费者往往是带着已经形成了的购物决策去中关村电子市场购买产品的。但是，在电子产品的交易过程中，面对陌生而又十分庞杂的电子产品信息，消费者已经形成的购物决策能否实现往往充满了不确定性，而且随时都可能面临着变动和调整。当然，这其中主要的原因可以归结为商户信息权力的作用和影响。也就是说，在电子产品的交易过程中，商户中的销售人员（当然不限于销售，也包括其他人员）会想方设法去"扰乱"消费者已经形成的购物决策，并"引导"他们重新选择购物目标，即购买销售人员推荐的其他品牌的同类商

[①] 聂志红，崔建华. 站在消费者的立场审计营销：消费者行为学教程. 北京：经济科学出版社，2005：336.

品。这里我们以一名网友在中关村电子市场的购物经历为案例，来分析商户引导消费者改变购物目标的方法和过程：

> 我刚从中关村 e 世界一家专卖店出来，一个胖乎乎的小伙子兴冲冲地把我拉到他们店里。于是开始了一场欺骗的剧情。销售拿了一台（我想要的）索尼 A330 相机给我看，让我拍了不少照片，然后给我讲解照片哪里不错，哪里不好；接着又拿了一台富士 S205EXR 的机器让我看，告诉我怎么拍照，怎么防抖，并且拍了不少照片给我对比。说实在的，A330 拍的照片确实不如 S205EXR 的清晰，前者色彩偏黄，后者色彩更加亮丽一点。我有点心动了。当他告诉我富士的价格要 4 200 多元时，我坚决地转回 A330，因为我的预算也就 4 000 元，要不然可能就要上当了。回到家里，我上网查了下富士的那款机器，根本不是单反，只是一款长焦家用相机，网上报价 2 600 元左右，就算是 3 000 元，也不需要 4 200 元吧。①

在这个个案里，导购人员往往以"技术专家"的身份自居，通过非常专业的知识、真诚的态度，"制造"出帮助消费者的表象，从而将他们的真实动机深深地隐藏起来。其实，销售人员之所以要如此大费周折，无非是想"扰乱"消费者已有的购物决策，从而将消费者引领到一个陌生的信息背景下，使之在信息不对称的情况下做出"非理性的"购物决策。销售人员的信息权力主要表现为，通过充分的专业性证据"说服"消费者，以达到"操纵"其决策和选择的目的。

第二，信息权力的支配或影响作用也表现在交易双方的议价过程上。在中关村电子市场中，所有电子商品的价格都是开放的，由此促使买卖双方以议价的方式进行交易。在以议价的方式完成的交易之中，出现了大量的价格欺诈行为，这也成为"转型交易"的一个重要特征。以 2008 年为例，中关村 e 世界数码广场共处理消费者投诉多达 1 200 件，鼎好电子城约

---

① 根据网友 Sac Shi 叙述的购物经历整理而成。

有 2 000 件，海龙电子城平均每天接到的投诉量约为 20 件。在消费者的这些投诉中，约有 70%属于价格欺诈。① 信息的分化和买卖双方议价能力的差异，客观上促使占有信息优势的商户在成功实施"转型"之后的议价过程中，能够轻易地实现价格欺诈的目标。

一般而言，消费者去中关村电子市场购买电子产品之前，都会借助于网络平台查询购物目标的相关信息，这其中就包含购物目标的价格。这是一种"媒体价"，它是一种公开的、透明的、具有干扰性的价格信息，往往远低于市场中该产品的真实售价。尽管如此，它却是消费者形成相关购物目标价格预期的参照点。然而，对于商户而言，"媒体价"纯粹是一种吸引消费者眼球的营销策略，因此任何商家都是不会以"媒体价"进行交易的。也就是说，这种公开、透明的"媒体价"仅仅是中关村电子市场中商户们释放的"烟雾弹"。

通过上面的分析，我们可以发现，公开的"媒体价"其实是无法达成交易的，而真正的议价过程主要发生在"转型"之后的交易过程中。由于"转型"的基本过程就是商户将消费者相对熟悉的产品转换为消费者比较陌生的产品，在此过程中，相对透明和固定的"媒体价"也就被模糊和不确定的"议价过程"取代。在"转型"之后的议价过程中，面对相对陌生的品牌、型号、配置等信息，信息分化与信息不对称的效应显现出来了，消费者已经形成的价格参照点也失去了可比性，这在很大程度上弱化了消费者的议价能力。对于商户而言，他们却成功"建构"起一种基于信息分化的权力，进而可以重新支配议价的过程。在北京市海淀区工商分局 2011 年公布的"十大高投诉行业及地区"名单中，中关村电子市场因"价格忽悠"和失信等问题名列黑榜头名。②

第三，信息权力对消费者"退出交易"的权利产生约束与限制。在市场买卖交易关系中，当消费者对即将交易产品的质量或价格不满意时，会

---

① 王沛霖. 卖场忽悠症去根？——中关村价格指数网谋求价格话语权. 中国计算机报，2009-04-06.
② 朱烁. 中关村电子卖场投诉黑榜排头名. 北京晨报，2011-06-17.

临时选择中止双方的交易关系,这就是消费者的退出行为。在赫希曼看来,"退出"就是"某些消费者不再购买企业产品或某些会员退出组织的选择行为"①。当消费者对企业的产品不尽满意时,就会以改换"门庭"的方式,购买另一家的产品,这是消费者利用市场来维护自身福利或改善自己势位的一种经济性手段。②

然而,消费者用来"维护自身福利或改善自己势位"的退出选择,在中关村电子市场的交易中总是难以实现。不仅如此,当消费者试图做出退出行为时,总是发现自己已经被商家紧紧地"锁住",只能选择"被迫"继续完成交易,否则将可能面临更大的损失或遭遇更大的风险。也就是说,在中关村电子市场中,消费者无法退出或退出成本过高是他们普遍性的遭遇。SHB 是北京某高校一年级的学生,曾经在中关村海龙电子城某电脑专卖店以 7 000 元的高价购买了一台市场价仅为 4 800 元的康柏 V3742AU 型号的笔记本电脑,她的经历可以告诉我们消费者无法"退出交易"的症结之所在:

> 去海龙电子城之前,我想好的型号是惠普 DV2621。在导购的带领下,来到九楼一家电脑专卖店。我想一次买性能好点的,销售经理向我推荐同一品牌配置稍好些的 2330 机子,价格 7 000 元,于是就同意了。敲定价格之后,我要求验货,商家要求必须先交钱才能去仓库提货,我只好妥协,先付款 6 920 元。过了很长一段时间,销售员拿来一台像是包装箱开过的机器,然后技术员开始装系统,但机子不停地自动关机,根本运行不起来。我很疑惑,惠普公司怎么会出一台根本跑不起来的机器?我要求退货,七天内包退。经理不同意,说不是硬件问题不退,并给出两个选择:要么换同款机器,要么给推荐另外的机子。面对强硬的商家,我别无选择,如果换同款机子出现同样的毛病怎么办?销售经理适时地"建议"换康柏 V3742AU 的机器。我询问

---

① 赫希曼. 退出、呼吁与忠诚——对企业、组织和国家衰退的回应. 卢昌崇,译. 北京:经济科学出版社,2001:4.

② 同①16.

配置，他含糊其词地说是 ATM 双核 64 位，又问他是速龙的还是炫龙的，他避而不答，只是强调是 64 位。在再次补上 50 元后，他们拿来机子，但与我想象的差距很大。我要求退机、退款，销售经理直接否定："这次机器没有问题了吧，不准退！"

在整个交易过程中，SHB 先后两次要求"退货"和"退款"，也就是本书所说的"退出交易"，但都没有成功。究其原因，主要在于消费者被中关村电子市场中商户普遍实施的"先交钱，后验货"的交易方式"锁住"。也就是说，当消费者先行付完购机款之后，他在交易关系中便失去了主动性和选择权，不得不按照销售人员精心设计的程序完成接下来的交易过程。在验机的环节中，当消费者有意或无意打开电脑的包装时，他其实又被商家进一步地"套牢"，这将成为商家"堂而皇之"拒绝消费者退货的理由，即"包装不完整的机子是卖不出的"。

在这个过程中，销售人员所拥有的信息再次发挥了支配性的作用，这主要是一种"内部信息"。显然，对于初次在中关村电子市场中购物的消费者而言，他们根本不知晓诸如"先交钱，后验货""开启电脑包装后就必须买"等"行规"对于交易关系的双方具有怎样的影响，更不会想到将会给自己购物的自主选择权带来什么样的影响。然而，这些消费者并不知晓的"内部信息"，却是经营者用以阻止或限制消费者"退出交易"选择的一种权力。

第四，信息权力制约着消费者"呼吁权益"的效果。一般而言，商户以"转型交易"的方式对消费者实施的价格欺诈行为，往往是在双方交易完成之后才被消费者察觉。消费者通过网络媒介查询电子产品的价格信息时，会发现商家实施了价格欺诈，其幅度在 1 000～5 000 元之间，由此直接引发消费者的"呼吁"行为。一般而言，"呼吁"就是指"当企业的产品或组织的服务难以令人满意时，任何不是以逃逸的方式企图改变这种状况的种种尝试或努力"[1]。

---

[1] 赫希曼. 退出、呼吁与忠诚——对企业、组织和国家衰退的回应. 卢昌崇，译. 北京：经济科学出版社，2001：32-33.

这里还以前文 SHB 的经历为例,当她得知自己以 7 000 元买了一台市场售价为 4 800 元的康柏 V3742AU 机器后,她花费了大量精力分别向商家、卖场管理部门、政府相关职能部门以及利用网络媒体进行"呼吁",试图动员他们给商户施压,以挽回自己的经济损失和维护自身的合法权益。但事实上,效果并不理想:

> 我再次找上门,给他们讲理。他们说这是一种正常的销售方法。最后(他们)不耐烦地动起了手,挥舞着油漆刷赶我走,还喊着:"打你怎么了,打你怎么了。去告啊,去告啊,不怕你。"后来,我打电话给消协,他们听完后说有一定的欺诈,并让我找物价局,但后者电话始终打不通。我又去找工商局,他们说证据不足,最好是找海龙负责人。当找海龙市场管理部门时,他们又让我们协商。商家始终不同意退货,只答应退还 320 元现金和(赠送)一套卡巴斯基杀毒软件。我(刚开始)不同意,但最终只好无奈地接受。我是学生,如此无能为力。

其实,在中关村电子市场中,大多数消费者当得知被商户"转型"而遭受价格欺诈后,都会像 SHB 一样选择多渠道进行"呼吁",还有少部分消费者甚至会与商户对簿公堂。不管消费者采用什么样的手段,"呼吁"的最终结果都与 SHB 的经历具有明显的相似性。这里也存在本书所说的信息分化和不对称问题。在商户的信息权力支配下,消费者的"呼吁"往往都会因为缺乏关键性的证据信息,最终难以得到消协和政府相关职能部门的回应和有力支持。

在交易的过程中,不仅顾客对产品的陌生容易导致"转型交易"的产生,而且顾客与经营者之间的陌生也会如此。面对陌生的顾客,经营者往往会根据顾客的信息决定是否实施"转型交易",而"转型交易"也大多发生于陌生人之间。

相对于顾客对经营者有限的了解而言,经营者非常善于摸清顾客的信息,同时通过伪装善意、专业等形象来对顾客掩盖自己的真实信息。当顾客到中关村电子市场购物时，经营主体在和顾客交谈几句后，就能迅速判断出顾客的信息：他是外地人，还是本地人？他的职业身份是学生，还是在职人员？他是为公家买东西，还是为私人买东西？他在对产品的了解上是一个专家，还是一个门外汉？有了大致判断以后，在交易过程中，经营主体就会采取适当的交易手段，以达到利润最大化的目的。

对以上这些顾客的基本信息，展厅经营的各个参与者都能非常娴熟地加以利用，为完成整个交易做铺垫。对导购来说，准确判断顾客的信息是拉到顾客的重要一步，他们常常在电子城门口同每一个经过的人搭讪，寻求所有潜在的顾客。我们在调查时，就曾多次受到导购的纠缠。导购的存在，大大增加了展厅的顾客数量。导购对顾客信息的准确把握，为展厅施行"转型交易"做了重要的铺垫，直接促进了"转型交易"的普遍流行与展厅高额利润的获取。展厅销售人员是展厅交易的生力军，他们不仅要接待由导购带来的顾客，还要接待自行进入展厅的顾客，直接开展展厅的日常交易行为。在交易的过程中，对顾客信息的判断是展厅销售人员进行交易模式选择的重要依据：当顾客是企业单位或国家机关时，展厅销售人员往往会在展厅管理者或者公司管理层的授意下，真诚对待顾客；如果顾客是由导购引过来的，而且是以个人名义来购买产品的话，销售人员有时会和导购一起向顾客实施"转型交易"，有时会单独向顾客实施"转型交易"。

通过把握顾客的基本信息，柜台经营者也会选择适合情境的交易模式，以使交易很好地完成。如果顾客是北京一所高校的学生，柜台经营者一般不会欺骗他们，因为学生不仅是中关村电子市场非常重要的顾客群体，而且是重要的回头客——一旦他觉得在这里购物很满意，下次他可能还会来此购物，并能帮柜台经营者带来其他潜在的顾客；如果他觉得上当受骗，柜台不仅会失去潜在的顾客群，而且可能出现在某个高校校园网 BBS 论坛的黑名单上，这就会对柜台造成很大的影响。如果购买者不是学生，而是家庭用户，个别柜台经营者就可能实施"转型"而获取高利了。如果顾客是来北京旅游的外地人，一些柜台经营者就开始花心思实施"转型"了，因为外地人买了东西就会离开北京，上当受骗了也很少能回来闹事。如果顾客对产品的信息了解甚少或一无所知，柜台经营者一般就会推荐那些利润较为丰厚的产品，有时会实施带有欺诈特征的"转型交易"；如果顾客对产品信息非常了解，而且对替代性产品也很了解，"转型"的难度较大，柜台经营者一般就会诚信对待顾客，以获取顾客的信任，尽量使顾客成为回头客。

面向陌生人的"转型交易"的产生，离不开对信息的利用。从经营者的角度来说，他们主要利用产品信息的多元性以及顾客自身的信息等工具成功完成"转型交易"；从顾客的角度来说，"转型交易"之所以成功实施，离不开顾客的两种陌生，第一种陌生是由于产品的复杂性，顾客对物的陌生，第二种陌生是顾客对经营者的陌生，即顾客对人的陌生。总之，在"转型交易"的实施过程中，信息充当着工具的角色，确保整个欺诈交易的顺利进行和广泛流行。

第三节　转向陌生关系的道德缺失

论及市场经济的道德问题时，人们通常认为，从理性化、契约化为特征的市场经济有其道德基础，并且市场越发达，人们的道德观念越明确。然而，中关村电子市场却呈现了另一种状态：在陌生人之间的交易过程中，经营主体不能诚信地对待顾客，常常用欺诈的手段对顾客实施"转型交易"。实质上，"转型交易"是一种欺诈性交易，也是一种违反了道德原则的交易行为，它的产生有其深刻的道德根源。更明确地说，在转向市场经济的过程中，建立于普遍原则之上的道德观念或道德原则并没有形成，已经进入超越了特殊范围的市场的经营者们，还在用特殊主义的道德原则支配自己的行为，他们不知道更不会自觉地用普遍主义的道德原则去对待具有普遍性的陌生交易关系，因而不可避免地发生了道德缺失。

迪尔凯姆曾经论述到，交换价值无论是高于真实价格还是低于真实价格，这种交换都是不公平的；无论是买方遭受损失还是卖方遭受损失，这种损失都是一种不应有的损失,都会伤害我们的同情感。① 这种同情感实际上就是一种道德原则。在转型交易中,经营者以高价将产品卖给顾客,使顾客遭受不应有的损失,不仅违背了公平交易的原则,而且丧失了道德同情心,违背了基本的道德原则。迪尔凯姆认为,整个道德生活是通过两大趋势发生转变的:一是上述所说的同情感倾向,二是遵从感倾向。同情感倾向来自社会生活,遵从感倾向来自宗教信仰。这两种以成千上万种方式结合起来的道德根源,实际上体现的是一种社会的普遍性原则,是社会整体性联系的表现。

韦伯主要从宗教因素出发,寻求其对经济运行的道德影响,并以此回答资本主义的起源问题。韦伯认为,资本主义的产生不是历史的偶然事件,而是经历了长期的酝酿过程。在这个过程中,文化的因素尤为重要。在诸多文化因素中,韦伯强调宗教价值的作用,认为传统的宗教价值会对一个社会的制度产生持续的影响。② 资本主义的产生与新教的宗教价值有很大的关联,这是因为,在韦伯看来,信奉新教的教徒们,无论是作为支配者阶层还是作为被支配者阶层,也无论是作为多数者还是作为少数者,都展现出一种理性主义的追求③,而理性主义则是一种更明确的普遍主义。

韦伯认为,新教伦理与资本主义精神要战胜传统观念和作风,离不开长期的宗教教育过程;在这个过程中,韦伯非常强调将劳动视作绝对的目的本身即"天职"(beruf)的重要性。他认为:"以劳动为目的本身,以及符合资本主义所要求的以劳动为'天职'的观念,在它们身上可以找到最有利的土壤,而通过宗教教育的结果,战胜传统主义因袭章程的机会也最大。"④ 这种视劳动为目的的"天职观"以及面向"此世"的价值取向,恰恰是淡化个体或个别群体特殊性的普遍主义教化。

---

① 涂尔干(迪尔凯姆). 职业伦理与公民道德. 渠东, 付德根, 译. 上海: 上海人民出版社, 2006: 168.
② INGLEHART R, BAKER W E. Modernization, cultural change, and the persistence of traditional values. American sociological review, 2000, 65 (1): 19-51.
③ 韦伯. 新教伦理与资本主义精神. 康乐, 简惠美, 译. 桂林: 广西师范大学出版社, 2007: 14.
④ 同③38.

韦伯还从深层的道德原则方面阐述了资本主义精神的发展历程。他认为："因此，将'资本主义精神'的发展看作是理性主义整体发展的部分现象，似乎是最好理解的，而且此种精神应该是从理性主义对于终极人生问题的原则态度衍生出来的。"[1] 在这里，韦伯认为，资本主义精神是从理性主义对道德的态度衍生而来的，由此可见，道德原则在资本主义精神的产生过程中发挥着重要的作用，理性主义对道德的态度直接催生了资本主义精神的产生。

韦伯从宗教的因素出发，论述了新教伦理与资本主义精神之间具有亲和性，是现代资本主义兴起的重要原因。为此，韦伯将他的研究拓展到了东方社会，认为在中国、印度等国之所以没有产生资本主义，是因为缺少新教伦理这种具有普遍主义特点的宗教因素。他论述道："在中国、印度、巴比伦，在古代与中世纪，都曾有过'资本主义'。然而，如我们将看到的，它们全都欠缺那种独特的风格。"[2] 韦伯认为，诸如儒教、道教等东方宗教缺少资本主义得以产生的建立在一般性原则基础上的宗教观念和道德原则。

鲍曼认为，现代市场经济和普遍主义的道德不是相互对立的，而是相互联系的，市场经济的某些特征是培养普遍主义道德的基本条件："事实上，恰恰是被共同体神话所唾弃的诸如陌生感、流动性和动态等现代市场经济社会的特征是培养具有普遍主义意义的道德的必不可少的前提。"[3] 在现代市场经济社会中，陌生感、流动性和动态变化将使社会中的稳固联系减少，市场交易伙伴也在不断发生变化，市场交易频繁发生于匿名性的大型社会中，这样，人们在寻找交易伙伴时才不会寻找那些只对特定人群遵循道德的人。人们将寻找那些采取普遍道德立场，其道德兼顾其行为涉及的所有人的利益，而非特定类型的群体利益的人。[4] 由此可见，匿名性的大

---

[1] 韦伯. 新教伦理与资本主义精神. 康乐，简惠美，译. 桂林：广西师范大学出版社，2007：50.
[2] 同[1]28.
[3] 鲍曼. 道德的市场. 肖君，黄承业，译. 北京：中国社会科学出版社，2003：600.
[4] 同[3]601.

型社会是市场经济运行的基础,是道德市场运行的重要条件。

这种针对所有人利益而非特殊群体利益的普遍主义道德原则在当前的中国却处于缺席或半缺席状态,因为这种现代的市场道德规则在中国并没有形成,注重特殊关系的传统价值观念仍然在发挥重要作用。陌生人之间的"转型交易"正是由于缺乏普遍主义的市场道德基础,才在中关村电子市场不断上演。

传统的儒家伦理在多数情况下建构出的是一种"差序格局"的社会,熟悉社会、圈子社会的运作逻辑和道德规则使人们之间很难依据普遍主义原则进行互动,市场交易也是如此。面对熟人,经营者可以用熟悉社会的道德规则指导其交易行为,在交易中重诚守信,整个交易也在双方都感到满意的情况下完成。然而,当面对陌生人时,熟悉社会的道德原则不再能很好地指导交易行为,"差序格局"的思维使经营者很难像对待熟人那样对待陌生人,这种特殊主义价值取向在交易中尽显无遗,为追求利润不择手段的投机性交易在这时就会出现。投机性交易类别较多且表现各异,在中关村电子市场,由于地方性特征,它主要表现为"转型交易"。

植根于中国土壤的市场经济,势必受到中国传统道德的影响,尤其是在适合其运行的现代化的普遍主义道德原则没有形成的时候。普遍化的道德市场的建立,不仅要形成自身运行的条件和规则,还要与社会中的传统道德原则进行复杂的博弈,这将是一个长期的过程。

除了在熟悉社会中形成的道德规范难以在陌生关系中发挥作用外,普遍主义原则也处在缺席与半缺席状态。这是因为中国社会是一个以伦理为本位的社会,每一个社会成员都通过彼此的社会义务关系网络"连锁"在一起,并促使"伦理经济"形成。[1] 在梁漱溟看来,"以伦理为本的实质是关系本位,它始于家庭,而不止于家庭"[2]。对此,费孝通则指出,这种"伦理重在分别",它是一种以"己"为中心而形成的"有差等的次序"[3],

---

[1] 梁漱溟. 中国文化要义. 上海:上海人民出版社,2005:70-74.
[2] 同[1]84.
[3] 费孝通. 乡土中国. 上海:上海人民出版社,2007:23-29.

由此形成了与"差序格局"的社会结构相一致的追求"特殊性原则"的社会规范。① 在"差序格局"的社会中，不存在"一个超乎私人关系的道德观念"，而且"一切普遍的标准并不发生作用"②。正如前文所述，当代的中国仍然具有"乡土中国"的社会特质，因此，"在我们的社会中还不存在那种理性的、超越个人联系的普遍原则"③。

尽管自 1949 年以来尤其是改革开放后，中国社会经历了深刻的社会转型或者说"巨变"，但由于"乡土中国"的社会特质及其行事准则是在漫长的历史积淀中形成的，并早已内化为中国人的一种行为"惯习"，它们仍然在社会生活之中发挥着约束作用。因此，中关村电子市场的交易行为也会受到这些道德、惯例等特殊主义社会规范的制约。

由于缺失普遍主义的社会规范的约束，而熟悉社会中的道德原则又难以为陌生人之间的诚信交易提供支持，因此商户极其容易在利益最大化原则的驱使下实施欺骗性比较强的"转型交易"。在芦淞服装批发市场，在陌生关系中开展的交易行为也存在道德缺位：传统的道德规则无法发挥作用，而又没有一种新的道德规范来指引他们的行为，从而当在陌生关系中开展交易时，形成了一层道德真空。随着芦淞服装批发市场规模的扩大，经营者要面对越来越多的陌生顾客，在陌生关系中开展交易的情形会越来越多。但是在陌生关系中开展交易的普遍道德原则还没有形成，处于缺席状态，不能很好地指导经营者的交易行为，因此经营者常常会采取投机性交易方式来实现自己的利益。而这种普遍道德原则的缺席正是陌生关系中交易行为道德缺位的集中表现，也是市场中出现投机性交易，形成陌生关系中市场交易的不稳定性的道德根源。④

虽然中国社会已经开始从传统社会向现代社会转型，以自然经济为基础的熟悉社会正在遭遇以市场经济为基础的陌生社会的冲击，但是，市场

---

① 汪丁丁. 市场经济与道德基础. 上海：上海人民出版社，2007：47.
② 费孝通. 乡土中国. 上海：上海人民出版社，2007：35.
③ 同①46-47.
④ 张冉. 熟悉关系与陌生关系中的交易行为研究——以湖南 LS 市场为例. 北京：中国人民大学，2012.

经营者的道德观念并没有随之发生根本性的变化。大多数市场经营者仍然以在熟悉社会中形成的道德原则支配自己的市场行为，而当他们面对陌生社会时，不仅把熟悉社会的道德原则搁置一边，而且不知道在陌生社会中应当坚守何种道德原则。这一点或许是中国市场经济道德基础缺失的症结所在。[①]

第四节　市场、政府和社会的权利

市场秩序是市场、政府和社会三种力量相互作用的结果，三者之间存在的复杂关系是"转型交易"得以存在和延续的基础。市场的权利主要是经营者自身的权利；政府的权利主要包括卖场管理者或所有者的权利、相关政府部门的权利；社会的权利主要体现为消费者的权利。经营者与消费者的权利之争较为明显，当他们出现争端时，卖场管理者或所有者本应以公正的裁定者的身份调节二者的争端，但他们往往会站在经营者的立场处理这一问题。由于"证据不足"等问题，工商局等政府相关部门在处理经营者与顾客的纠纷时显得无能为力。

一般而言，在中关村电子市场中展开的交易关系主要涉及四个主体，即政府及其相关行政职能部门、电子卖场管理者、商户和消费者。在这四个主体中，电子卖场管理者、商户和消费者都具有各自明确的利益倾向。其中，电子卖场管理者通过出租商铺获取租金和物业管理费，商户通过出售电子产品赚取利润，消费者购买物美价廉的电子产品。这三种独特的利益形式，既相互依赖又彼此对立，这就需要政府介入，对三种利益进行协调。

买方和卖方之间的关系是最基本的市场关系。商户与消费者作为参与交换的双方，会产生利益冲突。中关村电子市场作为全国规模最大的电子

[①] 刘少杰. 陌生关系熟悉化的市场意义——关于培育市场交易秩序的本土化探索. 天津社会科学，2010，4（4）：43-47.

市场，无论是电子产品的丰富程度和更新速度，还是消费者的选择范围和产品的性价比，一直以来都具有较为明显的优势，由此吸引着来自全国各地的消费者。电子产品价格透明化程度的提升，相对缩小了消费者与商户之间的"信息鸿沟"，进而在一定程度上增强了消费者的"议价"能力，不过，商户和消费者之间的信息不对称仍然存在。因此，商户与消费者之间的冲突主要围绕着对电子产品价格的博弈而展开。由于消费者在前往中关村电子市场购买电子产品之前，已经确定了购物目标，并对其性价比进行了充分了解，因此，商户很难对消费者直接实施价格欺诈行为。在交易的过程中，商户会千方百计地诱导消费者购买其不熟悉的产品，试图通过"转型"的方式获取高额利润，从而侵害了消费者的合法利益。

消费者在"信息不对称"的条件下处于明显的弱势地位，当消费者与商户之间的利益冲突达到一定程度时，就需要中立的第三方出面解决。政府及其相关行政职能部门应以相对中立的立场，寻求电子产品交易市场的公共利益的实现，即在保障卖场管理者或所有者、商户和消费者互利的前提下，保障他们追求各自独特的合法利益。弗雷格斯坦提出，市场本身是一种"作为政治的市场"[1]，国家在建构市场制度时发挥了重要的作用。国家的定位直接决定了中关村的发展方向，"中关村的问题首先是政府对中关村如何定位。从这几年执行的举措来看，政府在到底是追求'中国硅谷'还是以IT产品制造和销售为主之间来回摇摆"，有"中关村村长"之称的段永基如此评价政府在中关村的作用。[2] 最终，政府还是选择了以IT产品制造和销售为主来发展中关村，中关村电子市场在这一政策导向下逐渐发展壮大。

电子市场的经营主体不仅要遵守每个电子城的具体规定，还要遵守国家的法律法规与政策规定。顾客也能感到政府对整个交易过程的影响，尤其是当顾客遭受"转型"、去市场部投诉或者用法律的手段维护自己的利益

---

[1] FLIGSTEIN N. Markets as politics: a political-cultural approach to market institutions. American sociological review, 1996, 61 (4): 656-673.

[2] 方兴东，蒋胜蓝. 中关村失落. 北京：中国海关出版社, 2004: 129.

时。在"转型交易"的过程中,当较大的纠纷发生时,政府的权力会直接介入:"物业人员经常来维持秩序。但现在还有顾客与店面之间的纠纷,店与店之间也会因争顾客而发生纠纷。主要这里是批发市场,不是商厦,只能7天包退换,有的顾客买东西,出现问题后,超过7天也想退,由此产生纠纷。平时主要的解决方式,首先是讲道理,不行再找市场部,有的甚至打110。"① "当发生纠纷时,该怎么解决就怎么解决。我们也看到别人发生打架事件,打110来解决。在海龙曾经发生过电脑调包事件,有时找市场部解决问题。"② 通过拨打110电话的方式,政府的正式权力直接介入交易过程。

一般而言,政府对中关村电子市场的管理是按照两个系统进行的:(1)从中央到地方各级政府中的相关行政管理部门进行的"分头"管理。具体而言,海淀区政府中的物价局,直接负责对中关村电子市场交易价格进行监督、检查;工商行政管理部门,负责中关村电子市场经营主体的准入、退出,并监督市场经营主体的日常经营行为等。(2)国家相关部委对中关村电子市场进行的"业务指导"。国家工业和信息化部虽然与中关村电子市场没有行政隶属关系,但是中关村电子市场经营的电子产品类型在工信部业务指导的范围之内。相对而言,来自工信部的"业务指导"主要是从宏观层面对电子产业的一种规范和引导,如由原国家信息产业部门推动和实施的我国电子信息产品交易市场的资质评定。除了这种正式的管理体制之外,在中国电子商会和中关村电子产品贸易商会的主导下,由电子卖场负责实施的行业自律性规范,构成了对中关村电子市场正式管理体制的一种重要补充。这种由行业协会制定的,通过电子卖场的管理部门实施的有关电子零售产业的行业规范,往往成为电子卖场管理方进行市场管理和物业管理的一个重要依据。

法律是政府对市场开展调控的基本手段。市场经济是一种法制经济,

---

① 根据中关村e世界WL的访谈记录整理而成。
② 根据中关村e世界四层AQ夫妇的访谈记录整理而成。

因此市场交易一定是在特定的法律制度规制之下展开的经济行为。自1992年召开的中共十四大正式确立发展社会主义市场经济的目标起，建立和发展社会主义市场经济就成为中国政府"努力实现十个方面关系全局的主要任务"[①]之一。在此背景下，从中央到地方各级政府紧锣密鼓地开始推进我国市场经济的法制化建设，一大批直接关系到市场交易秩序、消费者合法权益保护的法律、法规相继制定并颁布实施，如1994年开始实施的《中华人民共和国消费者权益保护法》（下文简称《消费者权益保护法》）和1998年开始实施的《中华人民共和国价格法》（下文简称《价格法》），都是国家市场经济秩序法律制度的重要组成部分。这种由国家制定并表现为法律关系的制度，旨在调整或规范人们的市场交易行为的权利和义务的关系，它以国家的强制力作为实施的保障。在新制度主义社会学中，这种法律关系的制度形式，是一种正式的具有规制性的规则（制度），它的突出特征就是特别强调明确的、外在的各种规制过程，即通过设定规制、监督他人遵守规则和实施奖惩活动，以试图影响他人的行为。[②] 一般而言，作为法律关系的制度所具有的上述特征，主要通过法律关系的主体、法律关系的客体以及法律关系的内容三个层面的要素体现出来。

《消费者权益保护法》明确确立了自愿、平等、公平、诚实信用的交易原则，并规定了消费者在交易中享有的一系列权利，如知悉购买商品真实信息的权利、自主选择的权利、公平交易的权利以及维护自身合法权利的权利等；同时，也确立了经营者必须履行的一系列义务，如经营者应当向消费者提供相关商品真实信息、不得做引人误解的虚假宣传等。这些法律规制的执行和监督机构主要是包括工商行政管理部门在内的相关行政部门、司法部门（如人民法院）、消费者协会以及其他消费者组织等。《价格法》对经营者的"不当价格行为"也进行了清楚的界定，其中就包括利用虚假

[①] 江泽民．加快改革开放和现代化建设步伐 夺取有中国特色社会主义事业的更大胜利：在中国共产党第十四次全国代表大会上的报告．北京：人民出版社，1992．

[②] 斯科特．制度与组织——思想观念与物质利益．3版．姚伟，王黎芳，译．北京：中国人民大学出版社，2010：60．

的或令人误解的价格手段诱骗消费者进行交易。同时，该法也明确指出经营者对"不当价格行为"应当承担的法律责任。各级政府中的价格主管部门是《价格法》的主要执行机构。

但是，政府的权力因为两个原因而难以发挥对中关村电子市场交易行为的有效约束：一是法律手段的"形式理性"产生的"证据不足"问题，二是政府的正式权力在实践中的"缺场"及其对卖场管理者的依赖。

由市场相关行政部门负责实施的法律制度，往往以具备技术治理原则所需要的前提条件作为开展行政执法的依据，其中程序和规则的"形式理性"具有相对优先性。学术界将这种按照科层制的原则建立起来的管理模式，称为我国政府行为从"经营"性行为向法制化、规范化、技术化和标准化的技术治理行为转变的结果。[1] 在技术治理之下，政府通过法律制度对市场交易行为的管理往往遵循着马克斯·韦伯所说的科层制原则，即行政机构强调技术化和形式化规制的约束，并且严格遵循按照程序办事的规范，同时将行政效率和程序公正作为行政的基本准则。[2][3]

当技术、规范、标准已经成为政府执法行为必须遵循的准则时，来自政府内部从上而下的绩效考核机制以及行政问责的压力，将进一步推动政府的行政管理部门将遵循行政行为的程序要求视为一种"形式理性"，由此极易导致行政不作为。工商管理部门和物价部门经常接到消费者投诉，称中关村电子市场的商家以"转型"的方式实施价格欺诈，但是真正被工商管理部门和物价部门受理的投诉微乎其微。

拥有市场管理职权的物价管理部门接到消费者投诉商家实施价格欺诈后，物价管理部门如果要按照《价格法》的规定对被投诉商家进行处罚，必须满足一系列前提性条件，即事实清楚、理由充分、证据确凿等，否则都不足以引发制度的实施。在前述 SHB 的案例中，虽然商家以高于市场售

---

[1] 渠敬东,周飞舟,应星. 从总体支配到技术治理——基于中国 30 年改革经验的社会学分析. 中国社会科学,2009（6）:104-127.
[2] 韦伯. 支配社会学. 康乐,等译. 台北:远流出版事业股份有限公司,1993.
[3] 同[1].

价2 000多元的价格将电子产品出售给她，但这是否足以认定商家的经营行为违法，SHB遭遇价格诈骗？这一切都需要依据法律文本的规定才能得出结论。以《价格法》为例，电子产品的价格遵循市场调节价，也就是由消费者与销售人员自主议价达成交易，显然消费者SHB的交易行为就属于这种情况，因此法律制度不会支持SHB投诉商户有违法经营的事实。在销售过程中，商家尽管存在着以"虚假宣传"的方式欺骗消费者的现象，但是这种事实又是难以"认定"的，这样，市场的相关行政执法部门往往就不会选择正面地积极回应消费者的投诉了。

在"分头"管理的行政体制之下，这种做法往往又会被进一步强化。在中关村电子市场中，当消费者遭受"转型交易"造成的经济、精神等方面的损害时，他们所能提供的往往是一种"总体性的事实"，即商户将低价位的电子产品以高价格出售给他们。与此相对应的是，那些"分化"的、比较具体的"专业"性事实，在"议价"交易（市场调节价）的"形式合理性"的掩盖之下，却极其模糊和不确定。但是，这些"分化"的具体事实又是相关行政管理部门实施法律制度所必需的。因此，当遭受损失的消费者向市场部门进行"呼吁"时，他们往往因为证据不确凿、理由不充分、事实不清楚等缘由，难以获得这些行政管理部门的积极支持和有效介入。

另一方面，在中关村电子市场，诸如法律法规与国家政策等政府力量在市场的日常运行中仿佛处于缺席状态，不仅到中关村电子市场购物的顾客感受不到它们的存在，甚至连经营主体都觉得它们离日常经营活动很远。经营主体除了缴税时与代表国家权力机构的工商局打交道外，平时很少与作为正式制度的象征的国家权力机构接触。比如，在实地调查中，鼎好二期的LCQ告诉我们："国家主要通过颁布文件对市场实施管理吧，平常关注得不多。"这在一定程度上说明了市场主体的交易行为与政府的权力机构处于分离的状态。

在一定意义上，政府权力在中关村电子市场"转型交易"的交易过程中处于一种缺席或半缺席的状态。正是这种情况，给中关村电子市场"转型交易"的盛行提供了制度空隙。由于国家力量和正式制度很难介入，对多数顾客来说，通过法律的途径进行维权，显得可望而不可即，并且有些法律本身也不是很完善，大大增加了维权成本。在权衡利弊的基础之上，经营主体决定对顾客实施"转型交易"以获取利润，这是因为，从正式制度来看，这种欺诈的成本往往远小于其收益。

政府权力之所以"缺席"和"半缺席"，是因为：从现实层面来看，来自国家工信部的"业务指导"仅限于从宏观层面影响电子零售产业、电子卖场的发展；基层政府相关部门"分头"的行政管理，虽然是以具体的商户为执法对象，但是在中关村电子市场中从事经营的商户多达 8 000 家，因此针对商户的具体有效的日常行政管理往往又是通过电子卖场的市场管理部门来实现的。这样一来，中关村电子市场的有效管理，无论是来自正式的市场管理体制，还是来自非正式的市场管理体制，最终都要通过卖场管理者去组织实施。政府有责任保护相关各方的合法权益，实现健康的市场交易秩序。但是，这种管理活动既需要卖场管理者的积极支持和密切配合，又需要他们能够有效地参与到对违规商户的惩罚和监督之中。

在中关村电子市场中，主要的电子卖场聚集在不超过两公里的范围之内，因此卖场与卖场之间存在着激烈的竞争。在此背景之下，消费者不管在哪个卖场购买电子产品，其实都出于对该卖场的信任和支持。经营商户日益猖獗地实施"转型交易"，既直接侵害了消费者的正当权利，又进一步加剧了电子卖场社会形象的负面化。如此一来，无论是电子卖场还是商户，最终都会因此而遭受损失。因此，当消费者发现被商户以"转型"的方式实施价格欺诈之后，他们往往会向电子卖场的市场管理部门投诉，并期待着它们能够有效介入到纠纷的解决之中，以维护自身的合法权益。

然而，电子卖场的管理者与从事电子产品经营的商户之间的利益依赖关系大于利益冲突关系。在中关村电子市场中，电子卖场的管理者几乎都是经营场地的出租者，而商户是承租者，由此在这两者之间形成了一种租赁关系。收取商户的租金和物业管理费是电子卖场管理者亦即所有者最为直接也最为重要的利益，可以说，卖场所有者的利益取决于商户的经营绩效。由于电子卖场管理者与商户之间存在的这种利益依赖性，电子卖场管理者对于买卖双方的交易纠纷，往往持一种消极的态度，即要么直接推脱责任，要么以"和稀泥"的方式让交易双方自行协商。在此背景下，大多数消费者只能被迫接受商户做出的象征性赔偿，如返还少量现金或赠送低价位的电子配件。因此，消费者与商户之间的交易纠纷，实际上是无法通过电子卖场的管理部门得到公平解决的。电子卖场管理者的不作为，在一定程度上放纵了商户的违规经营行为，从而进一步恶化了市场的购物环境，并给消费者造成"卖场和商户是一伙"的印象。

总之，如前所述，信息分布的不平等使消费者在市场中处于弱势，而一系列现实原因和道德原因又使经营者对消费者的欺诈行为得以产生。但是，一方面，代表政府权力的正式法律制度往往遵循着"形式理性"的运行原则，加之又缺少针对性，面对消费者的投诉或权益"呼吁"，政府相关的行政执法部门既难以对商户的欺诈性经营行为做出有力的行政处罚，又无法有效地维护消费者的合法权益，从而在事实上构成了一种不作为，行政部门以"形式理性"的方式实施法律制度产生了这种非预期性后果。另一方面，由于卖场之间的激烈竞争以及卖场与商户之间的利益依赖性，作为直接管理者的卖场（或市场管理者）往往不愿对商户的违规经营行为实施严格的约束或制裁，这在客观上造成了对市场的规范性力量被弱化和"悬置"。上述分析表明：在市场和社会二者之间，社会处于弱势，而政府又难以有效地约束市场和维护社会，市场、政府和社会之间关系的失衡是导致"转型交易"猖獗的宏观原因。

第四章　熟悉关系中的诚信交易

很多学者认为，市场经济大潮正引起中国社会结构的深刻变迁，重亲情关系和地缘关系的熟悉社会即将终结，而以追逐利益为根本目的的陌生社会已经到来。然而，熟悉关系是社会生活中永远存在的关系，只要人口繁衍、交往不止、社会延续，熟悉关系就永远不可祛除。熟悉关系不仅有其存在根据，而且在日常生活中还有其积极意义。以血缘关系、地缘关系和熟悉关系为纽带而存在的群体，在社会生活中也有其整合社会、维系人际感情、保持社会稳定与协调的积极意义。[1] 这种情况在人们的经济行动中同样存在，无论是从经营者和消费者之间的人际关系看，还是从消费者同商品之间的人和物的关系看，熟悉关系都有利于降低交易成本，提升人们的道德水准，进而优化市场秩序[2]。

---

[1] 刘少杰. 熟人社会存在的合理性. 人民论坛，2006（10）：16-18.
[2] 刘少杰. 陌生关系熟悉化的市场意义——关于培育市场交易秩序的本土化探索. 天津社会科学，2010，4（4）：43-47.

第一节 消费品市场中的熟悉关系

按照主流经济学的看法，人是理性的"经济人"，人们精于计算，努力实现利益最大化。然而，这种经济学的视角脱离了经验世界中丰富的人际关系，经济社会学家格兰诺维特将社会网络理论引入经济行为的分析，把人看作嵌入具体的、持续运转的社会关系之中的"社会人"。[①] 此外，他还指出了社会网络的另一个积极作用是产生信任，具体的社会关系以及关系结构能产生信任、防止欺诈。在格兰诺维特看来，我们会觉得好友的行为符合预期，因而熟悉的友人之间可以消弭陌生人互动中的担忧与障碍。[②]

关系网络以及人们的行为嵌入其中的观点在中国具有更重要的意义。因为中国社会是熟悉社会和"人情社会"，中国经济是网络式经济。诚如费孝通所言，中国社会是一个"差序格局"的社会，因关系亲疏远近不同而形成由内而外的一层一层关系网络，就像石块投入水中产生的波纹。[③] 边燕杰指出了中国社会中的"关系主义"现象，关系主义的本质特征是伦理本位、关系导向。[④] 中国社会是关系社会，中国人特别重视熟人和关系，经济活动高度嵌入社会关系网络之中。离开了关系网络，经济活动或者难以开展，或者将面临极高的交易成本。

如前所述，在中关村电子市场，尽管发生了从熟悉关系向陌生关系的转变，但是，市场交易主体既要面对经营中的陌生关系，也要面对熟悉关系，而且，传统的生活惯习与行为方式必将影响其经营行为。我们在长春汽车配件市场、芦淞服装批发市场等消费品市场发现了更稳定的熟悉关系，可以说，熟悉关系普遍存在于消费品市场中。这里的熟悉关系不仅是人与

[①] 符平."嵌入性"：两种取向及其分歧.社会学研究，2009（5）：141-164.
[②] 格兰诺维特.镶嵌.罗家德，译.北京：社会科学文献出版社，2007：11-12.
[③] 罗家德.社会网和社会资本//李培林，李强，马戎.社会学与中国社会.北京：社会科学文献出版社，2008：352.
[④] 边燕杰.关系社会学及其学科地位.西安交通大学学报（社会科学版），2010，30（3）：17-20.

人之间的熟悉，而且包括人与物之间的熟悉。前者发生在卖方和买方之间，交易双方可以通过重复交易的方式让彼此逐渐熟悉起来，完成人与人相互熟悉的过程；后者发生在买方和商品之间，交易双方可以使产品信息公开化，以增加买方对产品的熟悉，从而建立交易中的诚信关系，降低交易风险产生的可能性。

长春汽车配件市场每天上午7点至9点是最忙的，这个时间段是各个店铺向客户发货的时间。每个店铺都有一些直接到门市部来采购汽车配件的客户，这些客户大部分是本地的汽车维修站点和个人车主，采购量不是很大。采购量较大的客户大部分是外地的汽车维修站或汽车配件经销商，是关系稳定的老客户，通常采取网上或信函签订合同，然后批发、配货、送货的方式。一些店主告诉我们，他们非常注意维护同这些老客户的稳定联系，因为这关系到汽车配件的销售范围和销售数量，而要想维护同老客户的交易关系，最根本的是讲诚信、重道德，这似乎已经成为汽车配件商的一个共识。[①]

在芦淞服装批发市场中，我们发现了以一级批发商（代理商）与二级批发商为交易主体的熟悉关系中的交易行为及其所形成的交易秩序。一级批发商（代理商）是芦淞服装批发市场的经营主体（下文统称为经营者），而与二级批发商之间的交易是他们全部交易的主要部分。我们通过调查研究发现，经营者与二级批发商的交易关系主要体现为熟悉关系，具体表现为老客户交易；还有一部分是通过重复交易，从陌生人交易向老客户交易过渡的。通过分析经营者与二级批发商的交易过程、老客户的形成过程，我们可以更好地了解基于熟悉关系的交易模式的特点，从而更好地分析熟悉关系中交易行为的特点及成因。

老客户交易是芦淞市场中最主要的一种交易方式。对于经营者来说，老客户有两类：一类是经营者刚刚进入市场或是进入市场前就已经结交的，

---

① 刘少杰. 陌生关系熟悉化的市场意义——关于培育市场交易秩序的本土化探索. 天津社会科学, 2010, 4 (4): 43-47.

主要体现为亲缘、地缘关系以及合伙人关系，这种交易关系最稳定；另外一类是经营者进入市场以后建立起来的客户群体，交易双方通过多次重复交易而形成较为稳定的交易关系。

我们通过调查发现，在老客户交易中，交易流程主要表现为：二级批发商交订金（或赊账）→经营者通知二级批发商新货到→二级批发商决定要货款式、数量→发货→收货，货款从订金中扣除（还账）。在流程的最后如果订金数额不够，二级批发商补充货款；如果订金数额够，二级批发商仍会转账一部分资金，以备在下一次交易的开始使用。当然，在实际的操作中不可能是铁板一块，交易双方会根据具体情况调整交易流程，上述交易流程是普遍的情况。我们通过调查发现，整个交易最后的完成，即取货付款的形式有两种：一种是二级批发商亲自拿货交钱；另一种是通过电话联系与银行转账的形式完成。甚至在有些交易中，由于经营者与二级批发商熟悉彼此的商品情况、销售情况，经营者会按照往年的标准，到时间发货并扣除订金中的相应款额。当然，还有一种就是赊账的情况，在调查过程中，我们发现有些二级批发商由于种种原因，会要求经营者先发货，待二级批发商资金周转开后，再将货款补上。这种赊账行为在熟悉关系中是经营者认可的。

从表面上看，上述这种交易流程存在着很高的不稳定性与风险性：一方面，对于二级批发商来说，由于没有验货、"讨价还价"的过程，很可能出现服装款式、质量不达要求或价格不合理的问题，另外还可能遇到钱到货不到的问题；另一方面，对于经营者来说也存在着"跑款"的问题。整个交易链条稍有差错，整个交易就无法完成，持续稳定的交易关系更无从谈起。对于这些问题，我们在访谈中问过交易双方，他们是这样回答的：

经营者 A："像我们这样子做生意的话呢，本来也不是这样的。刚开始也不敢就是说不见面就成交啊，他们也不敢不看货就要货啊。都是做了 5 年以上的客户嘞，就简单一点，也节省时间。像我们这样的，都是相互了解对方有什么货，那边要什么货。久而久之就固定下来了，有了新货我们就发给他们（指二级批发商），一般都不会有什么问题咯。做生意嘛，讲的就是要义道，都要赚钱不（是）？我们也不会害他们咯，肯定把自己的好款发给他们，要让他们赚钱撒，不赚钱就搞不成了下次，（这个）他们也知道。至于钱的交付问题，就更不好搞鬼了。尤其是还有一些是好早以前，刚做生意的时候就认识了，都有点亲戚老乡关系，就更不会搞这种事咯。"

除此之外，二级批发商对于商品的熟悉程度很高，经营者称其为"行内人"，因此在定价时不会要高价，并且会在推荐货品时尽量将好货推荐给二级批发商。虽然在一次交易中，经营者并没有实施能实现更高利润的手段，但是却保证了交易的持续性。而持续性正是老客户交易的一大特点。

二级批发商 J："这里（指芦淞市场）是整个这边，包括株洲、长沙啊这边的货物集散地，我们在这里进货就是方便。我还是蛮喜欢在熟人那里进货的，方便，快。尤其是有时候我这边钱周转不开，他那边货还不会断，等我这边赚了钱我再给他打过去。"

从交易的另一方来看，二级批发商更倾向于去熟人那里购进货物。这也促进了老客户交易模式的形成。从以上访谈资料可以看出，老客户交易的关系基础主要是熟悉关系，这种"熟悉"表现在交易双方的熟知程度上，也表现在双方尤其是二级批发商——芦淞市场中的主体消费者对于商品的熟悉上，这有效避免了交易关系中的信息不对称问题。由于老客户交易是基于熟悉关系的交易，其稳定性与关系的熟悉程度密切相关。

在实际的市场发展过程中，一方面，在维护老客户群的同时，经营者还会不断去建立新的客户群；另一方面，二级批发商也会去寻求与新的经营者进行交易，以丰富自己的货品种类。老客户群的建立有一个过程，通过重复交易，双方由一开始的陌生关系发展成熟悉关系。我们通过调查发现，在熟悉关系的建立过程中有两个因素在发挥作用，一是熟人的介绍，二是经营者经营服装的"版式"。

经营者 A："要说我这个老客户群是怎么建立起来的啊，好多都是我那些老客户群里（的人）介绍来的，大多都是老乡咯，这样以后也好搞些。不过他们一般也先要看中我的版别个（指别人）才会介绍过来。首先那些老客户对我生产的服装的版已经很了解啦，他们之间也会说一说，另外一个也想做这个生意自然也就过来找我了。毕竟是别人介绍过来的，我也不会把蛮（指强行）去要高价，还会把更好的版卖给他。因为有着介绍人，本身他（介绍人）也是我的老客户啦，以后还要多多（靠）他关照啦，对于他介绍来的人就实打实一些。"

经营者 A 所讲述的是芦淞市场中形成老客户交易的主要方式，即经营者的老客户介绍新的客户给经营者，这些新客户通过多次重复交易成为经营者新的老客户，从而老客户群逐渐扩大。实际上，形成老客户交易的过程正是陌生关系熟悉化的过程，这不仅包括经营者与新客户之间关系的熟悉化过程，也包括新客户对于经营者经营商品的熟悉化过程。在陌生关系熟悉化的过程中，介绍人起到了很大的作用。从以上访谈资料可以看出，介绍人一般是经营者的老客户或者老乡，在形成老客户交易的过程中，经营者会因为与介绍人的熟悉关系，而对新客户保持较高的信誉度，这其中包含"面子"的支撑，也有情感因素包含在里面。这也体现了市场中经营者以感情亲疏为行为标准的感性化思维方式和行为方式。

经营者 E："那些要进货的人，先会把市场都转一转，看看有没有他们中意的款，然后，如果是看中了我的款，就会要从我这里提货。有些会当时就给一些订金，但也有一些身上没那么多钱想要赊账。这种情况还不少……但是一般要赊账中间肯定要有人给我作证（指担保），并且我要跟那个人熟，要不然我怎么会放心把货给他。要是没有中间人做介绍，那我肯定最起码要跟他打三五次交道才放心。"

经营者 E 所讲述的是另外一种形成老客户交易的方式。这种形成过程是先由新客户与经营者形成联系，随后由中间人做担保。通过 E 的话可以看出，经营者保持较高的信誉度与诚信度的前提来源于其感性判断，即以亲缘、地缘或商缘形成的熟悉关系为基础。这种熟悉关系的建立一般通过中间人介绍，如果没有中间人，则需要在通过多次重复交易形成熟悉的商缘关系后，经营者才会采取老客户交易的交易行为方式完成交易。

二级批发商 K："其实我现在一般进货还是去熟人那里，毕竟做习惯了。但是有时候，有些老批发户不做啦，他就会介绍给我一些别的批发商，说他那边有跟我一样的版……当然咯，到了市场上我也会看看别人的货，货比三家嘛，但最后还是会想要介绍的（指到介绍的批发商那里拿货），因为价格什么的好谈些，也可以先不付订金，卖得好再打钱过去。卖不好还可以退货。"

二级批发商 L："有时候自己手头货太少啦，或者种类太少，就会去市场上看看新样式。刚开始跟他们交易肯定磨牙（指讨价还价）就多些啦，你想最便宜买进来，他也要赚钱。打款什么的也麻烦些，一般像跟不熟的人头次做生意，肯定要交订金，并且以后的三五次交易肯定还是要自己跑过来看货拿货，但是做得多了就没那么麻烦了。"

从上述访谈资料可以看出，重复交易是陌生交易关系转变为熟悉交易关系的一个过渡阶段。买卖双方只有通过不断重复的交易，才能实现关系的熟悉化以及对商品的熟悉化。我们通过调查发现，重复交易完成的流程可以概括为：二级批发商看货→付订金→经营者发货→二级批发商收货→货款扣除，成交。重复交易的交易流程与老客户交易流程的不同之处在于，在重复交易过程中赊账、打白条的情况要少于老客户交易中的这种情况，而重复交易中的在场交易（实地拿货、付款）要多于老客户交易中的在场交易。在老客户交易中，许多交易都是通过电话订货、银行转账的形式完成的。可见，重复交易的信用程度要低于老客户交易的信用程度。

重复交易模式实际上是陌生交易模式向老客户交易模式发展的一个过渡阶段，也是交易陌生关系熟悉化的过程。通过上述分析，我们还会发现中间人的重要作用。由于中间人的介绍，二级批发商会有倾向性地选择自己的供货商；而反过来说，由于有中间人的担保，经营者会采取与对待陌生顾客不同的交易态度与行为，比如说对于赊账的处理，以及商品的定价和供货的质量。对于由中间人介绍的顾客，经营者往往会采取更"实在"的态度，正如经营者 A 说的"我也不会把蛮去要高价，还会把更好的版卖给他"。此外，在没有中间人的重复交易中，"讨价还价"发生的次数要比有中间人的重复交易多，即二级批发商 L 所提到的"磨牙"。从这里可以看到，在经营者、老客户以及由老客户介绍的新客户之间形成了一层社会关系网，这对双方的交易行为产生了影响。①

在中关村电子市场，经营者之间比经营者和消费者之间更容易形成熟悉关系。这是因为，在批发与零售并重的消费品市场中，当批发交易发生时，买方对商品信息容易了解、认知，并且买方都是"行家"，所以，人与物的熟悉程度较高。另外，由于交易活跃，存在经常重复交易的可能性，经营者往往采用一种诚信的交易方式，以稳定批发交易对象。例如，在长春汽车配件市场，采购量大的老客户是汽车维修站或汽车配件经销商，而芦淞服装批发市场中的熟悉关系也更多发生在经营者和二级批发商之间。电子市场中的柜台经营者、汽车维修站、汽车配件经销商和服装二级批发商都属于"行家"，他们对商品比较熟悉，和经营者之间不存在严重的信息不对称，这种人与物之间的熟悉约束了投机和欺诈行为。

另外，经营者之间还存在着组织化的社群网络，表明消费品市场的卖方之间也普遍存在熟悉关系。我们通过调查发现，在芦淞服装批发市场中存在着许多以地缘关系为基础而兴起的商会。由于芦淞服装批发市场的经营者主要来自湖南株洲本地，所以有许多商会以株洲地区管辖下的县级城市为单位，比如说茶陵商会、醴陵商会等；随着芦淞市场的发展，经营者的构成变得越来越多样化，商会的数量也大大增加，比如说省内的如浏阳商会，省外的如湖北商会、温州商会等。值得注意的是，各个商会不仅包括了芦淞市场的经营者，还包括了二级批发商，甚至包括一些市场的经理，其中有些经理在市场管理部门兼任一些职位。

经营者 A："我们这个市场的商会还是蛮多的。我在涟源商会。我们这个商会成立得还挺早的。我反正是第一批会员啦。现在会员有几百人了吧。其实在市场里面，有些新来的做生意的，都觉得自己还很弱，要加入个组织才觉得踏实。像加入商会以后，不仅方便跟市场管理部门打交道，也方便跟政府打交道。还有就是，一个商会的做生意的，平时有什么活动，一

---

① 张冉. 熟悉关系与陌生关系中的交易行为研究——以湖南 LS 市场为例. 北京：中国人民大学，2012.

起吃饭玩啊,有时候一起住在一个宾馆啦,就会聊哪家哪家的货好,比如说我就会介绍给一些二级批发商去哪里能进到他想要的货,给他个电话啦,我再跟那边(指经营者)打声招呼,到时候(二级批发商)看货以后,基本上就拿货了,两边都放心。"

当零售交易发生时,更多的交易对象是陌生人,普通消费者对商品和经营者的熟悉程度都比较低。在芦淞服装批发市场中,散客和经营者的关系是陌生的,散客对商品也是陌生的。他们从交易开始到完成交易的过程可以概括为:散客看中某种货品→经营者开价→双方讨价还价→散客付钱拿货,成交。在整个过程中,"开价"和"讨价还价"是双方交易行为的主要表现。

经营者 A:"我们这边散客虽然不多,但也还是有得赚了,也不可能说散客的生意就不做啦,尤其是在淡季的时候……对,他们一般都是我们不认识的……开价嘛,一般都比成本价开得要高些啦,他们也会跟你讲价钱不(是)。要硬是跟批发生意开的价比嘞,肯定是要高些,一个是别个来批发的买我货就要多得多,我有得赚些啦;再有就是他们都熟些,对货也熟些,好多钱(指多少钱)心里有谱,我也不会把蛮去开高价。散客的话嘞,能赚一笔是一笔啦,反正对方也不懂行,开高一点,他就杀(价)得多一点,他也高兴些不(是)。"

从以上访谈资料可以看出,在要价方面,经营者在面对陌生的散客时,会要价较高。这种要价方式不仅是基于购买者的购买量,更是基于经营者与散客之间的熟悉程度,以及散客对于商品的熟悉程度。"反正对方也不懂行"体现了经营者在定价时,考虑到了交易的另一方对于商品的熟悉程度,并且对"行内人"和"行外人"进行了区分。

但是,即使在零售交易中,熟悉关系也是存在的,这在前文对中关村电子市场"关系交易"的论述中已有所体现。有的顾客经常光顾,就可能成为经营者的熟人,有的顾客本身就是经营者的熟人,这些熟悉关系的存在将改变零售交易中经营者的交易行为,使其交易体现为一种诚信交易。

零售交易中的熟悉关系有着更广泛的体现,中国商界素有对"老字号"

"品牌店""名牌商品"的追求，其实这就是一种通过"标识效应"或"品牌效应"，让商品、商业服务或商业企业在消费者中熟悉化的做法，其目的是在更稳定、更广泛的时空中赢得人们的知晓与信任，其中不仅有对商品及服务的质量和价值的了解，而且包含着对经营者信誉和公平的认同。[①]

第二节 熟悉交易中的诚信与效益

交易中的熟悉关系不仅可以稳定经营者同顾客之间的交易关系，降低交易成本，提高经营效益，而且可以增强顾客对经营者的信任程度，优化市场道德关系，协调市场运行秩序。从博弈论和制度经济学的观点来看，某种交易行为多次重复可以增强人们的责任感，提高道德意识，维持公平原则，降低交易成本。熟悉交易是建立在长期交往基础上的重复交易，它不仅可以产生优化市场秩序所需的诚信，还能产生经济上的效益。

在中关村电子市场，熟悉交易体现为"关系交易"。"关系交易"不仅成为市场主体在市场中的生存根本，频繁发生于日常交易活动之中，而且形成一种稳定的交易模式，在形成健康的市场交易秩序中发挥着重要的作用。表面上，中关村电子市场给陌生的顾客留下了较差的印象，那是"转型交易"给其造成的挥之不去的阴霾；实际上，通过实地调查的方式和深度访谈的方法，我们发现，熟人之间的"关系交易"使中关村电子市场变得富有人情味，各种关系纽带和交易网络交织在一起，共同影响着经营者的交易行为。

熟人之间的"关系交易"最为突出的特征是，它是一种"关系导向"的交易，是一种不同于纯粹货物、服务和货币交换关系的交易，社会关系网络在交易中发挥着相当重要的作用。这是因为，它是一种长期的关系，受到情感性纽带的影响，而纯粹交换的市场关系是短期的、偶发性的和随

[①] 刘少杰. 陌生关系熟悉化的市场意义——关于培育市场交易秩序的本土化探索. 天津社会科学，2010，4（4）：43-47.

机的。① "关系交易" 将商业交换嵌入社会关系结构之中,把利益追求与情感纽带结合起来,是一种颇为有效的商业交易行为。这种关系网络的存在,有助于应对有限理性和机会主义,遏制欺诈行为,因为在交易中,行动者发展了有约束性的微观网络。② 正是约束性关系网络的作用,中关村的经营者之间的 "打白条" 制度才得以流行且不让经营者感到担心害怕。

这种关系网络的存在,大大提高了市场交易的效率。许多经济学家和组织学家常常把网络视为市场的通道,通过这种网络,交易双方可对彼此的信息进行准确的判断:两个市场行动者的关系不仅是那两个行动者之间的资源传输管道,而且两个市场行动者之间关系的存在(或缺席)是一个信息提示,根据这个提示,他人将对两者中的一个或两个人的内在质量做出推断。③ 由此可见,网络不仅是运载市场材料的管道,还是棱镜,通过市场的一面对市场中的行动者进行区分与分化,至少可以判断交易双方的可信赖程度。

在中关村电子市场,"关系交易" 所涉及的关系网络是庞大的,尤其是各类市场主体之间的交易。中关村的市场主体与项飙笔下的 "浙江村" 的村民有类似之处,项飙用 "系" 这一概念来说明 "浙江村" 村民生活史的关键环节,因为在其中,每个人以自己为中心,有一系列关系的组合,构成了每个人的 "系"。一个系包含两个亚系:一边以亲友关系为主,叫作 "亲友圈";另一边以合作关系为主,叫作 "生意圈"。④ "亲友圈" 与 "生意圈" 之间的互动构成了 "浙江村" 发展的基本线索,二者的交叉构成了村民的 "核心系"。

中关村电子市场的市场主体也有自身的关系网络,构成了各自的

---

① BAKER W E. Market networks and corporate behavior. The American journal of sociology, 1990, 96 (3): 589-625.

② BAKER W E. The social structure of a national securities market. The American journal of sociology, 1984, 89 (4): 775-811.

③ PODOLNY J M. Networks as the pipes and prisms of the market. The American journal of sociology, 2001, 107 (1): 33-60.

④ 项飙. 跨越边界的社区. 北京:三联书店,2000:27.

"系"。但是在中关村电子市场,"亲友圈"与"生意圈"高度重合,除此之外,"同事圈""校友圈"等亚系也是"浙江村"所不具备的。各个市场主体的"系"之间既有重合又有拓展,构成了庞大的"系"的集合,形成纵向一体化与横向一体化的过程,市场主体也构成了"有饭大家吃"、互为仓库、互为供应商的"群落"组织。[①] 在中关村电子市场,这一"群落"组织不是封闭的,没有明显的边界,进入容易,退出自由。在其中,关系网络的作用是非常重要的,它成了市场主体日常交易的重要构成。

与"浙江村"相比,中关村电子市场市场主体的关系网络更为复杂。这些复杂的关系网络在展厅与柜台经营者那里表现不同。展厅往往隶属于大的公司,有一个稳定而方便的供货商,所以其"关系交易"主要体现为与老顾客之间的交易。展厅经营者与顾客之间的关系网络主要体现为老乡关系、朋友关系、同事关系等。我们在公交车上听到的两个销售人员(或者是导购)之间的对话,在一定程度上再现了展厅的"关系交易":

销售员 A:"前几天,有个老乡找我买电脑,总价四千五,我带到我们那去买,我赚了他三百元,都是老乡,他(老乡)也不是很有钱,不好意思赚太多。"

销售员 B:"你这还行,去年有一个老乡找我买电脑,他有钱,当时要最贵的、配置最好的电脑,我带他跑了整个市场,最后买了个一万五千多块的,我赚了他一千多,当时有个两万多的电脑缺货,很遗憾,(如果不缺货)就买那个了。"

从两个销售人员的对话可以看出,由于老乡关系的存在,他们对顾客实施"关系交易",这样不仅能赢得老乡的信任,为下次继续找他们购买产品做铺垫,而且能为展厅拉到更多的生意,在客观上促进了展厅的发展。尽管是老乡,但销售人员也不会白忙活,也会赚取适当的利润。如果不是老乡关系的存在,销售人员将会赚取更多的利润,甚至施行"转型交易"。

---

① 廖勤樱.交易的格局:以中关村电脑市场为例//郑也夫,等.北大清华人大社会学硕士论文选编.济南:山东人民出版社,2006:325.

对于柜台来说，经营者不仅要面对大量的顾客，而且要经历复杂的进货过程。在这两个过程中，往往都会有关系网络介入交易过程，形成"关系交易"模式。柜台与顾客之间"关系交易"中的关系网络，多数是在多次交易中建立起来的，当然，这里面也存在诸如老乡关系、朋友关系、同事关系、校友关系等情感纽带。但柜台经营者之间的交易是"关系交易"的集中体现，涉及的关系主要包括老乡关系、朋友关系、亲戚关系等。

老乡关系是中关村柜台经营者之间广泛存在的关系纽带，我们能够顺利地开展调查，离不开老乡关系的帮助。在调查的准备过程中，我们发现许多柜台经营者都带有浓重的安徽各个地方的口音，由于是同乡的缘故，许多经营者都较为爽快地接受了调查，为我们成功收集资料提供了很大的帮助。柜台经营者之间的老乡关系是非常普遍的，中关村电子市场的不断增多，柜台数量的日益增大，与老乡关系的存在有很大的关系。

中关村 e 世界的 WK 告诉我们，在海龙，尽管租金较高，但是仍有很多老乡在那租赁柜台，而且赚了不少钱。在中关村 e 世界，老乡 LXH 告诉我们，在 e 世界安徽老乡也很多。老乡都是通过亲戚介绍亲戚、亲戚投靠亲戚来的。老乡 WJ 告诉我们，在 e 世界，安徽老乡至少占 60% 以上，尤其是经营 CPU、内存条、移动硬盘、U 盘、摄像头等电脑外设的柜台经营者，基本上都是安徽老乡，几乎达到 70%。于是我们追问：为什么卖这些东西的安徽老乡那么多呢？WJ 坦诚地告诉我们：

> 外乡的人很难挤进这些产品的市场，因为老乡联合，把想卖这些东西的外乡人赶出去。比如不是在他那买的，到他那去，说是在他那维修和质保的等。外乡人很难挤进去。比如说 CPU 吧，这东西一旦坏了，就无法再修了。如果有外乡人卖 CPU，咱们老乡就拿个坏的 CPU 到他那，非说是从他那买的（不可），搞几次，他就做不下去了。

老乡之间在平时联系不多，大家都在忙于做自己的生意，但实际上，由于地缘关系的存在，老乡之间的联系又是无所不在的，尽管这种联系是一种潜在的关联。这种联系具有明显的边界，是一种"对外竞争，对内联合"的关系纽带,渗透于经营者的日常交易中。

在柜台经营者之间的非商业交易关系的联系中,最亲密的要算亲戚关系了。在中关村柜台经营者中,亲戚关系主要包括夫妻关系、父母与子女关系、兄弟姐妹关系、表亲关系以及其他远亲关系。亲戚关系的存在使柜台经营者之间的联系非常紧密,并且在柜台经营者之间形成了一种横向一体化的力量,增强了各个柜台经营者的生存能力。

在这些亲戚关系之中,夫妻关系主要指夫妻在两个柜台同时经营(如果夫妻在一个柜台,那就谈不上柜台之间的关系)。如我们所访谈的 WL 及她的爱人就在两个柜台经营,两个柜台之间隔着五六个柜台,经营同样的产品,夫妇二人平时各卖各的,宛如两家人,但两个柜台经营者是一家提高了其集聚优势和生存能力。父母与子女关系主要指父母或子女一方先到中关村,后将另一方接到中关村共同发展。比如我们访谈的 LXH,就是毕业后由已经在中关村发展的父亲引导,到中关村做柜台经营的。兄弟姐妹关系是指当一个人在中关村取得成功后,把自己的兄弟姐妹带到中关村发展。如我们访谈到的 J 老板,就是其弟弟先到中关村发展,然后觉得不错,就把另外几个兄弟都带到中关村来发展,并取得了较大的成功。中关村 e 世界的 WK 原来在外面打工,后经已经在中关村发展数年并取得成功的妹妹 WJ 介绍,来中关村租赁柜台发展,他现在刚刚起步,每走一步都离不开妹妹的帮助。其他亲戚关系在中关村也普遍存在,比如科贸的 J 老板与中关村 e 世界四层的 WCQ 之间是甥舅关系,在生意忙完后,他们经常在一块儿小聚,在调查中我们就曾参加过他们的一次聚会。

在"关系交易"中,除了上述地缘关系、友缘关系、血缘关系以外,也存在一些校友关系、同事关系等。这些关系大多数是排他性的关系,而商业交易往往是偶发性的关系[①],"关系交易"将两种关系相互结合,使偶发的商业交易变得稳固化,不仅减少了交易成本,提高了交易效率,而且

---

① BAKER W E. Market networks and corporate behavior. The American journal of sociology,1990,96 (3): 589-625.

增强了交易双方的相互信任,有利于健康稳定的交易格局之形成。从经营者的主观感受来看,"关系交易"更容易让其感到满足:与朋友和亲戚进行交易的交易者往往比那些与陌生人进行交易的交易者更容易感到满足,尤其是在充满风险的交易中更是如此。①

从顾客的角度出发,具有情感性特征的"关系交易"也是其愿意进行的交易类型。在国外,有些学者也研究了嵌入关系网络的商业交易,比如迪马奇奥等学者就从顾客的角度出发研究交易中的社会关系。他们区分了社会关系进入交易的两种方式:行动者使用社会关系鉴定和获取与他们没有直接或间接亲密关系的可信赖的潜在交易伙伴,这被称为"搜索嵌入性"(search embeddedness);或者行动者选择与他们以前存在非商业关系的人作为交易伙伴,这被称为"网络内交换"(within-network exchange)。②

在西方社会,顾客通常会将社会关系运用于交易当中,即使不存在直接或间接的亲密关系,他们也会通过"搜索嵌入性"的方式,利用社会关系寻求可信赖的交易伙伴;但许多顾客往往直接选择存在非商业关系的人进行"网络内交换",因为这种关系纽带的存在,使人们相信,与同陌生人进行交易相比,这一交易将是更好的交易,尤其是当交易的风险较高时。尽管市场制度的施行在西方已经有很长一段历史,但是顾客在选择交易对象时,仍然会不自觉地运用社会关系进行交易。在中国,尤其是在存在购物风险的中关村电子市场,这种社会关系的运用在顾客的购买行为中体现得尤为突出。

在中关村电子市场,多数顾客在购物时经常会运用既存的关系网络,到熟悉的经营者那里购物;即使不存在这种直接或间接的关系网络,顾客也会使用"搜索嵌入性"的方式,利用社会关系寻求潜在的可信赖的经营者。有的顾客通过校园 BBS 论坛搜寻信誉度较高、和自己存在潜在联系

---

① DIMAGGIO P, LOVCH H. Socially embedded consumer transactions: for what kinds of purchases do people most often use networks? American sociological review, 1998, 63 (5): 619-637.

② 同①.

(比如校友)的经营者,有的顾客直接通过与经营者对话等交流方式来判断对方是否值得信赖,并决定是否与之交易,而且在对话中有时能发现存在的社会关系,比如老乡关系等。我们在调查时也得益于这一社会关系的建立。

长春汽车配件市场中的熟悉交易更加普遍。2009年7月,我们在长春汽车配件市场中开展了为期半个月的调查,在去这个市场的出租车上,当问及出租车司机在长春汽车配件市场买配件上过当没有时,我们得到了一个这样的回答:"这里的配件什么质量的都有,店主能告诉买主各种配件的生产厂家,不同厂家的产品质量不一样,价钱也不一样,有钱买贵的,没钱买便宜的,骗人的不多。"① 在这里,市场交易主体之所以能以诚相待、恪守信用,是因为在长春汽车配件市场中盛行的是以稳定关系为基础的熟悉关系交易。这说明熟悉关系交易可以提升市场道德水准、优化市场交易秩序。②

在芦淞服装批发市场中,和陌生交易相比,熟悉关系交易也表现出更加良好的秩序。从信任程度来讲,熟悉关系交易中交易双方互相信任的程度要高于陌生关系交易中交易双方的互信程度。在熟悉关系交易中,存在着赊账、打白条、通过电话达成交易等交易方式,这些交易方式不仅能提高资金的利用效率,也减少了交易过程中的成本。熟悉关系中的这些交易方式是基于较高的诚信程度形成的,这种较高的诚信程度来自关系网络的稳定性。关系网络的稳定性主要来自三个方面:一是基于地缘与血缘的联系;二是"中间人"的担保;三是通过重复交易双方产生的信任。

经营者C:"这个方面(指纠纷)很少。客户的话,基本上我们都是很多年的交情了,我们这个嘞,就是信誉,都做的是信誉这一块。你要是在本地做得好,信誉好,欠一点(指赊账)都可以。有一些信誉度不高,做得不蛮好(指不太好)的,就要他先把钱打到我们的银行(账户),我们这

---

① 刘少杰. 陌生关系熟悉化的市场意义——关于培育市场交易秩序的本土化探索. 天津社会科学,2010,4(4):43-47.
② 同①.

边再发货，但是一般的老客户都不会这么夹筋（指麻烦）了。所以基本上没什么纠纷了。"

经营者 E："你说那个'讨价还价'的问题，我们知道对方也是识货的，懂行的，也不会把蛮要高价，他们也不会要我们为难，现在，要是他们那边检查出来有个质量问题啊或者什么的，也是有一点那个小事咯，基本上我们这里都是做信用嘛，基本上处理好。要是处理不好的话，就带到厂里去啊，返修啊。"

从以上访谈资料中可以看出，经营者在面对老客户时，十分重视多年以来形成的熟悉关系，从而在整个交易过程中保持较高的诚信度，他们所说的"义道""亲戚老乡关系""交情""信誉"，都能体现交易双方的熟悉程度很高，以及在这种熟悉关系中开展交易活动时经营者会更加"实在"。[1]

在市场交易中，纠纷与矛盾的出现是不可避免的。正如齐美尔所言，冲突是社会关系中经常存在的力量，如果冲突能够得到妥善解决，不仅不会破坏社会秩序，反而会有利于社会整合。[2] 所以，市场交易中的纠纷解决机制就十分重要。在前文对"转型交易"中市场、政府与社会关系的论述中，我们可以发现，当消费者因发现被欺诈而和经营者发生冲突时，行政部门、卖场等都无法给消费者一个满意的处理结果。但是在熟悉交易中，纠纷的解决呈现出不同的面貌。我们发现，在芦淞服装批发市场中，老客户之间在发货质量和数量上产生矛盾时，主要是通过相互商量的方式加以解决的，并不需要通过市场管理者的调解。

二级批发商 I："比如说质量问题。还打比方说我在你那里进货我给你报单的时候，我是红色的 50 件，大中小码各要三分之一。又假如白色的 30 件，红色的 50 件，但是在批发商发货给我们的时候，他可能白色的有 50 件，红色的只有 30 件，数量虽然不少，但是颜色和码子就会发错。到时候我们两个人就产生了交易矛盾。还有就是说我才开始在你那里拿的货质量

---

[1] 张冉. 熟悉关系与陌生关系中的交易行为研究——以湖南 LS 市场为例. 北京：中国人民大学，2012.
[2] 特纳. 社会学理论的兴起. 侯钧生，等译. 天津：天津人民出版社，2006：278-279.

很好，规格都做得很好，但由于市场竞争的恶劣，同行之间产生竞争，我就把衣服的码子改小，本来我的规格的大号是一米七的人可以穿，但是他现在为了节省布料，就把它改小五分或是一寸。到时候那个大码就变成中码，中码就变成小码。像这样的问题我碰到过，只好找我进货的那个人，跟他说过以后下次他就会注意点，倒也不会有什么大问题。"

二级批发商 J："我倒是碰到过发错数的事。但是这种情况很少。因为都是电话联系，我打电话他给我发货，又只是口头上说一下，他就帮我把货发回来，我要的是 1 000 件，他一批一批发的，但是后来他只给我 800 件，像这样的情况也有，应该是那边不小心搞错了也有可能，像这样的嘞，我一般给他打个电话过去要他补货啦，他倒是也会发过来，以后还要做生意嘛。还有就是有时候质量上的问题，或者我觉得我这边这个版卖得不好的话，还可以跟他们那边商量换一下货，只要不超过换季时间，这都是可以的。"

从上述访谈资料可以看出，在熟悉关系交易模式中，经营者与客户之间由于商品本身的问题而产生的纠纷往往通过双方的沟通就可以得到解决。可见，市场中大部分的熟悉关系交易是基于诚信、信誉的，在熟悉关系中开展的市场交易不仅能节约成本、提高效率，而且较陌生关系中的市场交易而言更具有其稳定性与道德基础。[①]

总之，由于熟悉关系的存在，经营者在交易中受到更多的道德制约，其交易更多地体现为诚信交易。这种诚信交易未必不能带来效益。从一次交易来说，诚信的程度会影响效益，诚信度越高，获取的效益越低。但熟悉关系中的交易常常不是一次性交易，存在重复交易的可能，因此，从长远看，诚信未必带来经济效益的减少，诚信也能为经营者赢得良好的信誉，从而赢得更多的顾客，为经营者带来更大的效益。

需要指出的一点是，熟悉交易仍以追求经济利益为主要目的，如果没

---

① 张冉. 熟悉关系与陌生关系中的交易行为研究——以湖南 LS 市场为例. 北京：中国人民大学，2012.

有任何利润,它就很难实施。无论从经营者角度出发,还是从顾客角度出发,在交易中,关系网络最终也是为经济利益服务的。我们在这里不是强调关系网络在熟悉交易中的作用大于经济利益诉求,而是突出经济交易嵌入关系网络这一事实,并以此反对标准经济学模型对关系纽带等社会因素的漠视。正如阿马蒂亚·森所说:除了对获取经济利益持续的、强烈的兴趣以外,商业活动还包括社会互动,这些互动不可避免地包含大量其他东西。① 有些经济学家以塑造基于"经济人"假说的抽象经济模型为追求,往往忽略了经济行动与社会结构的互动关系,这不能不说是一种缺陷。

第三节　熟悉交易中的信息与制度

在熟悉关系的交易中,经营者常常为顾客提供正确的信息,顾客也会比较信任经营者,听取他们的建议。这是因为顾客对经营者以及商品的熟悉改善了信息结构,在顾客和经营者之间形成了信息平衡状态,经营者的欺诈行为面临着被戳穿和被惩罚的风险。如果经营者提供了虚假的信息,使顾客遭受损失,有的顾客碍于情面不愿当面戳穿经营者,但以后再次购物的可能就会大大降低,甚至将自己的经历告诉其他熟人;有的顾客可能扯破脸皮,与经营者发生冲突,给经营者带来更大的损失。熟悉社会的亲情原则等制度的存在,使经营者难以欺骗消费者,否则很容易遭受更大的损失。

如前所述,不对称的信息结构和经营者在信息分化中形成的信息权力是"转型交易"得以产生和延续的重要原因。如果可以改变买方与卖方之间的信息优劣势状况,促进买方与卖方之间的信息达到平衡,由于在信息平衡状态中买方可以掌握有效的商品信息,在实际的交易过程中可以辨别卖方所提供信息的真伪,就可以约束卖方的欺诈行为,进而改善市场交易

---

① SEN A. Economics, business principles and moral sentiments. Business ethics quarterly, 1997, 7 (3): 5-15.

秩序。

在中关村电子市场的经营者之间广泛存在着"关系交易",其中的典型代表是经营者之间相互"抓货""打白条"。在这一过程中存在着道德风险,如何在"关系交易"中避免欺诈呢?"关系交易"中存在人与物的熟悉和人与人的熟悉,而这种熟悉关系会使商户之间的信息不对称减弱。中关村电子市场内部经销商数量庞大,但绝大多数商户是"内行",他们对所销售商品的信息是非常了解的,所以在这方面,商户之间并不存在严重的信息不对称。拿货的双方在商品信息上的均衡从根本上杜绝了卖方对买方的价格欺诈。

商户拿货时的心态只有他自己知道,那如何保证作为买方的商户会按时还钱呢?在这里,拿货方与被拿货方之间确实存在着信息不对称,可能会导致严重的欺诈问题。但是,当拿货双方处于熟悉关系之中时,被拿货方对拿货方的熟悉缓解了这种信息不对称,被拿货方也可以通过关系网络中的其他途径打听到拿货方的信誉度。另外,拿货方也需要向被拿货方传递自己有信誉的信息,比如雄厚的资本、可靠的朋友以及与其他商家的友好合作。熟悉程度越高,则信息结构越趋于平衡,交易中的信任程度就越高。比如访谈中有被访者提到:"一般来说是打白条。(账期)一般是一周或半个月,最多一个月就结了。再长就要靠关系了,关系好的时间就长一点,关系一般的时间就短一点。"[1]

熟悉关系使关系网络中的商家形成了一个相对封闭的小团体,这种小团体中的信息流通可以对投机行为形成有效的惩罚。当面对拿货问题时,多数商家都会理性地选择诚信和按时还款。因为如果某商家有一次不还款,或者还款不及时,对方一定会通过不同的渠道将该商家不讲诚信的消息散播到整个小团体中,那么下次该商家再想拿货,就不会再有人愿意与他交易了。而如果该商家每次都按时还款,毫无拖欠,那么通过一次次成功的

---

[1] 刘江. 信息不对称市场中的熟悉关系——中关村电子市场与京东商城的交易秩序比较研究. 北京:中国人民大学,2010.

拿货交易，该商家就会在商户的圈子里获得诚信的美誉。在获得其他商家的信任后，该商家可以拥有更长的还款期限和更大的资金周转余地。可以说，在熟悉关系里，诚信就是一种价值，是一种生产力。

面对陌生的普通消费者，卖场和商家也会在竞争压力下公开信息，促进消费者对商品的熟悉，这也在一定程度上减少了信息不对称，改善了消费者在交易中的地位，提高了他们防止上当受骗的能力。2008年年底，中关村电子产品贸易商会推出中关村报价指数系统。产品报价指数系统的推出是为了解决电子市场价格虚标问题和积极促进中关村电子市场诚信建设。中关村报价指数系统中的产品价格信息来自中关村四大IT卖场（海龙、鼎好、科贸、e世界）中大约500个签订了诚信合作协议的经销商。所采集的价格经过核准和科学处理后，被作为公开报价信息，在中关村价格指数网上发布。通过对海龙电子城的走访，我们发现，海龙电子城在客流量比较集中的1、3、8、9、10、11等楼层显著位置都设置了信息查询台，帮助消费者现场进行价格查询；在楼梯间、走廊也都贴有"先查价、后购物"的提示；电梯间内还有广播提醒，让到海龙购物的消费者都能知晓电子产品价格查询服务。

尽管不能杜绝"转型交易"的价格欺诈，但中关村电子产品报价指数系统的确给消费者提供了明确的价格指导信息。第一，中关村报价指数系统在一定程度上改善了消费者与经销商之间的信息不对称状况，通过给消费者提供明确的价格信息，改变了消费者的信息劣势地位，对经销商的价格欺诈进行了限制，进而约束了经销商的行为选择。第二，中关村报价指数系统有效地遏制了电子市场价格虚标现象，在一定程度上促进了明码标价。中关村报价指数系统提供的信息作为独立于经销商之外的价格指示，即使经销商仍然价格虚标，通过价格查询，消费者也可以获得有效的价格参考信息。第三，中关村报价指数系统通过信息提示，促使消费者在交易过程中做出更加合理的行为选择，同时也降低了交易成本。当消费者和经销商在中关村电子市场内出现价格争议问题时，报价指数系统提供的价格信息也可以作为评判标准。报价指数系统降低了消费者在交易中的信息收集成本，同时也达到了降低交易中价格争议协调成本的目的。[①]

在芦淞服装批发市场，我们也可以看到熟悉交易和陌生交易中的信息结构差异以及由此产生的市场秩序差异。相比于熟悉关系交易中的交易双方，陌生关系交易中的交易双方更容易发生信息不对称现象，主要体现为散客对于商品的信息不了解或者了解不完整。[②] 我们通过访谈了解到，经营者常常会把与其交易的另一方分类成"行外人"和"行内人"，对于这两类人，他们所采取的交易行为是截然不同的。对于"行内人"，一方面由于经营者与其关联程度高，另一方面，由于二级批发商对于商品的了解程度不亚于经营者，因此无论是在商品的定价、质量上还是在推荐商品方面，经营者都比较"实在"；而作为"行外人"的散客，却常常会因为信息不对称而"被宰"。[③]

熟悉交易除了拥有与陌生交易不同的信息结构外，还拥有特定的制度基础。没有适当的制度，任何有意义的市场经济都是不可能的。[④] 制度一直是社会学与经济社会学关注的焦点。市场交易一定是在特定的市场制度之中展开的行为，即制度为市场交易提供了结构，这些制度结构共同塑造着市场交易方式。因此，市场交易行为表现出的诸种特征一定与市场的制度结构存在着联系。[⑤]

在社会科学中，不同学派和时代的社会科学家们赋予了"制度"一词众多相互矛盾的含义。[⑥] 青木昌彦曾说道："如何给如制度之类的任何概念

[①] 石佳音. 信息不对称条件下的诚信缺失与应对策略研究——以中关村电子市场的交易秩序为例. 北京：中国人民大学，2011.

[②] 服装类商品虽然是一种信息含量比较小的商品，但是经营者会利用一些类似"以新材料"的新名词来命名服装，以提高它的售价，而往往消费者会落入陷阱之中；还有一种情况就是消费者对服装、小商品本身真的不了解，或者商家推荐给消费者其他的商品，以获取更多的利润。

[③] 张冉. 熟悉关系与陌生关系中的交易行为研究——以湖南LS市场为例. 北京：中国人民大学，2012.

[④] COASE R H. The institutional structure of production. American economic review, 1992, 82 (4): 713-719.

[⑤] 诺斯. 制度、制度变迁与经济绩效. 杭行，译. 上海：格致出版社，2008：46.

[⑥] 柯武刚，史漫飞. 制度经济学：社会秩序与公共政策. 韩朝华，译. 北京：商务印书馆，2001：32.

下一个合适的定义,将取决于分析的目的。"① 我们接受社会学制度主义对制度的理解,因为相对于新制度主义其他理论流派,社会学制度主义在一个更为广泛的意义上理解制度,即制度不仅包括正式规则、程序、规范,还包括为人的行动提供"意义框架"的象征系统、认知模式和道德模板等。正是在社会学制度主义的意义上,弗雷格斯坦指出:"制度指共享的规则,对这些规则可以做法律或集体性理解,由风俗、明确的或不言而喻的协议适当地保持。这些制度——可以被称作产权、监管结构、控制理念与交换规则——使市场中的行动者把他们自身组织起来,开展竞争、合作和交换活动。"②

在弗雷格斯坦的界定中,文化也被视为一种制度,这反映了社会学内部的一种"认知转向"。文化不仅是与情感相连的态度或价值,也是为行动提供认知模板的规范、象征或剧本的网络。③ 新制度主义社会学将文化纳入制度的范畴之内,在一定程度上扩展了社会学对制度的理解。同时,就制度对行动者的影响方式而言,制度不仅赋予行动者以"行为规范",而且通过向行动者提供认知模板、范畴和模式,建构着行动的社会意义。因此,在新制度主义社会学中,个体的行动并非都是工具合理性行动,而是以"实践理性"为基础展开的行动,个体与制度之间是一种高度互动和同构的关系。④

在中关村电子市场,正式制度在交易实践中处于一种缺席或半缺席的状态。同时,市场社会也发展了许多非正式的制度实践,它们以例行化的方式嵌入现存组织中,并能为其他组织的行动者所获得。⑤ 这些非正式制度也影响着市场的交易活动。非正式制度主要体现为市场中的习惯与风俗等,

---

① 青木昌彦. 比较制度分析. 周黎安,译. 上海:上海远东出版社,2001:2.
② FLIGSTEIN N. Markets as politics: a political-cultural approach to market institutions. American sociological review, 1996, 61 (4): 656-673.
③ 豪尔,泰勒. 政治科学与三个新制度主义//薛晓源,陈家刚. 全球化与新制度主义. 北京:社会科学文献出版社,2004:59-60.
④ 同③60-61.
⑤ 同②.

这些东西是经济社会学无法回避的研究对象。伯格特等人认为："习俗（convention）——相关的概念如习惯、风俗、惯例与标准化实践（standard practices）——是以可预期的方式组织和协调行动的协议（understandings），而且常常不仅是默认的，还是有意识的协议；习俗是在本质上具有内在的集体性、社会性与道德性的行动者之间的经济协调。协调性的习俗不仅具有历史性的积淀，而且是地方性的，解释为什么一样的产业在不同的地方有不同的组织方式。不同之处在于，随着时间的流逝，行动者注重与他人协商而产生的实效；协商的多种方式是可能发生的。"① 不仅如此，他们还倡导习俗经济社会学研究，认为："习俗经济社会学就是从社会学的视角对经济组织及其动态变化进行理解的一个大有希望的进路。习俗理论——起源于常见假设的一系列研究方式——展示了对经济秩序一个主观主义方式的理解，与网络理论一样，它也是一个起始于微观基础而非宏观基础的中层理论。"②

我们认同他们对习俗具有地方性与历史性的特征的界定以及他们所倡导的习俗经济社会学研究，并认为诸如习俗等非正式制度在中关村电子市场交易中发挥着重要的作用，研究市场交易模式，离不开对市场本身具有的习俗、惯例等非正式制度开展研究。中关村电子市场中的交易行为也受到来自社会中的道德、惯例等组成的作为"社会制裁约束的行为规范"③（下文简称社会规范）的约束。诺斯认为："那些正式的法律与产权虽然为生活和经济提供了秩序，但是这些正式规则，即使是在那些最发达的经济中，也只是形塑选择的约束的很小一部分。相反，由道德、惯例等组成的'支配结构'却是现代经济中一种普遍存在的非正式制度。"④ 对于非正式制度之于市场的重要性，青木昌彦也给予了高度评价，认为它们不仅先于现代民族国家的兴起，而且一直发挥着重要的治理作用，有时与国家的合同

---

① BIGGART N W, BEAMISH T D. The economic sociology of conventions: habit, custom, practice, and routine in market order. Annual review of sociology, 2003, 29: 443-464.
② 同①.
③ 诺斯. 制度、制度变迁与经济绩效. 杭行，译. 上海：格致出版社，2008：56.
④ 同③50-63.

实施机制互补，有时是国家的替代物。①

对于这种制度形态，柯武刚和史漫飞则称之为"内部制度"，认为它们由"人类基于历史经验所形成的解决各种问题的方法演化而来"②。这种规范的实施或被人们遵守，往往基于在一定情境中人们所分享的共同知识和实践经验，因此"它们不需要一个具体的外在机构以强制性的方式确保人们遵守，它们是自我监察的"③。换句话说，社会规范是自我实施的。④

社会规范所具有的自我实施机制建立在社会共同体拥有和共享的共同知识和经验基础之上，这意味着社会规范不仅是一种基于社会熟悉关系形成的制度形式，而且具有特定时空范围的局限。从这个意义上讲，社会规范也未必就是一种普遍性的规则。中国社会是一个以伦理为本位的社会，每一个社会成员通过彼此的社会义务关系网络"连锁"在一起，并推动"伦理经济"的形成。⑤ 对此，费孝通也有深刻的论述，认为"道德观念是在社会中生活的人自觉应当遵守社会行为规范的信念，它包含着人和人关系的行为规范、行为者的信念和社会的制裁"⑥。也就是说，由中国传统积淀而来的道德、伦理等，在人们的社会生活中发挥着潜移默化的约束作用。

由于这种制度是一种特殊主义的规范，它的作用机制不同于普遍主义的制度规范。作为约束行为的规范的社会制裁，往往是由社会共同体对那些违反社会公认的惯例和道德的社会成员实施非正式的惩罚，"如被逐出交往圈、内疚（心理代价）、丧失声誉等"⑦。另外，熟悉关系中的信息流通有利于将这种社会制裁进一步扩大。因此，来自社会的制裁往往是在空间相对封闭的熟悉社会之中发挥作用。

---

① 青木昌彦. 比较制度分析. 周黎安, 译. 上海: 上海远东出版社, 2001: 64.
② 柯武刚, 史漫飞. 制度经济学: 社会秩序与公共政策. 韩朝华, 译. 北京: 商务印书馆, 2001.
③ 曼特扎维诺斯. 个人、制度与市场. 梁海音, 陈雄华, 帅中明, 译. 长春: 长春出版社, 2009: 79-98.
④ 诺斯. 制度、制度变迁与经济绩效. 杭行, 译. 上海: 格致出版社, 2008: 77.
⑤ 梁漱溟. 中国文化要义. 上海: 上海人民出版社, 2005: 70-74.
⑥ 费孝通. 乡土中国. 上海: 上海人民出版社, 2007: 23-35.
⑦ 同②123-125.

在中关村电子市场中,这种以特殊主义原则运行的社会规范,孕育了面向熟人的"关系交易"模式。经营者之间不仅因为长期在一个卖场中营销而结下熟悉关系,而且很多经营者之间是同乡、亲戚或同学关系,亦即不仅有熟悉的职业关系,更有熟悉的地缘、亲缘或学缘关系。在这种熟悉关系中,经营者们互相打白条、赊账、拿货,互相支持、互相信任,形成了良好的交易秩序。[①] 陌生人不属于特定的小团体,名誉和内疚感对陌生人的影响也比较小,所以"逐出交往圈、内疚(心理代价)、丧失声誉等"社会制裁对陌生交易的制约作用就难以发挥。那种面向熟悉关系的社会规范性制度,在陌生化的交易关系中难以发挥相应的制度效力,商户极其容易在利益最大化原则的驱使下实施欺骗性比较强的"转型交易"模式。

熟人之间的亲情原则和"差序格局"在芦淞服装批发市场中也有所体现,表现为经营者会根据消费者与自身关系的远近来采取不同的行为,这种不同主要体现在诚信度、信誉度上。在熟悉关系中,一方面,在交易开始前,经营者会主动向消费者推荐商品,有时甚至会提前发货,或者允许对方赊账;在交易过程中,在制定价格时,经营者会制定较为实在的价格,也不会过分夸大商品的质量和用途;在交易完成之后,如果消费者遇到质量问题或是销路不好的问题,经营者会乐于与之商议解决,换货或者退货也会顺利展开。另一方面,消费者也会倾向于选择自己熟知的经营者进行交易,并且在交易的过程中保持对经营者高度的信任。具体表现为:在交易开始前,消费者会预付相应的订金给经营者,以保证交易的顺利开展;在交易过程中,消费者会较少与经营者讨价还价。在整个交易过程中,双方都保持着较高的诚信度,而"关系交易"本身也就更加稳定和具有延续性。"差序格局"的社会中存在着圈子效应:在以地缘、血缘和熟悉关系为纽带的圈子内,传统的道德能起到规范人们行为的作用,而一旦脱离这个

[①] 刘少杰. 陌生关系熟悉化的市场意义——关于培育市场交易秩序的本土化探索. 天津社会科学,2010,4(4):43-47.

圈子，这种规范就会因为其作用基础的缺场而失效。[①] 总之，社会规范主要遵循着特殊主义的运作原则，这种非正式制度有效地约束了熟悉关系中的投机行为，降低了交易成本。

第四节 熟悉交易的传统道德基础

根深蒂固的传统道德原则在当今中国生活中依然发挥作用，尤其是在熟悉社会之中。尽管市场交易以追求经济利益为根本，但亲情原则、差序格局的思维依然能够体现在经营者的交易行为之中，这些道德原则为他们的交易提供了行为规范。在新时期，经营者不仅受到这些传统道德原则的约制，还受到拜金主义等不良道德原则的影响，所以在熟悉交易中，其行为具有一定的复杂性。

以中关村电子市场为具体的研究情境，我们分别从经营者和顾客的角度出发，深入剖析两者进行"关系交易"背后的原因。中关村电子市场"关系交易"的产生不仅仅是顾客为了规避交易风险，也不仅仅是交易双方追求互惠的利益，而是有其深刻的社会现实基础和道德支持。传统的中国社会是一个伦理本位的熟悉社会，儒家伦理价值和道德原则虽然在中国走向现代化的进程中受到冲击，但其根基并未发生太大改变，仍在人们的日常生活中发挥作用，而且伴随着新儒学社会思潮的出现，儒家伦理还有复兴的迹象。

中国的熟悉关系网络有其深刻的社会根源。按照费孝通的观点，熟悉社会的根源是以土为本的乡土文明，因为土地不可移动，所以农民世代厮守田园、安居重迁，十分狭小的生活空间使农民长期生活在彼此非常熟悉的环境中，于是，以各种亲属关系和地缘关系结成的熟悉社会逐渐形成。乡土社会在地方性的限制下成了"生于斯、死于斯"的社会，是一个"熟

[①] 张冉.熟悉关系与陌生关系中的交易行为研究——以湖南LS市场为例.北京：中国人民大学，2012.

悉"的社会，没有陌生的社会。[①] 按照费孝通的说法，这种"熟悉"主要是从时间上、多方面、经常性的接触中所产生的亲密的感觉，乡土社会的人们从这种熟悉中获得信任。

由此可见，乡土社会的信用并不是对契约的重视，而是发生于对一种行为的规矩熟悉到不假思索时的可靠性。[②] 这种行为规矩是"习"出来的礼俗，这一礼俗就是儒家伦理的道德规则和价值追求。儒家伦理追求的社会秩序是一种礼治秩序，礼是社会公认的合式的行为规范。[③] 礼的施行并不是靠外在的强制力推动，而是从教化中养成了个人的敬畏之感，使人自觉地从内心服从其要求，也就是说，人服礼是主动的行为。孔子非常重视服礼的主动性，如在《论语·颜渊》中所述：

> 颜渊问仁。子曰："克己复礼为仁。一日克己复礼，天下归仁焉。为仁由己，而由人乎哉？"颜渊曰："请问其目。"子曰："非礼勿视，非礼勿听，非礼勿言，非礼勿动。"颜渊曰："回虽不敏，请事斯语矣。"

孔子对礼的强调反映了儒家理想的社会秩序是一种礼治秩序。礼是社会运行主要的行为规矩，社会中的成员都要做到克己复礼，不能违背礼的行为准则，否则不但不好，而且不对、不合、不成。[④] 当然，这种礼治不是个人好恶的统治，而是一种传统，几乎整个中国社会历史都在维持这种礼治下的社会秩序。这种社会秩序强调个人对礼的自觉遵从，显然不同于强调契约化、法治化的西方社会秩序。

在礼治秩序的社会背景下，费孝通认为，传统的中国乡土社会是一个差序格局的社会。这种差序格局展开的形式就像被扔进湖面的一个石子泛起的一片水波纹，一圈圈推出去，愈推愈远，也愈推愈薄。这个网络像蜘蛛的网，有一个中心，就是自己。这是一种以己为中心的差等有序的格局，

---

① 费孝通. 乡土中国 生育制度. 北京：北京大学出版社，1998：9.
② 同①10.
③ 同①50.
④ 同①51.

而这种差序格局是中国熟悉社会的制度结构,也是中国社会结构的基本特性。按照费孝通的解释,儒家最考究的人伦,就是从自己推出去的与自己发生社会关系的那一群人里所发生的一轮轮波纹般的差序。①

由此可见,差序格局是在以己为中心,以血缘关系、地缘关系等熟悉关系为基础的熟悉社会中展开的。按照费孝通的观点,血缘的意思是人和人的权利与义务根据亲属关系来决定,亲属则是由生育和婚姻所构成的关系,这些关系都是人的基本关系。在中国社会中,血缘是稳定的力量,在一个稳定的社会中,地缘不过是血缘的投影而已,二者很难分离。当然,也有纯粹的地缘关系,比如一群没有血缘关系的人结合成一个地方社群,他们之间的关系就是纯粹的地缘关系。我们所调查的中关村电子市场中的安徽老乡建立的关系就是一种地缘关系。

费孝通指出,在差序格局中,社会关系是从一个一个人逐步往外推的,是私人联系的增加,社会规范是一根根私人联系的线所构成的网络,因此,我们传统社会里所有的社会道德也只在私人联系中发生意义。② 这里的社会道德观念主要指人应当自觉遵守社会行为规范的信念,包括行为规范、行为者的信念和社会的制裁,其内容是人与人关系的行为规范。传统的中国社会是一个差序格局的社会,在这个以自己为中心的社会关系网络中,最重要的道德原则是"克己复礼",遵循礼治社会秩序,这是差序格局中道德体系的出发点。

费孝通以乡土社会为基础,论述了熟悉社会的根源,但这并不意味着熟悉社会仅仅来自乡土社会和农民生活。刘少杰对熟悉社会的根源进行了系统阐述。他认为,时下人们谈及熟悉社会存在的根源,通常仅仅想起费孝通关于熟悉社会或乡土社会以土为本的观点,把熟悉社会同农业文明、农民生活方式联系在一起,而忽视了费孝通关于差序格局的制度结构在熟悉社会中的规范作用的论述。③ 他指出,熟悉社会不仅存在于乡土社会的农

---

① 费孝通. 乡土中国 生育制度. 北京:北京大学出版社,1998:27.
② 同①30.
③ 刘少杰. 熟人社会存在的合理性. 人民论坛,2006(10):16-18.

民生活方式中,而且存在于现代城市的日常生活中,判断熟悉社会的存在与演变,不仅要注重熟人关系发生的场域,更重要的是应当考察那些制约人们行为方式、思维方式和生活方式的制度结构的变迁。

刘少杰认为,差序格局的制度结构不是靠理性思维设计出来的,而是以亲情原则为核心,以习惯、习俗和惯例等感性形式积累而成,并作为文化传统,通过人们的日常生活经验在历史中稳定地传承。注重亲情的行为规则,同人们的血缘关系、地缘关系和熟悉关系是分不开的,而这些关系又是社会生活中永远存在的关系,只要人口繁衍、交往不止、社会延续,这些关系就永远不可祛除。并且正是这些关系中蕴含了人类的原初品质和真实本性,在市场中为经济利益而奔波的人们,无论怎样紧张疲惫,一旦回到亲朋好友之间的血缘关系、地缘关系和熟悉关系中,便会感到轻松与安全,因为在这里人们能够以朴素的方式表达自己的真实情感,表现自己的原初本性。

实质上,这种亲情原则是熟悉社会的运行原则,它以儒家伦理观念为深刻的道德支持,指导着熟人之间在日常生活中的行为。即使在理性的市场交易中,这种熟人之间的亲情原则也不会消失殆尽,它深深地嵌入市场活动之中,影响着交易模式的实施与交易秩序的形成。在中关村电子市场,儒家伦理、亲情原则虽然受到经济利益追求的冲击,但由于市场交易的现代道德原则没有形成,亲情原则仍在发挥作用,"关系交易"的流行便是其发挥作用的体现。

从市场经营者的角度出发来分析"关系交易",我们发现,传统的儒家伦理、亲情原则是经营者从事"关系交易"的原动力。以自己为中心,经营者拥有亲疏不等的关系网络,"关系交易"的具体过程与展现形式也随着熟悉程度而相异。关系越亲密,经营者在"关系交易"中越容易做出让步,赚取很少的利润;关系越疏远,经营者在"关系交易"中越倾向于赚取更多的利润。无论是经营者与顾客之间还是经营者之间,基本都会按照亲密程度进行相异的"关系交易"。

在经营者与顾客的"关系交易"中,如果二者之间只是点头之交,那么经营者将会尽可能赚取较高的利润;如果顾客是经常来的老顾客,彼此较为熟悉，那么经营者为了维持长期存在的关系，往往愿意赚取较少的利润，以吸引顾客；如果经营者不仅和顾客之间存在纯粹的交易关系，还存在地缘关系，那么经营者一般都会真诚地对待顾客，不会追求很高的利润，这是因为在中关村电子市场，多数经营者都来自外地，遇到老乡会让其感到较为亲切。我们在实地调查中，经常会听到经营者说"和老乡做生意不赚钱"等类似的话。如果经营者与顾客之间存在亲密的亲戚或朋友关系，那么经营者在交易的过程中往往只会赚很少的钱，甚至不赚钱。

在经营者之间的"关系交易"中，关系的亲疏导致交易过程和交易结果不同体现得也很明显。经营主体之间的交易，主要体现为彼此的"抓货"和进货过程，在其中，"打白条"是重要的交易方式，它自中关村电子市场成立之初就已形成，至今仍是经营主体之间重要的交易制度之一。"打白条"制度与理性化、契约化的市场交易大大不同，一张张"白条"像货币一样使电子市场的商品有效地流通起来，不仅缓解了经营者资金短缺的问题，而且能够加快资金流动，提高市场运行效率。

"打白条"制度建立在经营主体之间熟悉关系的基础之上，是一种以欠账的形式进货的过程。然而，"白条"终会有兑换成现金的一天，至于何时兑现，也就是经营者之间的账期有多长，则取决于经营主体之间关系的亲密程度。以己为中心，每个经营者都拥有一个差序格局的关系网络。关系最亲密的，不仅能打较多的"白条"，而且有较长的账期，有的甚至长达半年都不用兑现"白条"。关系一般亲密的，也能有较长的账期，比如可以有一个月的时间来兑现"白条"。关系不太亲密的，顶多一个星期就要兑现"白条"。

经营主体之间以"打白条"为特征的"关系交易"，体现了差序格局的儒家伦理原则，在一定程度上反映了传统道德对熟人之间现代市场交易行为的影响。因此，在追求经济利益的市场交易中，即使在熟人之间，经营者仍会根据关系的亲疏而采取不同的交易手段，使"关系交易"呈现出不同的过程与结果。这体现了经营主体受到传统儒家伦理特殊主义价值取向的影响，也与现代市场普遍主义道德原则的缺失和未被人们认同有关。

从顾客的角度来说，如果存在熟人关系，那么大多数到中关村电子市场购物的顾客会利用这一关系进行交易；即使没有这种直接关系的存在，顾客也会采用"搜索嵌入性"的方式寻求潜在的可信赖的经营者。这些都是经营者与顾客"关系交易"产生的前提条件。"关系交易"发生时，由于关系的亲疏，顾客在交易中的表现也会出现差异。顾客有一个以自己为中心的差序格局的关系网络，依据经营者在差序格局中的位置，顾客决定自身在交易中的表现。

无论从经营者还是从顾客的角度出发，发生于熟人之间的"关系交易"遵循的道德原则仍是儒家伦理指导下的熟悉社会的亲情原则，而非现代市场的普遍主义的道德原则。市场经济虽然在中国已经发展多年，但现代市场所需要的普遍主义的道德原则不仅没有被人们接受，而且没有形成成熟的体系，在市场运行中处在缺席和半缺席的状态。反观儒家伦理导向下的传统道德原则，尽管受到市场经济的冲击，但还是不仅在人们的日常生活中发挥着作用，在市场交易中也依然存在并积极地发挥着作用，在熟人之间的"关系交易"中尤为如此。

在芦淞服装批发市场，熟悉交易也存在着一定的道德基础。我们根据调查发现，芦淞市场的经营者大都来自株洲城郊或是周边农村。20 世纪 80 年代末 90 年代初，陆续有一批进城务工农民发现，临近火车站的芦淞地区不仅有良好的运输条件，还有许多流动人口作为客源，因此，产生了第一批在芦淞地区做生意的经营者。之后随着交易种类的增多、经营规模的扩大，逐渐形成了现在的芦淞市场群。在芦淞市场群的形成过程中，有许多经营者都是通过老乡的带领进入芦淞市场的。经营者从农村走出来，带有更浓重的"乡土气息"。在他们的观念中，占主导地位的仍然是儒家理论所讲的传统伦理道德，这种传统道德观念在具体的市场中则表现为感性化的交易行为。具体表现为经营者在熟悉关系交易中不过分关注眼前利益，并根据与顾客的熟悉程度决定采取何种方法来完成整个交易过程。在芦淞服装批发市场，当交易发生在熟人关系中时，常常可以听到经营者与顾客谈到"老乡情"

"道义""交情""义气""信誉",这其中包含了很强的道德色彩。

不可否认,在商品经济的冲击下,经营者不仅受到这些传统道德原则的约制,还受到拜金主义等不良道德原则的影响。如前所述,传统道德是一种特殊主义的规范,对拜金主义等不良行为没有普遍性的约束力。在"关系交易"中,这些传统道德原则的在场,不仅没有破坏市场交易的进行,而且在一定程度上有助于交易的完成,有助于健康交易秩序的形成。但是在陌生人之间,由于现代市场所需求的普遍主义道德原则的缺席,传统道德原则仍是指导交易的主要规范,在这种差序格局的关系网络中几乎找不到陌生人的位置,经营者在交易中就不会对陌生人进行像熟人一样的诚信交易。因此,在陌生人之间的交易中,为追求经济利益,经营者往往不择手段,中关村电子市场的"转型交易"就是这种交易的一种展现。

即使在熟悉交易中,传统道德也无法完全杜绝投机和欺诈行为。比如中关村电子市场"打白条"制度的存在,为柜台之间欺骗性的交易创造了空间,这种含有欺骗性的交易在中关村电子市场有个专有名词,叫"扎货"。中关村老柜台主 WJ 告诉我们,所谓的"扎货"就是一种不给现钱的方式,一次拿很多货,而且之后要不回来钱,实际上是骗货的形式。一般来说,每个柜台经营者每年都会遇到"扎货",只是有的损失多,有的损失少而已。在访谈中,中关村 e 世界的 WK 告诉我们:

> 像这样的(指"扎货")在市场上,我经常遇到。每一年,像他们做生意的呀,叫人家带走一万多块钱都是正常的。就是说,别人把你货拿走了,钱没付,欠了一万多块钱就走了,每年都有,所以说生意很难做的。就是说都是同行的在一起呀,互相拿货,你拿给他了,你问他要钱吧,他下次不拿你的了,拿别人的,欠到最后有的人感觉到欠得多了,就把你的货带走了。[①]

由于"打白条"制度的存在,中关村电子市场每一个柜台经营者都无

---

① 根据中关村 e 世界 WK 的访谈记录整理而成。

法摆脱"扎货"这一风险,每年被带走一万多元的货是很正常的。科贸的 J 老板用自己的亲身经历告诉我们他被"扎货"的过程:

> 也有拿了货跑的,一年平均起来也就几千块钱。去年没有,今年还刚刚开始呢。有的是跑,有的是少,自然而然地就不干了。有的不是纯粹的跑,柜台一走一撤呀,就算烂账了,没有了。小账就无所谓,真正大、多了,才去想办法。少了,三千五千的也没有人去问,报案也没用。也有报案的,但有结果的很少,追回来的很少。①

由于"抓货"往往伴随着"打白条"制度,因此,每个柜台经营者都会面临"扎货"的风险。然而,相对于数额很大的交易来说,"扎货"只占其中很小的一部分。

以亲情原则为核心的传统道德原则,在中关村电子市场交易中既有积极的作用,又有不利的影响。这不仅与现代市场道德体系没有成熟有关,还与具体的市场交易情境有关。因此,要判断传统道德在市场经济中的作用,我们不能在抽象的层次上探讨它是有利于市场运行还是有悖于市场运行,而是应该从具体的市场情境出发,从具体的市场交易过程出发,剖析它在市场运行中的作用。因为中国市场具有较大的多元性,脱离具体市场情境的抽象概括往往会误解传统道德原则在市场运行中的真实作用。

总之,熟悉社会中的亲情原则仍在影响着熟人之间的日常生活行为,这种原则以儒家伦理作为重要的道德基础。在中国,即使是在理性化的市场经济运行过程中,虽然受到以利益最大化为主要内容的理性化思想冲击,但这种熟人之间的亲情原则非但没有湮灭,反而还在影响着市场交易行为以及整个市场秩序的形成。这种亲情原则在市场交易中还被扩展为以地缘、商缘为纽带的熟悉交易关系。在熟悉关系中的市场交易中,儒家伦理仍然起着很重要的作用,经营者往往采取诚信度较高的交易方式,而顾客对经营者也有较高的信任度,市场交易秩序也相对稳定且具有较好的持续性。

---

① 根据科贸 J 老板的访谈记录整理而成。

第五章　熟悉交易中的感性根据

在长春、株洲和北京等地的市场交易秩序调查已经充分表明，传统的熟悉关系、熟悉社会以及植根其中的道德伦理，仍然起着规制市场交易行为、维护诚信道德和稳定交易秩序的积极作用。相反，倒是在熟悉关系转为陌生关系后，一些人抛弃了道德原则和伦理诚信，干起了以次充好、说谎欺诈的"转型交易"。对这种现象普遍存在的原因可以给出多种解释，但我们认为，这两种在熟悉关系和陌生关系中发生的性质相反的交易行为，最重要的根据都在于中华民族几千年的感性文化教化积淀传习而成的感性思维方式、感性选择行为模式和感性交往的社会秩序。因此，化解市场交易矛盾和优化市场交易秩序，不能仅从理性选择和法治监管着眼，更重要的是清楚认识其存在的感性根据，承认中华民族感性文化传统具有十分稳定的延续性，反思理性局限，认识感性选择，构建以熟悉社会为基础的市场交易秩序。

第一节　理性选择的感性制约与感性支持

新古典经济学建构了精致的理性选择理论，凭借这种理论原则和方法模式，经济学取得了巨大的成功，并且大规模地向其他领域进行了"帝国主义扩张"。然而，无论经济学的理性选择研究取得了何等辉煌的成就，它对实际发生的经济行为和其他层面的人类行为的研究，至多不过像西蒙所言，仅仅面对浮在海面之上的少部分冰山，而对在海面之下的大部分冰山却没有顾及。

自启蒙运动以来，人类社会一直处于一个在理性主义旗帜下竭尽全力地追求现代化的过程。人类不仅按照理性的原则探索科学、推进工业化进程，而且以理性的名义和尺度去评判全部人生现实。在这种理性主义高歌猛进的时代，一切事物都或者成为理性征服与控制的对象，或者成为理性实现自己控制目的的工具，感性及其支配的选择行为则既是理性征服与控制的对象，又是理性实现其控制目的的工具。

简言之，感性选择受到冷落不过是理性压抑感性的结果或表现，这种压抑开始于柏拉图对人类认识能力的等级制划分。在柏拉图之前，古希腊哲学家们并没有把感性置于意识活动的底层，相反，他们通常用可见事物来说明世界的本原。德谟克利特用水来解释万物的构成，赫拉克利特用火来描绘世界的运动变化，这些都说明感性现象最初并未被看成浮泛不定的假象，感性存在甚至被看成世界的本质，感性认识最初也未被贬为低下的意识能力。如文德尔班所指出的，早期古希腊哲学家用宇宙理性的眼光来观察和理解世界，因此他们无论是对外部的客观世界还是对内部的主观世界的解释都是笼统的。柏拉图不满意对宇宙理性的模糊解释，在他看来，不仅人们处于不同的社会等级之中，而且人们的认识也是划分为明确的等级层次的。

柏拉图把人的认识能力划分为四个等级：理性、知性、信念和想象。理性和知性都是广义上的理性认识能力。区别在于，前者以最高的本体——善为认识对象,形成的知识是辩证法;后者以数理实体为认识对象,形成的知识是科学和数学。信念和想象是广义上的感性认识能力。区别在于,信念以实际存在的事物为认识对象,形成的认识结果是常识;想象以事物的肖像为认识对象,形成的认识结果是幻觉。进一步的概括是:理性和知性都是以真实存在的可知世界为认识对象的,是哲学家和科学家的认识能力与认识活动,它们的意义是创造知识、统治社会和指导人生;信念和想象是以作为变动不居的偶然事物的可见世界为对象的,是工匠和艺术家的认识能力,是不能获得知识、只能产生意见的认识活动,是对事物的浮浅认识甚至是虚假幻觉。

柏拉图构造的认识论模式既是奴隶社会等级制的心理根据,也是封建等级制的思想基础。自古希腊开始的认识论研究,从起点上就带有阶级歧视、阶级压迫的深刻蕴涵。柏拉图轻蔑地把工匠、平民和艺人的意识活动称为意见与想象,认为他们无法领悟理念,也不懂科学知识,只能面对可见事物形成浅薄、虚假的常识与幻觉。柏拉图构建的等级制认识论模式,也是宗教神学的理论基础,并且宗教神学把理念同永恒与上帝融为一体,而把感性层面上的意见和想象归结为尘世俗民表象上帝的认识能力。

文艺复兴运动高举以人性代替神性的旗帜,在但丁和薄伽丘等人那里,人性既包含理性也包含感性。但是到了文艺复兴运动后期,人文主义的人性观逐渐片面化为单纯的理性观,伽利略的认识论是这种片面化的起点。伽利略认为,人的认识起于对事物的观察,但是只有当人们开始用数学去计算这些观察得来的材料后,人们才能形成科学的认识。笛卡儿是把人的认识完全置于理性统治之下的代表。他从唯理论立场出发,认为感性无法形成正确认识,只有精神直觉和演绎推理才能成为正确认识的源泉。他指出:"离开精神直觉或演绎,就不可能获得科学知识。""除了通过自明性的直觉和必然性的演绎以外,人类没有其他途径来达到确实性的知识。"[①]

---

① 北京大学哲学系外国哲学史教研室. 十六—十八世纪西欧各国哲学. 北京:商务印书馆,1975:137.

伽利略和笛卡儿崇尚理性的原则与他们在科学上的追求和成就直接相关，也就是说，他们坚持的理性原则实质上是科学思维方式的普遍化。而当科学原则超越自然科学视野变成一般意义上的思维方式之后，仅仅适用于解释自然世界的理性原则势必显出其不适应之处。

应当承认，经济学把支配选择行为的意识活动简化为单纯的理性思维，不仅减轻了它在分析经济行为时的许多沉重的负担，而且使它对经济行为模式的分析具有了明晰性与可操作性。在人的意识活动中，感性意识是模糊的，而理性思维却是清楚的。感性意识虽然也有自己的意识形式——感觉、知觉和表象，但是这些形式是以直观性和笼统性而被界定的；理性思维的形式——概念、判断和推理，不仅可以清楚地被语词、命题和句组表达出来，而且经过亚里士多德的形式逻辑、培根的归纳逻辑、德国古典哲学的辩证逻辑，还有当代的符号逻辑等各种形式逻辑学的精致推敲，已经被赋予无比丰富且规定具体的表现形式，为经济学提供了方便。

更为重要的是近现代数学的快速发展，给经济学的理性分析提供了无与伦比的、具有极强征服性的精致手段。数学有精致的概念、恰当的命题、严密的推理，是形式化最充分的理性思维。正是借助数学的成就，经济学超群脱俗地克服了人文社会科学研究的不确定和模糊性，特别是计量经济学的建立，使经济学获得了同其他相近学科完全不同的展开形式。

事物的发展往往走向它的反面。经济学借助数学和符号逻辑展开自己，其目的在于揭示和指导人们的经济行为怎样才能更加有效，可是，当经济学过度数学化和符号逻辑化时，它的概念框架和推理系统已经离现实的经济活动越来越远。现实永远是具体的，只有理论才是抽象的。抽象的理论源于现实，现实也需要一定程度的抽象理论。但是，理论对现实的抽象是有限度的，当它达到仅凭逻辑就可以支持自己的展开体系时，它就已经不是对现实的抽象，而是福柯所说的"词的秩序同物的秩序分离的知识型"，是一种话语体系和逻辑体系同现实分离、对立的异化的知识系统，可以不顾现实存在而仅凭自己的想象力任意地展开自己的逻辑形式。理性至此不仅走向空虚，而且已近疯狂。

对心理学或认识论稍有了解就会知道，人的意识活动，无论在何时何地，都从来没有单纯的逻辑思维过程，或者说，人的意识活动在其实际过程中，一定是在理性和感性两个层面上同时展开的。选择行为中的意识活动也是如此，从来没有脱离人们感性意识活动的单纯由理性思维支配的选择行为。以经济利益为对象的经济选择行为，其目的性和功利性都非常明确，加上市场竞争等因素的激励，经济选择行为中的理性思维程度要比日常生活领域中的其他选择行为更强一些，但这不意味着经济选择行为就是一个可以脱离感性意识的纯粹逻辑推论或数学计算过程。

康德有一句名言："感性无理性则盲，理性无感性则空。"对于经验现象的直接感知应当受到理性的指导，否则将陷入盲目。经济学从数学计算和逻辑推论来论述选择行为对功利效益追求的有效性，正是起到了指导人们的感性认识和感性行为的作用。但是，应当明确的是，经济学在数学形式或逻辑形式上给出的种种模式，不是描述事实，而是用抽象的理性模式引导现实。

正是在这个意义上，奥地利经济学家米塞斯说："努力得出普遍正确知识的人类行动科学是一个理论体系，它迄今为止最精心地构建的分支是经济学。在其所有分支中，这门科学是先验的，而不是经验的。正如逻辑学和数学一样，它不是得自经验，它先于经验。它现在就像过去一样，是行动和事实的逻辑。"[①] 米塞斯在普遍的意义上揭示了经济学的先验性本质，仅仅通过数学计算和逻辑推论来展开的理性是一种非经验的构建，所以，选择行为中的意识活动不仅有理性思维，而且有感性意识。

理性是抽象的，但感性却一定是具体的。感性作为事物，是在特定条件下的具体存在，具有真实的空间位置和实在的时间过程；感性作为人头脑中的意识活动，是以直接的感知、整体性的知觉、形象性的回忆表征着具体的事物。在现实生活中，凡是真实存在的人的行动，一定是以感性形式存在的。现实的行动，不仅在其表现形式上是感性的，而且支配现实行

---

① 米塞斯. 经济学的认识论问题. 梁小民，译. 北京：经济科学出版社，2001：12.

动的意识活动也主要是感性的。

虽然经济学可以像米塞斯理解的那样，不是对经验事实的描述，而是一种关于行动逻辑的构建，但是，如果经济学的目的是追求效益的最大化，那么它也应当是指向经验过程、介入和指导实践过程的学问，否则将无任何效益可言。并且经济学追求的经济效益是人类社会生活最基本的效益，亦可称之为最实在、最具感性特征的效益，追求经济效益的经济行动更是一种比任何行为都具有感性特征的行为。所以，经济学在确定自己的理论追求时，就已经在自己选定的目标中内在地包含了感性行为、感性意识和感性世界的内容。正是出于这个原因，凡伯伦、波兰尼等人一再突破主流经济学的限制，在经济学中不断地提出感性层面的问题。

凡伯伦也是受到了心理学的影响而对经济学提出了新见解的。19世纪后期，以詹姆斯为代表的新机能主义心理学在美国流行。詹姆斯非常重视本能和习惯在人的行为中的作用。他认为，由感觉冲动、知觉冲动和观念冲动构成的本能在人的心理活动中具有基础地位，受这些本能鼓动而发生的行为不断重复性地发生，就逐渐形成了人的习惯。詹姆斯论述了本能和习惯的积极作用，改变了人们对本能和习惯的心理机能的认识。他认为，本能并不是完全盲目的、被动的，本能也具有选择性；习惯的积极作用就更明显了，因为习惯是行为不断重复而成，并且它形成后仍然具有不断的重复性，所以，由习惯而形成的行为，可以降低学习成本、提高效率，且大量的行为是在习惯的支配下进行的。

凡伯伦以詹姆斯的本能与习惯理论为基础建立了他的制度经济学。凡伯伦认为，经济学应当以经济生活中的制度为研究对象。他不同意理性主义关于制度是理性选择与设计的结果的观点，认为制度是在本能与习惯的基础上形成的。他指出："人类在社会中的生活，正同别种生物的生活一样，是生存的竞争，因此是一种淘汰适应的过程；而社会结构的严谨，却是制度上的一个自然淘汰过程。人类制度和人类性格的一些已有的与正在取得的进步，可以概括地认为是出于最能适应的一些思想习惯的自然淘汰，是个人对环境的强制适应过程，而这种环境是随着社会的发展，随着人类赖以生存的制度的不断变化而变化的。"①

凡伯伦不仅认为制度是在思想和习惯（最根本的是本能）的基础上形成的，而且认为制度的形成是一个受制于环境的自然选择过程。有必要指出，凡伯伦所讲的思想不是指逻辑层面的思维过程或思维结果，而是泛指意识过程或心理过程，其中主要是感性层面的心理过程。感性层面的心理过程和习惯不过是同一个过程的两个方面，习惯是感性意识的行为表现，而感性意识则是习惯的心理过程。所以，当凡伯伦讨论思想、习惯与制度的关系时，并没有超出人们的感性层面。

强调社会生活和制度形成的自然选择性，就必然要肯定感性的被动性，排斥理性的主动性。当凡伯伦用这个观点分析经济生活时，也就必然要否定主流经济学的理性选择理论。凡伯伦说："任何社会的结构如果是由所谓经济的制度组成的，就可以看作一个工业的或经济的机械结构。这类制度，就是当在社会的生活过程中接触到它所处的物质环境时继续前进的习惯方式。"② 这里，凡伯伦把资本主义社会的社会结构或经济制度看成人们在工业生产中因适应机器的操作方式而形成的习惯。这种判断同充满理想性和征服精神的理性主义界定是完全不同的，虽然同样承认经济制度起源于生产过程和经济生活，但是理性主义认为经济制度是人类面对现实经济生活变化而做出的自觉的理性选择，而凡伯伦却认为这是一种被动的适应，并且是像自然过程一样没有明确的逻辑分析的模糊的感性层面的适应。

为了申明自己的理论不是理想主义的推理，而是对真实存在的感性具体的关注，凡伯伦不断地表明，他的理论观点产生于对日常生活的观察。他在《有闲阶级论》的序言中指出："这里所引证的大都是些平淡无奇、家喻户晓的事例，是一些世俗现象，或在日常生活中已司空见惯因而往往不再作为经济研究对象的一些现象。"③ 那些平淡无奇的世俗现象是不必上升到逻辑层面的、无须数学推论的日常生活，是从未进入经济学理性选择理

---

① 凡伯伦. 有闲阶级论. 蔡受百，译. 北京：商务印书馆，1997：138.
② 同①.
③ 同①.

论视野的感性生活过程。正是在实实在在的日常生活之中，凡伯伦找到了经济制度与社会结构的真实基础。

我们肯定了凡伯伦从经济学视野对感性现象的关注，甚至也肯定了他关于感性生活和感性意识是制度与社会的直接存在基础的观点，但是不等于说我们也像他那样完全排斥理性思维与理性选择行为在经济生活和其他社会生活中的作用。应当说，相对于理性设计和理性思维而言，感性事实和感性意识也具有基础性地位，它们既对理性选择形成制约，也是理性选择得以进行的基础。

在对主流经济学的批判中，波兰尼的实体主义经济学与凡伯伦的制度经济学有异曲同工之效。波兰尼没有注意心理学的成果，他从经济人类学的角度，针对形式主义经济人类学论述了自己的实体主义观点。在波兰尼看来：形式主义简单地把马歇尔的价格理论应用到对原始社会的经济分析中，是一种不顾历史条件、不顾实际发生的社会实践、生搬硬套的研究方法。因为原始社会的经济活动中不存在一些像价格这样的经济活动的形式，用当代市场中形成的一些概念去揭示历史中与之不相符的经济行为，势必造成内容和形式的分离。

波兰尼的实体主义观点是以社会整体论（holism）为前提的。波兰尼认为，社会生活的各种构成因素密切地联系在一起，任何一种构成因素都不可能在社会生活的整体联系中独立发挥作用，被形式主义经济学抽象化和模式化的那些经济形势也是在实际存在的各种社会关系中存在的，即所谓经济活动嵌入（embeddedness）社会关系之中。波兰尼指出："人类经济因此是埋藏在许多经济与非经济的制度中的。这些非经济的制度具有无比的重要性。"[1]"虽然金钱上的利益必然是由得利者代表的，但其他方面的利益确实由更广泛的社会阶层构成。它们以许多种方式影响到每个人：街坊邻居、职业工作者、消费者、行人、通勤者、运动员、远足者、园艺家、

---

[1] POLANYI K, ARESENBERG C, PEARSON H. Trade and market in the empires. Glencoe: Free Press, 1957: 250.

病人、母亲、或恋人——他们因此也能组成各种不同形式之地域性或功能性的团体作为其代表,如教会、乡镇、兄弟会、俱乐部、工会,或是基于概括原则而组成的政党。"①

波兰尼不仅批判了形式主义经济学的局限性,而且论证了感性现象才是真正的现实性。如果承认他的观点符合实际的经济生活,那么就应当无须迟疑地把感性行为和感性意识引入经济学研究中,尤其要引入经济社会学的研究中。西方学者在讨论经济社会学的兴起时一般都要追溯到波兰尼,然而,人们往往只注意到波兰尼的嵌入理论,没有进一步追问波兰尼认为的经济现象及其嵌入的社会是一种什么样的存在,而仅仅停留在对经济活动与社会结构之间关系的讨论上。波兰尼在论述"互惠""再分配""交换"等旨在整合社会的三种经济活动模式时,其更重要的意义在于揭示了经济活动是一种感性的具体存在,而不是仅仅用理性的抽象模式就能解释清楚的简单形式。简言之,波兰尼在经济学形式化的浪潮中,在经济社会学的思想源头就已经提出了立足感性、关注感性的理论任务。令人遗憾的是,经济社会学至今也没有从感性层面上提出和研究经济生活中的问题。

如果说波兰尼对主流经济学的批判是从经济行为的意识形式上展开的,那么相对而言,凡伯伦的理论则是从经济行为的活动内容上展开的。尽管凡伯伦和波兰尼的批判都难免存在欠缺,但是无论如何,他们说明了一个有事实根据的道理,即经济行为就其形式和内容而言都不能否定其感性存在。并且,感性层面上的意识活动和活动内容在经济行为中都是占有基础性地位的,它们既对理性选择行为进行制约,又为理性选择行为的相对有效开展提供支持。不认识到这一点,就容易把经济研究领向脱离实际的虚空。

西蒙从注意力选择的角度分析了经济行为的感性特征以及理性选择对感性意识的依赖。西蒙指出:"在理性的实质理论中,没有类似注意力焦点

---

① 波兰尼.巨变:当代政治、经济的起源.黄树民,石佳音,廖立文,译.台北:远流出版事业股份有限公司,1999:259-260.

的变量的位置。然而在过程理论中，知道在何种情况下会对特定现实层面加以留意和对其他加以忽略可能是非常重要的。我现在希望提出两个例子，其形势中注意力焦点是行为的主要决定因素。"[1] 事实上，研究选择行为就一定要承认注意力在选择行为中的前提作用，因为注意力是选择的首要能力，是选择的第一个环节。人在注意某个事物时也就开始了最初的选择，并且，只有某个事物被选入人的视野之中，人才能开展下一步的选择。没有注意就没有选择，所以西蒙把注意力称为选择行为的"主要决定因素"。西蒙不仅确认了注意力在选择中的决定作用，还提到了注意力不一定由理性思维决定，而往往在感性经验中产生。从选择的展开过程而言，注意力的选择作用首先表现在感性认识上。西蒙所陈述的一个例子是：

> 堪瑞瑟（Kunreuther）等人（1978）研究了业主对是否购买针对水灾损失的保险的决策。新古典理论会预测，如果从水灾中得到的预期可偿还损失大于保险费的话，业主会购买保险。实际数据和这一主张有着惊人的冲突，实际上，保险主要是由遭受过水灾的人或者与具有这种经历的人相识的人购买，和购买者的成本（收益利率）或多或少无关。[2]

西蒙的这个例子实际上说明：人们在选择中的注意力起于感性经历和感性认识，在感性层面上形成的注意力是选择者是否购买水灾保险的前提。十分明显，"遭受过水灾的人或者与具有这种经历的人相识的人"，都是一些对水灾有感性认识的人，是他们的感性经历和感性认识使他们对水灾保险产生了注意力，这些有感性经历的人决定购买水灾保险时并没有从理性上计算成本与效益。

虽然西蒙没有把购买水灾保险明确地作为感性认识中的注意力来讨论，但是他清楚地认识到这不是理性层面的注意力。当代认知心理学对感性认识中的注意力问题做了内容丰富的研究。英国心理学家布罗德本特较早地

---

[1] 西蒙. 西蒙选集. 黄涛，译. 北京：首都经济贸易大学出版社，2002：345.
[2] 同[1].

开展了注意力选择模型研究。他认为，注意力是一种选择性过滤器（selective filter），注意是一种对接收到的各种信息的筛选和过滤过程。布罗德本特把选择信息的过滤器放在知觉之前，认为即使同时存在几种信息，注意力也只注意其中的一种，而将其他信息全部排除。人们称之为"全或无"的早期选择模型。

到目前为止，认知心理学在选择问题上的最突出成就是卡尼曼提出的内容丰富的能量模型理论。卡尼曼认为，在选择性注意中，接受和输送信息的通道瓶颈问题不是很重要，对注意有决定性影响的是感觉刺激的程度和头脑中可以用来接收感觉刺激的资源能量。如果感官接受的刺激强度大且内容复杂，那么需要的资源较多。资源能量不是固定的，刺激对感官的唤醒程度越高，资源呈现的能量也越大。但是当唤醒程度高到一定限度时，资源能量将逐渐减少，注意力对接受的刺激就会有所选择。资源将分配那些引起注意的刺激，分配策略由长期倾向（enduring disposition）和瞬间意愿（momentary intentions）决定。长期倾向是由动觉、听觉、视觉等感觉倾向构成的，瞬间意愿是一种未经思考就可以形成的心理倾向，二者都是平时日积月累形成的感性层面的心理素质。这些都表明感性层面上的注意选择能力不仅内容丰富，而且是理性层面上的选择得以进一步开展的前提性基础。

肯定感性的地位与作用，是自笛卡儿贬低感性、片面推崇理性以来从未止息过的潮流，这是一股面对汹涌澎湃地冲向人类思想文化各种领域的理性主义大潮逆势而上的反潮流。虽然这股反潮流并未抵挡住理性化的冲力，但是它也从未偃旗息鼓，而是一浪高过一浪地前赴后继。稍加留意就会发现，在实用主义经验论、存在主义现象学、历史主义解释学和后结构主义社会理论等引领20世纪思想文化新趋势的学术流派中，都能发现大量关于批判理性专横、伸张感性真实性及其价值与意义的理论观点。更值得注意的是，一向以研究行为和社会理性化自居自荣的经济学和社会学，紧张的理性主义神经也开始出现松弛，诸如凡伯伦、波兰尼、哈耶克、莫斯、福柯、布迪厄和吉登斯等当代经济学家和社会学家，也越来越明确地肯定感性在选择行为或社会生活中的地位与功能。

这些学术现象绝非空穴来风，而是植根于活生生的现实的理性思考，是理性的自我反省，或者说是理性在不断抽象的极度兴奋中发现了自己的空疏，逐渐意识到了与自己从来相伴而生、共时而存的感性，不仅是自己难以否定的真实，而且是自我实现的根据与基础。承认感性，依靠感性，这是理性最明智的自我意识，是理性由迷失走向清醒后的真正的理性选择。尼采和福柯等人都曾振聋发聩地宣布：理性已经疯狂！理性必须深刻地反省自己的过失，才能真正具备清醒的本质，否则它不过是以概念形式或逻辑推论表现自身的一种本能冲动。承认感性则是理性正在清醒的表现。

总之，感性选择不仅是人们每日每时都发生着的真实行为，而且是作为理性选择基础的行为；感性选择植根于日常生活之中，实现着广大社会成员的意愿与追求；如果说理性选择给出的是导引人们经济行为的理想模式，那么感性选择则是直接接触现实经济过程的具体行动；理性选择的精致计算与设计只能由少数人去冥思苦想，而感性选择却是广大社会成员脚踏实地的行动。

第二节　感性意识支配的感性选择

理性作为意识，在形式上表现为合理审查或推理，理性选择是通过逻辑思维，根据普遍性原则和一般规则，在明确的推理活动下开展的选择行为。而感性作为人头脑中的意识活动，以直接的感知、整体性的知觉、形象性的回忆等形式表征着具体的事物。感性选择作为由感性意识支配的选择行为，是指那些模糊的、被动的、由尚未进入逻辑思维层面的感性意识活动支配的、处于无选择的本能与理性选择之间的选择行为。[①] 尽管如此，

[①] 刘少杰.经济社会学的新视野：理性选择与感性选择.北京：社会科学文献出版社，2005：90-96.

感性行为却并非是杂乱无章的，而是有其内在的运行逻辑。

康德提出的感性和理性的机制、形式和活动方式等问题，至今仍然值得人们进一步思考。康德在《纯粹理性批判》中把人的认识能力划分为三种：感性、知性和理性。感性是人通过感官接受外部刺激产生感觉并进而形成感性认识的能力；知性是人利用头脑中的先验范畴概括感性现象、形成概念、判断和推理的能力，其实就是一般意义上的逻辑思维能力；理性是以超经验现象为对象的认识能力，是人们在信仰和玄思中表现出来的指向抽象本体的能力。康德对感性认识的界定同一般的反映论不同。他认为，感官接受外部刺激后形成的感觉仅仅是杂乱无章的"现象的质料"，是无法观察到的，只有经过人头脑中的时间和空间形式对其加以整理后，这些"现象的质料"才能成为"现象"被人观察，才能作为知性的认识对象，然后被知性用先验范畴综合为科学知识。

康德对感性及感性认识的界定中已经包含了对它的能动性的肯定。一般的认识理论，包括机械论的反映论和能动论的唯理论，往往都把感性视为一种被动的心理接收机能，它的作用是把外界的事物映射到人的意识活动中，不存在主动性，更谈不上对事物的整理或加工，具有能动性的只有概念层面之上的理性思维。康德提出了感性的时空形式，并且认为只有用时空形式整理现象质料之后才能形成可见的、可以作为知性认识对象的现象，感性认识的任务才算告一段落。时空形式是人们头脑中固有的感性机能，这种感性机能的存在说明人的感性认识过程不是完全被动的。进一步说，康德对感性的界定，从感性认识的起点上就肯定了它的发生与发展是主观性和客观性的相互作用的结合。没有客观存在对感官的刺激，就不可能产生现象质料；而没有时空形式对现象质料的整理，感性现象就无法呈现在人们的意识之中，感性认识就无法展开。

康德对感性时空形式的论述，揭示了感性在全部意识活动和选择行为中的基础地位。时间形式使人类能够意识到运动和变化，正是因为事物在运动变化，世界才具有如此丰富多彩的特殊性和多样性，才具有变动不居的偶然性或不确定性，人类的行为才有选择的必要性与可能性。空间形式使人类能够意识到自己身处具体的现实世界之中，不仅人类对各种具体存在的样式、体积和方位等方面的意识与空间感不可分，而且人们在社会生活中对角色功能、阶层地位、网络关系和生存环境等的意识也与空间感不可分，正是因为这些因素经由空间感呈现在人们的脑海中，人们才有了不同的选择目标和追求对象，才需要绞尽脑汁地去计算和选择。当然，仅仅凭借感性的时空形式确不能达到对各种复杂的自然现象和社会现象的清楚认识，但是不借助感性的时空形式也万万不可能开始清楚的认识。

感性意识和感性行为并不是被动的，相反，它们具有能动性和选择性。马尔库塞认为，当康德揭示了感性的时空形式时，就已经揭示了感性的能动性，而认识这一点，对于把握人的认识过程以及行为过程都是十分重要的。但是，马尔库塞认为仅此而已是不够的。他指出："感觉并非仅为被动的、接受的：它们具有自身的'综合'能力，它们领导着经验的原初材料。而且，这些综合并非仅仅是康德认为的那样，是不变地、先验地组织着感觉材料的纯粹'直观的形式'（空间和时间）；可以说，它们是另外一种更加具体、更加'物质化'的综合形式，这种综合形式或许包含了经验的（即历史的）先验经验条件。"① 这就是说，不能仅在意识论层面上讨论时空形式或感性意识的综合性，而应当把这种综合性放到经验过程中去把握。

时间和空间不是抽象的纯粹形式，而是具体的、在现实的世界中存在的形式。人们可以像康德那样在自己的观念中分析出抽象的时间和空间的纯粹形式，但是，任何人在现实生活中都找不到纯粹的、与具体存在无关的时空形式。人在生活中对现实的观察确实有时间感和空间感，因此时间和空间形式的存在毋庸置疑。但是，时空形式的根源不在人们的头脑之中，而在现实世界之中。正是因为现实事物都以特定的时空形式存在着，人类通过对具体事物的时空形式的感受、体验和理解，才得以经过漫长的历史在心理中积淀而形成时空形式。因此时空形式是历史中的产物，它们必然被刻画上历史的痕迹。

---

① 马尔库塞. 自然与革命. 李小兵，译. 北京：三联书店，1989：134.

当康德揭示了感性认识不是单纯的被动反应,还有主观的感性形式的整理功能时,已经接触到感性的选择能力问题。当然,康德仅仅是在抽象的意义上论及感性选择的潜在性;而当马尔库塞提出要在具体的历史条件中看待人的感性认识时,这种潜在性就呈现为具体的、丰富的能动性。

一方面,在具体历史条件中的感性,无论从能力还是从展开形式而言都一定是特殊的。不同的文化背景、生活经历、知识结构、社会位置、价值信念和环境资源等,都会以各种方式浸入人的感性能力和感觉意识之中。对于同样一种商品、同样一种服务、同样一个社会事件,不同层面上的人的感受和体验是不同的,以至于在逻辑上可以得出人们一定能够选择同样的对象与行为的结论,而实际上人们却因为印象和感受不同而发生了大相径庭的选择。

另一方面,具体的感性一定存在于丰富多彩的现实生活之中,以形象而展开的感性意识面对琳琅满目的感性世界时,不仅因为缺乏理性抽象能力而无法在多样性中概括出脱去了多彩形式的一般性和共同性,进而规避了流于空疏、趋于空想的抽象形式,还因为感性的天性就乐于停留在事物的五光十色的表层现象上,它会结合自己的特殊性去尽情地追逐那些令人产生美感和喜悦的无限丰富的具体存在,展现出变化多端的感性选择。因此,直接面对无限丰富多样的经验世界的感性,一定具有比理性更丰富的选择对象、更活跃的选择能力、更有效的选择方式和更充实的选择意义。

感性不是逻辑层面的思维,所以感性的根据不是思维逻辑。但是,这并不意味着感性就没有自己的根据,感性的根据存在于感性自身及其所面对的对象之中。如康德所论,感性有自己的形式:时间和空间。时空形式是感性最基本的根据。正是依据时空形式,感性具有了表象能力,可以把杂乱无章的感性质料整理为可见的现象。感性由此而获得了理性不仅不能取代而且不得不依靠它的地位。感性的对象都是直接的,是当下即时性的存在,对象的这种特点又使感性具有直接性和即时性的根据。而直接性和即时性都是现实性,是正在发展变化的、具体的现实过程;变化的过程就是历史,所以感性又具有具体的历史性。

感性就是现实性，感性行动就是实践。在《关于费尔巴哈的提纲》中，马克思已经深刻论述了感性的现实性和实践性。马克思批判费尔巴哈和法国唯物主义者不理解感性的实践性，把感性作为简单的客观现象对待，因而忽视了感性活动的能动性和创造性；同时批判唯心主义者忽视感性的真实性，脱离感性实践去抽象地谈论能动性，因而尽管承认了能动性，但是仅仅停留在脱离实际的空泛玄想中。马克思指出："从前的一切唯物主义（包括费尔巴哈的唯物主义）的主要缺点是：对对象、现实、感性，只是从**客体**的**或者直观**的形式去理解，而不是把它们当作**感性的人的活动**，当作**实践**去理解，不是从主体方面去理解。因此，和唯物主义相反，**能动的**方面却被唯心主义抽象地发展了，当然，唯心主义是不知道现实的、感性的活动本身的。"[①]

马克思关于感性的实践性和实践的感性特点的论述，直到现在仍然引起很多学者的兴趣。受马克思的上述论述的影响，法国社会学家布迪厄阐述了十分丰富的感性实践理论。在布迪厄的感性实践理论中，最引人注目的是他关于实践的模糊逻辑的论述。布迪厄不仅反对传统哲学把人类的历史发展归结为绝对理念的逻辑展开，也批判亚当·斯密等人把个人的选择行为解释为清楚自觉的理性行动。他指出："我们一开始就想摆脱这两种思路，以便说明在最细微、最平凡的形式中体现出来的那些实践行动——比如各种仪式、婚姻选择、日常生活中的世俗经济行为等等。"[②] 可见，布迪厄视野中的实践是日常生活实践，并且包含了日常的经济活动。就此而言，布迪厄所讨论的实践与马克思主要从劳动生产来论述的实践有一定区别，同时他讨论的经济行为也与古典经济学所讨论的经济人的经济行为有区别。

在传统理论中，日常生活领域是一个人们为了自己的直接利益而活动的、缺乏计算且往往不合逻辑的领域。布迪厄反对关于日常生活实践不合逻辑的观点，认为日常生活实践也有自己的逻辑，但不是传统学术视野中

---

① 马克思. 关于费尔巴哈的提纲//马克思,恩格斯. 马克思恩格斯选集：第1卷.2版.北京：人民出版社,1995：54.
② 布迪厄. 实践与反思. 李猛,李康,译. 北京：中央编译出版社,1998：164.

的逻辑,他说:"所谓实践的标志就是'合乎逻辑的',它具有某种自身的逻辑,却不把一般意义上的逻辑当成自己的准则。"① 实践自身的逻辑是一种特殊的逻辑,布迪厄称之为"实践的模糊逻辑",它既不是亚里士多德的形式逻辑,也不是德国古典哲学的辩证逻辑,而是人们在实践行为中的"实践感"的逻辑。这种"实践感"的逻辑是理性思维中的逻辑的"前逻辑",是并没有清晰原则但是能够使感性实践表现出一定秩序的规则。

"实践感"是介于理性思维和无意识本能之间的意识,其实就是感性意识。因此,布迪厄论述实践感的模糊逻辑,其实质就是在论述感性意识和感性活动的逻辑。在布迪厄看来,实践感及其模糊逻辑是通过"惯习"(habitus)表现出来的,或者说惯习中包含着实践感和模糊逻辑。"所谓惯习,就是知觉、评价和行动的分类图式构成的系统,它具有一定的稳定性,又可以置换,它来自社会制度,又寄居在身体之中(或者说生物性的个体里)。"② 这种"惯习"有些令人费解,它既不同于往往属无意识层面的习惯,也不是能够清楚自觉地计算分析的意识,并且还能同人体紧密地结合在一起。布迪厄试图用"惯习"这个概念同客观主义和主观主义区分开:"客观主义把行动理解成'没有行动者'的机械反应;而主观主义则把行动描绘成某种自觉的意图的刻意盘算、苦心追求,描绘成某种良知自觉之心,通过理性的盘算,自由地筹划着如何确定自己的目标,使自己的效用最大化。"③

布迪厄这里的客观主义是指实证唯物主义,包括 18 世纪法国唯物主义和 19 世纪孔德等人的实证主义。18 世纪法国唯物主义的机械性已经成为学术界人所共知的事实,哲学家们早已放弃对世界和人生的机械性理解。然而,以孔德和迪尔凯姆为代表的实证主义社会学的机械性虽然也很明显,但是至今仍然在一些实证社会学家那里得到坚持,他们还在信守社会学不研究个人行动而只研究社会层面上的结构与模式的准则。

---

① 布迪厄. 实践与反思. 李猛,李康,译. 北京:中央编译出版社,1998:164.
② 同①210.
③ 同①164.

布迪厄说的主观主义不仅包括德国唯心主义哲学,还包括古典主义和新古典主义经济学。应当说,严格恪守理性主义原则的古典主义和新古典主义经济学是主观主义的一种典型形式。虽然经济学家们不去谈论世界是精神还是物质这些哲学本体论命题,但是他们夸张了人在经济活动中的计算能力,认为只要按照合逻辑的理性"盘算",就可实现选定的目标和行为的效益最大化,这实质上就是无视客观条件对人的选择行为的限制,是主观主义的本质表现。在这里,布迪厄不仅表达了他的注重感性经验的实践论立场,而且也揭示了古典和新古典经济学的哲学基础,这对于认识主流经济学的唯理性主义、理想主义和建构主义本质,把握社会理论包括经济社会学理论的演化趋向都是很有意义的。

在这里,我们还需要进一步讨论布迪厄关于"惯习"表现感性实践的模糊逻辑的观点。在布迪厄看来,虽然"惯习"是一种寄存于身体之中的感性意识,没有理性思维那样清晰的逻辑,但是它也不是无知觉的无意识,它支配人们的感性实践。而它之所以能够支配人的实践,就在于它源于人的实践,是人类在世代相继的感性实践过程中的行为规则和生活秩序的心理积淀与行为模式传承。布迪厄指出:"与唯心论不同,惯习观提请我们注意,这些建构的原则存在于社会建构的性情倾向系统里。这些性情倾向在实践中获得,又持续不断地旨在发挥各种实践作用;不断地被结构形塑而成,又不断地处在结构生成过程之中。"[1] 性情倾向就是"惯习",它不仅源于实践,而且在实践中被社会结构规定并由此而生成自己的结构。

布迪厄用"场域"(field)概念生动地揭示了实践基础上的社会结构。"场域"由角色、位置、资源、网络与结构等要素构成。场域不仅是实践的运行场所,更是实践的展开过程,是真实存在着的具体的社会结构。每个人都在特定的场域中生活,占据着特定的位置,发挥着特殊的作用,这就是角色。位置与角色都是与资源分不开的,没有资源或不与资源联系在一起的位置是无意义的虚设;没有资源可以利用或无力调动资源的角色是不

---

[1] 布迪厄.实践与反思.李猛,李康,译.北京:中央编译出版社,1998:211.

能发挥作用的木偶。有了位置且占有资源的角色是在社会网络关系中发挥作用的,因此在场域中又必须看到网络关系或网络结构。而一旦角色进入了网络,就意味着它被卷入了社会结构之中。社会结构不仅规定角色,也形塑角色,并且角色也以其在结构中形成的惯习反作用于社会结构。这就是场域的动态过程,也是实践的模糊逻辑的生成和展现过程。市场具有布迪厄笔下所描述的场域的基本特征,本身就是一种场域。市场也是一个由多种关系构成的系统,在里面交易关系是最为重要的关系,其中,熟悉关系构成了诚信交易和市场秩序的基础,在熟悉关系中的交易主体遵循的并不是明确的理性逻辑,而是一种实践逻辑。

康有为、梁漱溟和费孝通等人在论述中国人的社会行为方式时,已经充分地论述了中国人社会选择行为的感性特征,如亲情性、家族性、血缘性、圈子性和熟悉性等。刘少杰根据前人对中国社会生活中感性行为特征的论述,结合对当代中国社会生活中感性选择行为的考察,对转型中的中国人感性选择的本质特征做出了如下概括:

(1) 选择意识具象化。在感性选择行为中,人们不用抽象思维去把握事物的本质规定性,而是在对具体事物、具体问题的直接观察中,开展自己的选择意识活动。即便有现成的理性选择方案,如果不把它同可见的事物联系起来,习惯于感性选择的人们也不会按照这个方案开展选择行为。这里指出了感性选择意识活动所具有的形象性和具体性特征。

(2) 选择目标综合化。与选择意识活动的具象化相关,感性选择确定的目标一般是综合化的结果。一方面,人们在感性选择中确立的目标一定是经验生活中的具体事物,而经验生活中的具体事物一定是未分化的、非专业化的;另一方面,人们在感性选择中遇到的专业化或主题化的目标,也要经过综合化之后才能成为感性选择的目标,单纯的经济目标不能成为感性选择的目标,只有在人们感性选择的过程中同日常生活中的其他因素(如道德、情感、人际关系等)结合起来,才能成为选择的现实目标,就像在熟悉的"关系交易"中体现的那样。

(3) 选择路径伦理化。感性选择确定目标之后,不像理性选择那样通过专业途径和与目标直接联系的行为模式去展开，而是无论何种类别的目标，但凡不是个人独自能够操作的，人们往往就要求助于亲戚、熟人、同乡等人际关系，我们统称为伦理关系。这种伦理关系，如梁漱溟所言，是私人关系，是游离于团体组织和社会单位之外的关系。又如费孝通所言，这种圈子式的伦理关系是以亲情为纽带联系起来的，所以它是停留于感性层面的人际关系。

（4）选择根据经验化。像理性选择一样，感性选择也要凭依一定的根据才能开展，但是，二者凭依的根据不同。感性选择凭依的不是对信息的审慎分析、对效益的精密测算、对经济规律和科学原则的严格遵守，而是选择者亲身经历或可以亲身感受的经验事实。感性选择并不否定信息、效益和原则的作用，但是这些因素一定要同经验事实联系起来才能发挥作用。所以，诚信交易行为的培养和市场秩序的建构，也需要依靠经验化的感性信息、感性关系和感性制度。

（5）选择秩序传统化。选择秩序是选择过程遵循的规则和展开的程序等。在一般的选择理论中，人们看重的是理性选择的秩序，并形成了许多关于理性选择秩序的理论观点。其实，感性选择也有秩序，它的秩序是经验层面的传统，表现为风俗、习惯、礼仪、惯例等感性的行为模式。感性选择秩序具有延续性、重复性、特殊性和实践性等特点。具体来说，感性秩序是对传统的延续、对经验的重复、对个别性的肯定，是人们日常生活实践中的秩序。[1]

在我国，即使在市场交易中，经营者和顾客也往往注重感性化的作用，重视社会关系的作用，尤其是当交易双方存在熟悉关系时更是如此。这种注重亲情原则的感性化过程在社会生活中主要有三个方面的体现：感性化的思维方式、感性化的行为方式与感性化的社会秩序。它们往往与理性的市场运行相悖，使中国的市场运行呈现出与西方社会差异较大的多元化

---

[1] 刘少杰. 经济社会学的新视野：理性选择与感性选择. 北京：社会科学文献出版社，2005：91-99.

特征。

感性化的思维方式主要体现在人们在经济社会生活中的圈子思维上。人们在日常的生活中，常常强调各种由社会关系网络编织的各类圈子。圈子类似于项飚笔下的"系"，是一种封闭性的关系网络。关系网络种类繁多，包括血缘关系网络、地缘关系网络、友缘关系网络等。圈子思维实质上是一种特殊主义取向的思维观念，圈子内成员形成稳定的边界，分享某种排他性的特定的资源或利益。这种圈子思维使市场的交易模式产生分化，当面对圈子内的人时，交易双方容易达到一种共赢的结果，但当面对圈子外的人时，投机性交易可能由此产生，消费者的利益往往在交易的过程中受损。

感性化的行为方式主要是指人们在经济社会生活中强调情感性纽带、熟悉关系的作用，日常的行为往往以模仿、从众的方式，按照习俗、习惯、惯例的标准来实施，而非基于精细的理性算计。这是因为，中国传统文化是一种强调遵从传统、感性地适应世界的文化，而不是一种强调理性地改造世界的文化。它要求人们日常的行为方式按照既存的传统进行，而不是通过理性的算计实施。这种文化与道德传统深深作用于人们的各种行为中，即使是理性的市场交易行为也无法摆脱其影响，尤其是当交易双方存在熟悉关系时。

感性化的社会秩序实质上是指儒家伦理强调的一种礼俗秩序。所谓"礼"，就是按照仪式的方式实施行为，也就是对行为与目的的关系不加追究，只是按照传统规定的方法去行事。因此，礼俗秩序在本质上是指一种仪式化而非理性化的秩序，其形成是一个长期的过程，并且具有很强的稳定性，不断影响着人们经济社会生活中的行为。这种传统的礼俗秩序与现代市场的运行既有一致的地方，也存在相互冲突之处。当交易发生于熟人之间时，礼俗秩序不仅能够很好地发挥作用，而且有助于健康稳定的交易秩序的形成；但当交易发生于陌生人之间时，亲情原则和礼俗秩序的作用就不能很好地得到体现，投机性交易往往会产生，也不利于健康交易秩序的形成。

第三节　稳定交易秩序的感性根据

具有文化与道德积淀的感性教化以感性仪式的方式为人们提供行为规范，特别是熟人之间的交易行为，更容易受到感性道德原则的规制。熟人交易在感性制约的作用下得到了强化，并在时空中拓展。在交易过程中，感性信息是交易的前提，感性制度使交易行为更加规范，感性关系贯穿于整个交易。多重因素的相互作用，使熟悉交易在中国社会中得以存在，并不断地拓展与延续，也形成了诚信交易和市场秩序的根据。

感性信息是在熟悉交易中经营者与顾客相互提供的呈现了具体形象的信息，它不同于以抽象原则和逻辑推论表现出来的理性信息。感性信息不是支配人们单纯追求利益最大化，而是在熟悉关系中引导人们顾及亲情、友善与和谐。感性制度通常是以习俗、惯例和传统等形式存在的非正式制度，它为直接交易行为提供直接的行为准则。

感性信息是一种具象化、综合化的信息，是人们在交易和生活经验中形成的未分化的、非专业化的信息，这是由感性行为的具象化、综合化特征决定的。在市场交易中，感性信息不仅是关于商品的信息，还是对作为交易主体的人的了解和评估；不仅是关于交易主体经济交易活动的信息，还涉及这个人的信誉、声望、情感以及与自己的关系远近程度等日常生活知识；不仅是涉及当下这一次交易的信息，还要考虑到以前的交易经历、未来的交易安排等"绵延"的"时间流"。

感性信息是熟悉交易中的主要信息形式，是熟悉交易存在的前提和基础。比如，在芦淞服装批发市场，我们发现买卖双方在交易过程中对通过历次交易形成的经验性信息的依赖，包括双方对货物信息的全面了解以及对除商品和交易活动之外的综合信息（道义、关系等）的考虑：

> 都是做了5年以上的客户嘞，就简单一点，也节省时间。像我们这样的，都是相互了解对方有什么货，那边要什么货。久而久之就固

定下来了，有了新货我们就发给他们（指二级批发商），一般都不会有什么问题咯。做生意嘛，讲的就是要义道，都要赚钱不（是）？我们也不会害他们咯，肯定把自己的好款发给他们，要让他们赚钱撒，不赚钱就搞不成了下次，（这个）他们也知道。至于钱的交付问题，就更不好搞鬼了。尤其是还有一些是好早以前，刚做生意的时候就认识了，都有点亲戚老乡关系，就更不会搞这种事咯。[1]

感性信息也提高了芦淞服装批发市场中交易活动的信任度，规范了交易的秩序：

> 这个方面（指纠纷）很少。客户的话，基本上我们都是很多年的交情了，我们这个嘞，就是信誉，都做的是信誉这一块。你要是在本地做得好，信誉好，欠一点（指赊账）都可以。有一些信誉度不高，做得不蛮好（指不太好）的，就要他先把钱打到我们的银行（账户），我们这边再发货，但是一般的老客户都不会这么夹筋（指麻烦）了。所以基本上没什么纠纷了。[2]

在中关村电子市场，回头客之所以存在，是因为顾客对商家信息的了解和认可，他通过自己的购物经验，获得了关于特定商家及其经营商品的感性信息。当然，这种感性信息必须基于正面的感受与体验，如果顾客得到的是负面的感性信息，他就会在下次购物时放弃该商家，甚至会通过各种渠道向他人传播对这一商家的负面评价。回头客的产生依赖于经营者的努力，如果经营者希望某位顾客成为回头客，在销售的过程中，可能就会在降低自己利润的基础上，向顾客传递关于商品的真实信息，并把顾客当作老朋友一样，使顾客不仅相信经营者的诚信，而且感觉到购物的舒适，更重要的是感觉到经营者很实在，甚至像自己的朋友一样，使自己能买到物美价廉的东西。这样，如果下次有需要的话，该顾客还会到这个经营者

---

[1] 张冉.熟悉关系与陌生关系中的交易行为研究——以湖南LS市场为例.北京：中国人民大学，2012.

[2] 同[1].

这里购买，有时还会介绍身边的同学或朋友到这里购买。

已经存在熟悉关系的买卖双方，更有可能提供正面的感性信息，卖方相对较少地利用信息不对称来谋取最大化的利益。

销售员A："前几天，有个老乡找我买电脑，总价四千五，我带到我们那去买，我赚了他三百元，都是老乡，他（老乡）也不是很有钱，不好意思赚太多。"

中关村市场的"关系交易"更多地发生在不同的经营者之间，这是因为经营者作为行内人对产品信息的掌握和建立在重复交易基础上的对交易对象信息的掌握。关于交易对象的信息更大程度上是一种建立在经验、声誉基础上的感性信息，而卖方因忌惮买方的行内人身份以及双方的情面而向对方提供的关于商品的真实信息也是一种感性信息。中关村电子市场的"抓货"与"打白条"之所以可以盛行，就是因为这些相互交易的人了解比较丰富的内部信息，他们熟悉这里面的规矩、了解在这里面活动的人。中关村e世界的WJ说："骗的还是很少的。你要是结账的时候，还是给支票。都是互相的，你给他，他给你钱，转账支票。已经习惯了这种制度。一开始你肯定都了解这里面的规矩呀，行情呀。习惯了。"[①]

合理的决策需要信息，更需要足够的感性信息，但是，信息是一种稀缺品，它永远是不充分的，获取信息的成本也是昂贵的。这就需要制度来为人提供一套稳定的行为模式，使得"无知"状态下的社会互动和社会秩序成为可能。

如果在一些问题上达不成某种共识，一个人就不可能与另一个人相互交往，这些问题包括其他人会做出什么反应、其他人的违约行为会受到什么惩罚等。这些共识要依靠各种禁止不可预见行为和机会主义行为的规则，这些规则就是制度。在存在社会混乱的地方，社会的交往必然代价高昂。制度的关键功能是维护秩序，它是一套关于行为和事件的模式。

制度可以分为外在制度和内在制度。外在制度是专家系统或政府机构

---

① 根据中关村e世界WJ访谈记录整理而成。

设计出来，靠行政手段以及其他具有强制性的手段，由上面强加于社会的规则。外在制度由一批代理人设计和确立，这些代理人通过一个政治过程获得权威。外在制度通过正式的、有组织的机制来实施，配有各种正式强加于社会的惩罚措施，并可以靠法定暴力的运用来强制实施。而内在制度是群体内随经验而演化的规则，它体现着人类过去曾经有益于人的解决办法，其例子有习惯、伦理规范、良好的礼貌和商业习俗。内在制度对违规的惩罚是分权式的、自发的社会反馈，违反内在制度通常会受到小团体内部其他成员的非正式惩罚。①

感性制度是熟人关系中约束各方行为的非正式制度和规范，表现为道德、风俗、习惯、礼仪、惯例等感性的行为模式，具有延续性、重复性、特殊性和实践性等特点。按照柯武刚和史漫飞的定义，这种感性制度是一种内在制度。感性制度具有重要的意义，从一定意义上说，它是理性制度得以运行的基础。哈森义说："除非人们已经接受了一种要求他们恪守契约的道德准则，他们将不会有理性地履行契约的内在驱动。因此，道德并不依赖于社会契约。这是因为契约是从人们对道德的一种先验的恪守中获得的约束力。"②

许多左右我们行为的规则是人类共同生活演化的结果，而不是人们有意识的设计：在政府被发明出来以前，许多共同体的运行已经以受规则约束的行为为基础了。最初，感性制度使与他人的交往变得可能，而一旦这些行为规则扩散开来，得到广泛的遵守，就会使这种交往变得更加容易。希望用一套由权威机构监督的理性制度来代替或补充感性制度，其结果往往是无效的或被认为是笑料。社会的内在运转不是出自任何人的设计，而是源自千万人的互动。

正如哈耶克所说："如果称人类文明完全是自觉理性或人为设计的产

---

① 柯武刚，史漫飞. 制度经济学：社会秩序与公共政策. 韩朝华，译. 北京：商务印书馆，2001：3、33-37.
② 韦森. 经济理论与市场秩序：探寻良序市场经济运行的道德基础、文化环境与制度条件. 上海：格致出版社，2009：78.

物，或者当我们假定，我们一定能够周密地再造或保持我们在不了解自己所作所为时建立的一切，那就是在吹捧自己。尽管我们的文明是积累个人知识的结果，但它完全不是靠明确地、自觉地组合任何头脑中的知识来实现的，而是靠我们并不理解却在运用着的各种符号，靠习惯和制度，靠工具和概念。"①

感性制度可以有很高的效能，可以使极其棘手和复杂的情形变得井然有序。它包括大量经过提炼和检验的先人智慧。感性制度对社会秩序的重要性早已为哲学家和社会科学家们所认识。孟德斯鸠在《论法的精神》一书中强调了习惯和不成文法的重要性；而远在两千多年前，孔子也强调了"礼"的重要性，礼创造和谐而可预见的人类行为，并使许多人能够靠有限的资源在有限的区域内共同生活。②

在中国社会，现代市场制度所需要的完善的法律体系和普遍主义的道德体系都没有形成，儒家伦理等传统道德原则是社会运行的重要道德支持。当交易双方存在熟悉关系时，传统道德原则的存在不仅没有破坏市场交易的进行，而且能够给交易提供道德规范的约束，避免投机性交易的产生。

礼治秩序建基于"差序格局"的熟悉社会，差序格局以己为中心，以血缘关系等熟悉关系为基础。熟悉社会当中的亲情原则仍在影响着熟人之间的日常生活行为，这种原则以儒家伦理作为重要的道德基础。在中国，即使是在理性化的市场经济运行过程中，虽然受到以利益最大化为主要内容的理性化思想的冲击，但这种熟人之间的亲情原则非但没有湮灭，反而影响着市场交易行为以及整个市场秩序的形成。这种亲情原则在市场交易中还被扩展为以地缘、商缘为纽带的熟悉交易关系。在熟悉关系的市场交易中，儒家伦理仍然起着很重要的作用。经营者往往采取诚信度较高的交易方式，而顾客对经营者也有较高的信任度，整个交易更加稳定且具有较好的持续性。

---

① 哈耶克. 科学的反革命——理性滥用之研究. 冯克利，译. 南京：译林出版社，2003：87.
② 柯武刚, 史漫飞. 制度经济学：社会秩序与公共政策. 韩朝华，译. 北京：商务印书馆，2001：119-129.

亲情原则是熟悉社会的运行原则。它以儒家伦理观念为深刻的道德支持，指导着熟人之间日常生活中的行为。它深深嵌入市场活动之中，影响着交易模式的实施与交易秩序的形成。在中关村电子市场，儒家伦理、亲情原则虽然受到经济利益追求的冲击，但由于市场交易的现代道德原则没有形成，前者仍在发挥作用，"关系交易"的流行便是其发挥作用的体现。

从市场经营者的角度出发来分析"关系交易"，我们发现，传统的儒家伦理、亲情原则是经营者实施"关系交易"的原动力，每个经营者的差序格局的关系网络是造成"关系交易"分化的重要原因。以自己为中心，经营者拥有亲疏不等的关系网络，"关系交易"的具体过程与展现形式也随着熟悉程度不同而相异。关系越亲密，经营者在"关系交易"中越容易做出让步，赚取很少的利润；关系越疏远，经营者在"关系交易"中越倾向于赚取更多的利润。无论是经营者与顾客之间还是经营者之间的"关系交易"，基本都会因亲密程度不同而相异。

在经营者与顾客的"关系交易"中，如果二者之间只是点头之交，那么经营者将会赚取较高的利润；如果顾客是经常来的老顾客，与经营者较为熟悉，经营者为了维持长期存在的关系，往往会赚取较少的利润。

在芦淞服装批发市场，感性制度的作用也表现为经营者会根据消费者与自身关系的远近来采取不同的行为，这种不同主要体现在诚信度、信誉度上。具体表现为：当消费者与经营者关系比较近时，在交易开始前，经营者会主动向消费者推荐商品，有时甚至会提前发货，或者允许对方赊账；在交易过程中，在制定价格时，经营者会制定较为实在的价格，也不会过分夸大商品的质量和用途；在交易完成之后，如果消费者遇到质量问题或是销路不好的问题，经营者会乐于与之商议解决，换货或者退货也会顺利展开。另一方面，消费者也会倾向于选择自己熟知的经营者进行交易，并且在交易的过程中保持对经营者高度的信任。具体表现为：在交易开始前，消费者会预付相应的订金给经营者，以保证交易的顺利开展；在交易过程中，消费者会较少与经营者讨价还价。在整个交易过程中，双方都保持着较高的诚信度，而"关系交易"本身也就更加稳定和具有延续性。

而在关系比较疏远甚至是陌生的交易关系中,感性制度就不具有相应的效力,交易行为就会呈现出完全不同的景象:首先,作为经营者来讲,面对散客,他们往往没有和老客户进行交易时那么"实在",无论是在定价方面还是在推荐货品方面,经营者在这种陌生关系交易中往往更加注重自己当时获得的收益;其次,作为普通消费者来讲,由于对经营者和商品都是陌生的,往往希望通过多次的讨价还价来实现自己心目中更加理想的交易结果,即希望通过讨价还价以更低的价钱买到自己满意的商品。

感性关系是建立在多次交往和情感基础上的熟悉关系,是一种不同于纯粹货物、服务和货币交换的交易关系,社会关系网络在交易中发挥着相当重要的作用。这是因为,它是一种长期的关系,受到情感性纽带作用的影响。而纯粹交换世界的市场关系是短期的、偶发性的和随机的。[1] 它将商业交换嵌入社会关系结构之中,把利益追求与情感纽带结合起来,是一种颇为有效的商业交易行为。

感性关系不同于专业化的、目标和利益明确的理性关系。理性关系是理性的"经济人"之间的关系,在这种关系中,人们精于计算,努力实现利益最大化。但是,"经济人"和理性关系不能脱离经验世界中丰富的人际关系,格兰诺维特认为人是嵌入具体的、持续运转的社会关系之中的"社会人",并认为建立在亲属朋友关系或其他友好关系之上的社会网络维持着经济关系和经济制度。[2] 此外,他还指出了社会网络的另一个积极作用是产生信任,具体的关系以及关系结构能产生信任、防止欺诈。在格兰诺维特看来,我们会觉得好友的行为符合预期,因而消弭陌生人互动中的恐惧与困难。[3] 所以,关系网络对于市场秩序具有重要的意义。

熟人之间的感性关系使中关村电子市场变得富有人情味,各种关系纽带和交易网络交织在一起,共同影响着经营者的交易行为。感性关系不仅

---

[1] BAKER W E. Market networks and corporate behavior. The American journal of sociology, 1990, 96 (3): 589-625.
[2] 符平. "嵌入性":两种取向及其分歧. 社会学研究, 2009 (5): 141-164.
[3] 格兰诺维特. 镶嵌. 罗家德, 译. 北京:社会科学文献出版社, 2007: 11-12.

存在于经营者和老客户之间，还更多地体现在经营者的进货渠道上。这种感性关系的存在，有助于应对有限理性和机会主义，遏制欺诈行为，因为在交易中，行动者发展了有约束性的微观网络。[①] 正是约束性关系网络的作用，中关村电子市场的经营者之间的"打白条"制度才得以流行且不让经营者感到担心害怕。

"打白条"制度与理性化、契约化的市场交易大大不同，一张张"白条"像货币一样使电子市场的商品有效地流通起来，不仅缓解了经营者资金短缺的问题，而且能够加快资金流动，提高市场运行效率。"打白条"制度构筑在经营主体之间熟悉关系的基础之上，是一种以欠账的形式进货的过程。然而，"白条"最终有兑换成现金的一天，至于何时兑换，也就是经营者之间的账期有多长，则取决于经营主体之间的关系亲密程度。以己为中心，每个经营者都拥有一个差序格局的关系网络。关系亲密的经营者不仅能打较多的"白条"，而且有较长的账期，有的甚至长达半年都不用兑现"白条"。

柜台经营者之间基于关系纽带的联系主要体现在朋友之间、老乡之间以及亲戚之间。一般来说，在中关村经营过一段时间的柜台经营者，都会或多或少与其他柜台经营者建立起一种较为亲密的朋友关系，这种关系可能起初是以交易为基础的，后来则发展为一个可信任的亲密关系。在中关村电子市场很少有孤军奋战的柜台经营者，在生意合作之外，许多柜台经营者都有自己的亲友圈，这一亲友圈的存在，增加了柜台的横向一体化的趋势，体现了柜台经营者的集聚优势与共同生存的能力。

装机器（DIY）在中关村柜台经营者那里是非常普遍的，集中体现了经营者之间的感性关系。不仅老柜台经营者希望通过装机器获取利润，新柜台经营者也期望能够有客户到柜台装机器，尤其是在金融危机席卷中关村电子市场、零售生意衰落、柜台经营者平常不忙的时候。几乎每一个柜

[①] BAKER W E. The social structure of a national securities market. The American journal of sociology, 1984, 89 (4): 775-811.

台经营者都能装机器，而一台台式机的组装需要许多部件，也需要多个柜台经营者合作，要经历许多复杂的环节，每一个环节都会有利润空间。由于装机器这一交易在中关村电子市场的广泛存在，各个柜台在形式上相互独立，实际上却是联系紧密的纵向和横向一体化的统一体，形成了巨大的集聚优势（advantage integration）。①

除了柜台经营者之间存在感性关系外，柜台经营者和代理商之间也存在这种感性关系。柜台经营者之间的相互"抓货"使其完成横向一体化的过程，柜台经营者与各种代理商之间的进货过程构成了纵向一体化的过程，这构成了中关村电子市场柜台经营的总体交易格局。柜台经营者经常与市场内各种品牌的代理商联系，以寻求各种商机，满足顾客的各种需要。而每个代理商也经常和各个柜台经营者联系，以保证自己所代理的产品的销量，在维持老客户的基础之上不断发展新客户。鼎好二期的B先生今年22岁，主要负责向各个装机店批发产品，目前他感觉到生意非常难做："由于现在生意难做，经常要去找装机店去聊天，和他们交流，争取让他们用自己代理的牌子。"

B先生感觉到代理不是很好做，需要多跑多走。为了获取更多的顾客，在没事时他还要经常到各个装机店和柜台经营者聊天，劝说他们使用自己的牌子，这说明厂商代理与柜台经营者或装机店之间形成了紧密的关联，这种关联不仅体现在日常的交易过程中，还体现在以拉关系为特征的日常交往之中，关系纽带在进货中也起着一定的作用。空间的邻近为柜台经营者与厂商代理之间的日常交流提供了很大的方便，在生意之余以拉关系为特征的日常聊天，成了厂商代理工作的重要组成部分。在必要的时候，厂商代理与柜台经营者还会在一起聚餐，以加强彼此的感情。科贸的J老板

---

① 学者于永达把集聚优势概括为：发现、挖掘、整合全球优势资源，通过政策、制度、组织、文化等机制创新和恰到好处的弹性运作，将人才、技术、地缘、信息、贸易、金融等要素高效配置，在蓄势增能的同时辐射释放，使区域内外优势资源间在合作竞争的过程中形成经济极、经济场，发挥资源集聚增值效应，提升创新发展的优势（于永达．集聚优势．北京：清华大学出版社，2006：10．）。本书的集聚优势主要指在中关村电子市场，各个柜台经营者在纵向和横向上相互联系与合作，完成一体化过程，形成中关村经济极、经济场，形成强大的市场资源聚合优势。

就告诉我们，在生意之余他有时也会请客户吃饭，一来为了加强沟通，保持长久的关系，二来为了增加更多的订单。

进货是中关村电子市场内交易的重要过程。与其他市场不同，中关村电子市场是一个批发兼零售的大型市场，许多经营者就在中关村电子市场内部完成进货过程。柜台经营者与厂商代理之间的联系非常紧密，老客户关系在进货的过程中也显得十分重要。在柜台经营者的进货过程中，尽管中关村电子市场遍地都是货，但他们还是倾向于从固定的厂商代理那里拿货，这样既能取得信任，也能使"打白条"更加容易，账期也变得更长。多数厂商代理都愿意维持老客户，给老客户提供一定的方便。

中关村电子市场中的感性关系包括地缘关系、友缘关系、血缘关系、校友关系、同事关系等，这些关系大多数是排他性的关系，而商业交易往往是偶发性的关系[1]，"关系交易"将两种关系相互结合，使偶发的商业交易稳固化，不仅减少了交易成本，提高了交易效率，而且增强了交易双方的相互信任，有利于健康稳定的交易格局之形成。从经营者的主观感受来看，"关系交易"更容易让其感到满足：与朋友和亲戚进行交易的交易者往往比那些与陌生人进行交易的交易者更容易感到满足，尤其是在进行充满风险的交易时更是如此。[2]

如果经营者和顾客之间不仅存在纯粹的交易关系，还存在地缘关系，那么经营者一般都会真诚对待顾客，不会追求很高的利润，这是因为在庞大的中关村电子市场，多数经营者都来自外地，能遇到老乡会让其感到较为亲切。我们在实地调查中，经常会听到经营者说"和老乡做生意不赚钱"等类似的话。如果经营者与顾客之间存在亲密的亲戚或朋友关系，那么经营者在交易的过程中往往只会赚很少的钱，甚至不赚钱。

从顾客的角度出发，感性关系对其交易行为和交易的结果也会产生重

---

[1] BAKER W E. Market networks and corporate behavior. The American journal of sociology, 1990, 96 (3): 589-625.

[2] DIMAGGIO P, LOUCH H. Socially embedded consumer transactions: for what kinds of purchases do people most often use networks? . American sociological review, 1998, 63 (5): 619-637.

大影响。在中关村电子市场，多数顾客在购物时经常会运用既存的关系网络，到熟悉的经营者那里购物；即使不存在这种直接或间接的关系网络，顾客也会利用社会关系寻求潜在的可信赖的经营者。有的顾客通过校园BBS论坛搜寻信誉度较高、和自己存在潜在联系（比如校友）的经营者，有的顾客直接通过与经营者对话等交流方式来判断对方是否值得信赖，并决定是否与之交易，而且在对话中有时能发现存在的社会关系，比如老乡关系等。

综上所述，理性的市场交易行为以感性因素为基础，并受到后者的制约。熟人之间的交易行为之所以呈现出有序的状态，就是因为交易中存在着感性信息、感性制度和感性关系等感性根据。感性信息是熟悉关系的前提，没有感性信息就无所谓熟悉关系，它使熟悉关系和熟人交易成为可能，也使建立在熟悉关系基础之上的市场秩序成为可能。感性制度是熟悉关系和熟人交易中的行为准则，能对可能发生的违规、欺诈等机会主义行为进行约束，成为市场秩序的保证。感性关系是熟人交易的载体，感性关系形成的关系网络作为一种场域，是良性的交易行为和市场秩序得以产生的基础。

第六章　陌生关系熟悉化的交易秩序

　　通过对北京中关村电子市场、长春汽车配件市场和株洲芦淞服装批发市场的调查研究，特别是对熟悉关系陌生化的"转型交易"同陌生关系熟悉化的"关系交易"进行对比分析，一个不难得出的结论是：中国社会并没有因为市场经济的发展而发生从"熟人社会"向"陌生社会"的转型，不但效仿西方市场制度而建立的各种理性化原则没有普遍规范着人们的市场交易行为，而且相反，由传统承继而来在生活世界中根深蒂固的感性化规矩仍然不可替代地发生着稳定而深层的作用。因此，必须进一步讨论以下问题：市场经济推动下的中国社会究竟发生了何种程度的变化？时下断言中国社会发生了深刻转型是否为时过早？怎样正确评价市场经济发展同中国社会的关系？如何通过陌生关系熟悉化的途径优化中国市场经济的交易秩序？

第一节　当代中国社会转型的实质

社会转型（social transformation）概念源自西方学术界，中国学者对这一概念的理解和使用与西方学术界基本一致。国内学者通常在四层含义上论及社会转型，即经济体制转变、社会结构变动、社会形态变迁，以及社会转型是一个逐渐变化的过程。经济体制转变的含义比较明确，即从计划经济体制转变为社会主义市场经济体制；社会结构变动的含义则比较宽泛，其基本含义是社会的各种构成要素及其相互关系都发生了明显变化，亦即个体交往、分层流动、群体组织、制度关系、利益格局以及行为方式、生活方式和价值体系都发生了总体性变化；社会形态变迁的含义则沿用了马克思的思想观点，即认为中国社会发生了从传统社会向现代社会、农业社会向工业社会、封闭社会向开放社会的变迁；而社会转型的过程论，则认为中国社会进入了转型期，社会生活各方面开始了一个逐渐变化的历史过程。

应当指出，对中国社会转型的四个层面的理解，虽然都有一定程度的中国社会变迁的事实根据，但也都存在根据不充分的欠缺。中国经济体制发生了从计划经济向市场经济的转变，这是不可否认的事实，但是，能否根据经济体制的转变就得出社会发生了转型的结论？事实上，人们讨论社会转型时，一般把经济体制理解为社会的基本构成，认为经济体制的改变必然引起社会生活其他层面的深刻转变，轻视了政治和文化等其他因素对社会变迁的影响。这种观点实质上是马克思和恩格斯当年批判过的经济决定论。虽然经济体制是社会系统的重要构成，它的改变一定会影响其他方面的变化，但这些变化未必是社会转型程度上的变化。经济体制不过是社会的构成部分，只有社会其他构成部分也发生像经济体制一样的转变，社会转型才有可能发生。

从社会结构变动的角度理解中国社会转型，存在的问题就更为明显。在改革开放和市场经济发展的推动下，中国社会的各种构成因素及其相互关系确实发生了空前广泛的变化。然而，不同领域或不同层面社会构成因素的变化不能一概而论，不仅存在变化程度和变化性质的差异，而且存在变化形式和变化趋势的区别，笼而统之地将之看成是具有整体联系的社会转型，实在是难以符合实际。尤为重要的是，判断社会结构是否发生转型，不能仅仅关注社会成员的分层流动、组织形式和利益关系，更重要的是应当考察把社会各种构成因素联系起来并规定制约的社会制度。并且，不仅应当关注作为法律条文和组织章程的正式制度，更应当关注那些在日常生活中发生普遍性制约作用的思维方式、行为方式和生活方式。

　　从社会形态变迁的角度解释中国社会转型，则面临更多说不清楚的问题。社会形态是历史唯物主义的基本概念，意指社会的整体构成，是经济基础和上层建筑的统一。经济基础是占统治地位的生产关系的总和，或者说是处于统治地位的经济体制。如前所述，中国经济体制发生了从计划经济向市场经济的转变，在这个意义上，可以说中国社会形态的一部分构成发生了转变，但仅仅是一部分，而不是社会形态的整体。因为正像很多学者指出的那样，中国社会的经济、政治和意识形态的变化是不同步的，经济基础发生了变化，但由政治体制和思想意识形态所构成的上层建筑，却没有发生与之相应的变化。甚至在政治体制和思想意识形态的某些方面，呈现了与市场经济发展相反的变化。诸如以文化保守主义为代表的一些民间意识形态现象，其中表现的价值倾向和追求目标，往往显得同市场经济发展格格不入。

　　至于把中国社会转型看成是一个逐渐变化的历史过程，则是一个弹性较大的观点。事实上，人类社会自存在以来就一直有一个逐渐变化的过程，在某些阶段呈现为平稳状态的渐进发展（如中国历史中各朝代的中兴阶段），而在另一些阶段又可能呈现为剧烈的政治变迁（如各朝代的更迭时期），但无论是哪种情况，都不能仅依据社会某个层面的变化，甚至是朝代的更迭，就称社会发生了转型。判断社会转型的尺度，必须是社会生活在整体上发生了质的变化。社会整体包括经济、政治、文化和社会各个方面，而社会质的变化应当是规定着人们的思维方式、行为方式和生活方式的制度的变化。并且，不能仅从经济、政治、文化和社会体制中的正式制度变化去理解制度的变化，而更应关注那些作为风俗、习惯或习俗的非正式制度对人们思维与行为的限制是否发生了变化。

概言之，中国社会变迁的主要内容是经济体制的改变，虽然从计划经济向市场经济的转变引起了社会生活其他方面的很多变化，但这些变化尚未达到转型的程度，只能说中国社会正处在转型期。事实上，几十年来的中国社会变迁，从一开始就是在明确的设计和规定下进行的。尽管在经济体制变迁中不断显示出经济、政治、文化与社会变迁的联动性要求，但在具体的实践中，社会其他构成因素的变化却是缓慢的，因此我们可以看到在经济迅速增长的同时，利益分割、官员腐败、贫富分化、群体冲突、市场秩序紊乱等大量社会问题却日益尖锐地摆在人们面前。

关于经济体制转变应当与社会结构变迁协调发展的问题，可以在很多相关学科中找到大量论述，从中我们可以受到深刻启发。马克思关于经济基础与上层建筑相互作用的社会形态变迁理论，马克斯·韦伯关于资本主义经济与新教伦理亲和性的论述，帕森斯关于经济、政治、文化和社会四个子系统必须保证最低协调性的社会系统论，以及波兰尼和格兰诺维特等人关于经济活动嵌入社会关系的经济社会学理论，都不仅明白无误地强调了经济体制转变必须伴以社会结构其他方面的同步变迁的必要性，而且揭示了如果缺少这种协调性就会引起社会矛盾冲突和社会秩序紊乱的严重后果。特别是哈贝马斯关于体制世界与生活世界的一系列论述，对于理解体制变迁与社会生活不协调甚至分离式变迁所产生的弊端，具有更直接的启发意义。

哈贝马斯以公共领域的结构转型问题为核心，论述了欧洲社会变迁中体制世界与生活世界的相互关系。在哈贝马斯看来，社会是由体制世界和生活世界两大领域构成的，自古希腊以来，欧洲社会中包含了意识形态、政治机构和经济体制的体制世界，与包含了公共领域和私人领域的生活世界，就一直处于紧密联系的变迁之中。与古希腊时期世袭奴隶制相对应的是雅典广场上的公共领域和个人的私人领域①；与中世纪封建等级制相对应的是被扭曲和虚化了的生活世界，不仅虚伪的代表性公共领域取代了古希腊雅典自由、民主、平等、对话的广场型公共领域，而且具有个人私密性的私人空间也被取消了，一切都被控制在封建等级制之下②；而与资本主义市场经济体制相对应的是资产阶级公共领域和私人领域构成的生活世界③。

这里关注的不是哈贝马斯关于公共领域结构转型的观点，而是试图从其关于社会的体制世界变迁一定会伴随生活世界变迁的论述中获得启发。哈贝马斯不仅像马克思、韦伯、迪尔凯姆等大多数社会学家一样强调社会转型的整体性，而且高度重视生活世界的变迁在社会转型中的基础意义。哈贝马斯还像胡塞尔等人一样，认为生活世界是原初意义上的社会，而经济体制和政治体制则是从生活世界中生长出来、分化出去的社会子系统。经济领域和政治领域都有自己明确的行动目标、制度规则和组织形式，但这些目标、规则和形式的根基都存在于生活世界。包括私人领域和公共领域在内的生活世界，是人类的家园、意义和价值的母体。离开了生活世界的体制系统变迁，不仅会出现家园失落、意义丧失和价值扭曲的后果，而且体制本身的变迁也会走向失败。

第二节　中国传统社会的稳定性

与哈贝马斯论述的欧洲社会转型不同，由改革开放和市场经济发展推动的中国社会"转型"，是以经济体制改革为主的社会变迁，或者说，具有转型意义的变化是在经济体制内发生的，至于经济体制之外的变化，虽然也很复杂，但都谈不上转型之变。这里暂且不论意识形态和政治体制发生了何种程度的变化，仅就生活世界而言，从其本性上看，并没有发生实质

---

① 哈贝马斯. 公共领域的结构转型. 曹卫东，等译. 上海：学林出版社，1999：3.
② 同①7-9.
③ 同①34-35.

的变化,一个由梁漱溟、费孝通等人论述的伦理社会、熟悉社会或差序格局的社会,仍然以其深厚的文化底蕴在稳定地延续着。

梁漱溟和费孝通等人在论述中国传统社会时,虽然没有像哈贝马斯那样对社会做出体制世界和生活世界的划分,但他们论述的以家庭为根的伦理社会[①]、差序格局的熟悉社会[②],就是哈贝马斯所论述的生活世界。在梁漱溟看来,中西文化路向的差别决定了中国社会同西方社会的本质区别。西方在基督教教化下形成的文化路向,把人们的目光和行动都引向外界客观性;而中国在儒教教化下形成的文化路向,则把人们的目光和行动都引向了人与人的关系,也就是引向了社会关系。因此,中国社会是一个经过以儒教为核心的传统文化的长期教化,注重人际关系、社会关系亦即伦理关系的社会,是一个把团体制度、普遍原则、客观对象都置于社会关系或伦理关系之中加以理解和对待的社会。在这个社会中,人们的主要追求不是对自然的认识与征服,而是对社会伦理关系的把握和利用,"下手的地方并不在前面,眼睛并不往前看而向旁边看"[③]。向旁边看,看到的是社会关系、伦理关系,而最切近的关系是家庭亲情关系。因此,中国社会在心理结构和实践行为上都形成了以家庭为根、伦理本位的特点,而这就是中国社会生活或生活世界的本质。

在《乡土中国》中,费孝通温和地批评了梁漱溟,认为他对中国社会结构理解得不够准确,以致在一个不需要文字的熟悉社会中大搞"文字下乡运动",其结果是劳而无功:"文字下不了乡"。[④] 费孝通认为,中国传统社会是一个以土为本的乡土社会,人们在乡村中固守田园、世代相继,"生于斯、死于斯",形成了一个不仅人与人之间,而且人对物、人对环境和人对风俗习惯都十分熟悉的社会。[⑤] 文字起于超越间隔与忘却的需求,而在乡

---

① 梁漱溟. 中国文化要义. 上海:上海人民出版社,2005:72.
② 费孝通. 乡土中国 生育制度. 北京:北京大学出版社,1998:24-30.
③ 梁漱溟. 东西方文化及其哲学//梁漱溟. 梁漱溟学术精华录. 北京:北京师范学院出版社,1988:34.
④ 同②18-23.
⑤ 同②6-9.

土社会中，人们之间没有间隔，周围熟悉的一切都牢牢印在人们的记忆中，不会被忘却，因此，这种熟悉社会或地方社会没有文字的需求。

从对"文字下乡运动"的批评看，似乎费孝通对中国社会的判断与梁漱溟不同。但事实上，费孝通与梁漱溟对中国社会本质特征的判断，并无本质差别。区别不过在于，梁漱溟从中西文化教化的不同来观察中国社会的本质特征，而费孝通则从地理环境、生活空间来分析乡土社会的本质特征，二者最终得出的结论，梁漱溟称之为伦理社会，费孝通称之为熟悉社会，其实质都是在体制之外的日常社会，即生活世界。并且，两位社会学家都试图揭示人们在日常生活中的思维方式、行为方式和生活方式，并以此为根据来判断中国社会的本质特征。思维方式、行为方式和生活方式，被迪尔凯姆称为制度，在梁漱溟和费孝通笔下则被称为礼俗，虽然东西方社会中的制度有不同的表现形式，但其本质都是对社会生活的稳定规定。

从礼俗制度或礼俗秩序的改变来观察中国社会，是判断中国社会是否发生转型的根本所在。其原因不仅在于礼俗从心理底层稳定地规定着人们的思维方式、行为方式和生活方式，而且礼俗是中国社会特有的制度体系，是未上升到法律条文和章程纪律的非正式制度，是像汪洋大海一样包围着日常生活的无处不在的规则。梁漱溟说："我们过去的社会组织构造，是形著于社会礼俗，不形著于国家法律，中国的一切一切，都是用一种由社会演成的习俗，靠此习俗作为大家所走之路（就是秩序）。……西洋社会秩序维持靠法律，中国过去社会秩序的维持多靠礼俗。不但过去如此，将来仍要如此。"[1] 费孝通也认为应当从不同于西方的法律制度来判断中国社会的变迁或延续，他指出："中国社会是'礼治'的社会"[2]，"如果我们对行为和目的之间的关系不加推究，只按着规定的方法去做，而且对于规定的方法带着不这样做就会有不幸的信念时，这套行为也就成了我们普通所谓'仪式'了。礼是按着仪式去做的意思"[3]。

---

[1] 梁漱溟. 中国文化要义. 上海：上海人民出版社，2005：258.
[2] 费孝通. 乡土中国 生育制度. 北京：北京大学出版社，1998：49.
[3] 同②51.

从梁漱溟和费孝通的论述可以看出，他们讨论的中国社会，是一个延续了几千年的传统社会，是一个未分化的原初社会，不仅主体与客体分化不清，而且政治、经济、文化与社会也没有清楚的界限。这正是胡塞尔所论述的作为专业化领域母体的生活世界，是人类本性在其中自然展开、人直接面对他人的周围世界。这个生活世界在西方社会的工业化和科学化进程中逐渐被淡化、被淹没甚至被吞噬，并因此而引发了很多西方思想家所叹息的财富增加而家园失落、经济增长而社会分裂的现象。但在中国，这个被工业化、市场化或现代化的推进者们一直视为应当被转变的生活世界，亦即中国的传统社会，却以其古老而顽强的生命力，坚守着自己的禀性和领地，且不论受到何种批判和指责，都能坚定不移地规定着人们的行为和社会的秩序。

很多学者发表过中国社会结构超长稳定的观点。[①] 但几百年一变的朝代更替，历代王朝都曾发生的政变与战乱，说明中国的政治体制并不稳定。相反，超长稳定的是在体制之外的生活世界，这是一个皇权难及的乡村社会，是通过风俗习惯维持的礼俗社会。为什么这个基层社会能历经十几个朝代、纵跨两千多年而不发生本质变迁？学者们能给出很多解释，但最重要的莫过于历代朝廷都坚持不懈地开展了以儒教为核心的文化教化。而以儒教为核心的中国传统文化教化，与以基督教为核心的西方文化教化不同，前者是自孔子开始就注重典型事例和符号象征的感性教化，而后者是自第一个拉丁教父德尔图良开始，就一直坚持用逻辑演绎论证上帝普遍本质和永恒规律的理性教化，尤其自马丁·路德领导新教改革以后，基督教同市场与科学达成了默契，西方文化的理性教化传统更加发扬光大。同理性教化相比，感性教化的突出特点在于以具体的感性形象引导人们推崇事物的连续性和稳定性。

---

① 费孝通. 试探扩展社会学的传统界限//景天魁. 中国社会学年鉴 1999—2002. 北京：社会科学文献出版社，2004：17. 另外，较早提出中国社会结构超长稳定观点的是金观涛，1980 年初，金观涛与刘青峰在《贵阳师范学院学报》发表了论文《兴盛与危机——论中国社会超稳定结构》，后来引起很多学者就中国社会结构超长稳定开展了讨论。

在中国深入基层社会的感性教化中,最典型的是设立牌坊。上至京都省城,下至乡镇村屯,随处可见的各种牌坊,种类繁多、样式各异,但无论变换出何种形式,都不过是朝廷和地方为表彰功勋、科第、德政以及忠孝节义等道德典范所建立的标志。牌坊以艺术建筑表彰了封建权力认可的各种典型人物,以可以在人们头脑中留下形象记忆的手段向百姓宣传了封建礼教所承认的思维方式、行为方式和生活方式。虽然牌坊上没有系统的理性说教,但其所展示的道德伦理、礼俗制度,要比长篇大论的文章丰富得多。更为重要的是,广大基层社会成员的日常思维活动,主要是感性层面的感性意识活动,那些抽象的说教难以引起人们的注意和理解,而牌坊所展示的那些具体人物和个别事例,却不仅能够在人们心中留下深深的印记,而且能引起人们明确的效仿。

能够发挥同牌坊相似的作用的还有祠堂、庙宇、寺院等,虽然它们标示的内容和意义有所不同,但都是用感性形象教化百姓。经由名目繁多的感性教化而形成的中国传统社会,是政治、经济和文化的基础。1949年以后,这个基础社会首先遇到的改造是农村合作化特别是人民公社运动。在较短的时间内建立起来的农村人民公社体制,把几千年来根据封建礼俗生活的几亿农民理性化地组织成社会主义集体,在狂热的"大跃进"年代甚至把农民的部分家庭生活也强行并入大食堂。虽然在"大跃进"狂热之后稍微平静了一些的20世纪60年代初,政府给农民分配了一些自留地,为农民留了一点维持家庭生活的资源,但农村很快就遭遇了"文化大革命"的汹涌浪潮,一些农村把自留地作为"资本主义尾巴"割掉了。与此同时,城市里的单位制,也努力地建设着集体生活,发挥了像农村人民公社一样的作用,作为个体生活的日常生活领域,被"左"倾政治强力地挤压到了十分狭小的空间里。

在人民公社和"文化大革命"年代,无论农村还是城市,一场接一场的政治运动都大有把中国社会彻底改造成一个新世界的势头。然而,不仅在人民公社和"文化大革命"结束后,农村的生产组织形式和城市的劳动管理方式又恢复到从前,而且即便在人民公社和"文化大革命"的高潮中,也能看到延续着中国传统的社会空间的旺盛生命力。一个最有力的证明是农民自留地中的各种应季蔬菜和茂盛庄稼，无论是精细的种植技术，还是勤奋的耕耘培育，都是在集体农田中无法看到的。还有，无论让社员们学习了言辞多么激烈的政治文件，也无论让他们经历了多少次批判旧传统、旧观念的政治运动，在涉及争夺权力、捍卫势力和分配利益的生产队长选举中，社员们仍旧全家老少齐上阵，异常认真地去投上自己的一张选票，而决定自己给谁投票的最根本原则仍旧是亲缘关系、家族势力和利益获得。虽然不能说政治立场、革命意志和集体利益等不起任何作用，但同梁漱溟和费孝通所论述的那些伦理社会或熟悉社会的原则相比，前者的作用实在是太微弱了。至于城市企事业单位中的场景，虽然表现得比农村生产队中的情况多了些表面文章，但透过那些虚假的形式，也能发现传统社会的强大惯性。

第三节　市场经济与生活世界的冲突

改革开放之前，中国传统社会遭遇的是"左"倾政治的冲击；而改革开放之后，中国传统社会又面临市场经济的冲击。两种冲击的实质都是体制世界对生活世界的冲击。应当说，中国生活世界遭遇"左"倾政治的冲击是极其严重的，但它以顽强的生命力延存了下来，因此，经历了"左"倾政治之后的生活世界，具备迎接其他冲击的坚强能力。然而，市场经济对生活世界的冲击亦不可轻视。市场经济的冲击与"左"倾政治的冲击不同，"左"倾政治对生活世界的冲击是直截了当的吞噬性冲击，而市场经济对生活世界的冲击却是更加复杂的排斥与相容并存的冲击。

"左"倾政治对生活世界的吞噬性冲击，是以脱离实际的政治理想和扭转传统社会本性的组织形式，挤压或肢解百姓的日常生活，进而实现社会生活的理性化设计与组织化改造。然而，事与愿违，依靠逻辑推论和激情冲动维持的"左"倾政治，非但没有吞噬掉生活世界，相反，生活世界却以旺盛的活力在"左"倾政治结束之后扩展了自己的存在空间。市场经济对生活世界的冲击，具有排斥和相容两种关系。从市场经济与生活世界的排斥性上看，市场经济提倡为实现效益目标而充分竞争，以理性计算去追求效益最大化，以正式制度规定交易行为和交易秩序，而这些市场经济的基本原则，同中国传统社会或日常生活中的重亲情联系、轻功利追求，重礼俗习惯、轻普遍原则等思维方式和行为方式明显相悖，因此二者具有不可回避的排斥性。但市场经济承认私人利益的正当性，抵制理想主义的虚幻性，又同以家庭为根、以伦理为本、差序格局的生活世界具有根本上的一致性。家庭关系是私人领域，以家庭为根的伦理本位，实际上是个人主义在中国的一种表现形式，至于以己为中心、崇尚权势的差序格局，更表明延续传统的生活世界在个人主义原则上同市场经济的一致性。

正是因为市场经济体制同仍旧维持传统的生活世界的这种矛盾关系，在市场经济迅速扩展的进程中发生了日益严重的矛盾冲突。从宏观上看，通过设立大量市场机构、改革市场化制度和颁布市场法规，市场经济体制在形式上逐步确立起来，如为落实现代企业制度而进行的国有企业民营化改革，为优化资源配置、激发市场活力而设立的深沪证券交易市场等。这些被快速推进的市场化改革和制度安排，在形式上都具有逻辑合理性和计算的科学性，但是，在这些形式中运作的人们，怀着在生活世界中形成的思维方式和行为方式，不仅很少严格地按照市场规则去开展自己的市场实践，而且经常打着市场经济的旗号，利用市场交易的形式，进行反市场的活动。一些执掌国有企业改革权力的人，在国有企业民营化过程中无所顾忌地侵吞国有资产，变成了改革开放后的第三代暴发户；还有一些人选择更具市场性的形式，利用深沪股市圈钱效应肆无忌惮地聚敛资金、搜刮民财。如此内容和形式相悖的行为，举不胜举。

在胡塞尔等人那里，生活世界既是人们在日常生活中交往沟通的周围世界，又是人们根据日常生活的直接利益而看到的一种世界，所以它又是一种以日常生活的整体性而展开的精神世界，是未分化、非专业化或非主题化的真实体现着人类本性的原初精神世界。胡塞尔关于生活世界同精神世界关系的理解，也适用于理解从传统社会延续而来的中国生活世界。中国的日常生活世界也是一种周围世界和精神世界的统一，人们不仅日复一日地生活在这个熟悉世界之中，而且根据这个熟悉世界的本质特点在感知、体验和思考生活世界乃至体制世界。

精神世界可以划分为不同领域和不同层次，政治思想、理论学说、科学知识、市场理念等，都是不同形式的精神世界，但这些被视为理论化、系统化的意识形态的精神现象，已经分化为不同的专业形式而飘浮在日常生活的上空。而那些没有明确的概念系统和理论逻辑的生活世界中的精神现象，是以感觉、知觉和表象而存在着的社会心理，是感性层面的思想意识，相当于布迪厄和吉登斯论述的直接支配人们实践行为的实践感[1]和实践意识[2]，也相当于帕累托论述的介于理性逻辑和本能冲动之间的感性意识——剩余物[3]。生活世界的这些感性意识，虽然不能被看作思想观念的上层建筑，但在社会生活中的意义并不低于那些具备清晰理论形式的思想观念的上层建筑。生活世界中的精神现象，与生活世界中的生活实践直接同一，它作为风俗、习惯、习俗直接规定着人们的实践行为。生活世界中的感性意识对实践行为的规定或支配具有不可替代性，其根据在于其中包含着未分化的、体现着民族特质和人类本性的原初价值。

当人们以不同的职业身份在体制世界中活动时，各种体制明确规定的价值原则势必影响或限制着人们的思维与行为。但无论是经济体制、政治体制还是文化体制，抑或是这些体制中更具体的部门，它们都是逐渐从日常生活世界中分化出来的专门领域，其指向各种具体目标或各种具体利益的价值原则，都是日常生活中的原初价值的派生或具体化。正是在这个意义上，舒茨认为日常生活世界是最高现实的世界[4]，而最高现实中的价值就是最基本的、能够规定其他领域中的价值的原初价值，是一切专业化领域或分化空间中具体价值的母体。无论人们在各种专业领域或体制化领域实

---

[1] 布迪厄. 实践感. 蒋梓骅，译. 南京：译林出版社，2003：21.
[2] 吉登斯. 社会的构成. 李康，李猛，译. 北京：三联书店，1998：67.
[3] PARETO V. Treatise on general sociology. New York: Dover, 1963: 850.
[4] 刘少杰. 后现代西方社会学理论. 北京：北京大学出版社，2014：30.

现了何种价值追求，如果这些价值目标与生活世界的原初价值相悖，那么意义迷失、家园失落等问题都会随之而生。

在经济体制变迁与生活世界变化并不完全同步的当代中国社会，生活世界的原初价值从人们的心理底层深刻地规定着人们在体制领域的各种具体价值原则，稳定地支配着人们在体制世界的思维与行为。在伦理社会、熟悉社会或差序格局的中国生活世界中的原初价值，就是以己为中心、以家庭为根本、以伦理关系为基础的评价是非善恶、确定行动目标的具有根本意义的价值原则。原初价值在日常生活世界中没有受到组织原则、专业知识和体制制度的规定，可以不加遮掩地直接支配和规定人们的思维与行为。而在组织机构和专业活动中，原初价值受到了体制内各种正式制度的限制，植根于生活世界的原初价值或者臣服于正式制度而潜伏下来，或者凭借传统的惯性取代正式制度。在通常情况下，原初价值往往披上体制领域的制度外衣，作为潜规则去支配人们的思维与行为。

生活世界的原初价值同体制世界的专门价值之间的关系，更明确地显示了经济体制变迁同生活世界变化相分离这个问题的严重性。在社会变迁的历史中，即便是发生了整体性的社会转型，价值观念的分裂冲突也是不可避免的，不仅因为不同层面社会成员在社会转型中的遭遇是不同的，因而根据自身利益得失多寡而形成的价值原则是相互区别的，而且，不同心理结构和不同生活背景的人们对于同样的变化也会形成不同的价值评价。以经济体制改革为主要内容的体制世界的转变，在形式上倡导了效率化、理性化和普遍化的价值取向，而没有发生本质变化的生活世界却固守着权势中心、亲情纽带和特殊主义的传统。在这种矛盾中，依靠亲缘关系、地缘关系或熟悉关系的结伙营私、亲族腐化现象时有发生。

经济体制与生活世界之间的分离性变迁，引发了大量社会矛盾和社会问题，既不能把责任单纯归于借鉴西方而设计的市场经济体制，也不能完全怪罪于延续传统而稳定存在的生活世界。问题的关键在于，经济体制变迁轻视了延续传统的生活世界，而生活世界又发挥着不可阻拦的作用，甚至抵制和扭曲了经济体制运行与变迁的要求。市场经济体制的建立是自觉的，而生活世界的维持是自在的。自觉建立市场经济体制，本应充分注意它立足的生活基础在本性上与其一致还是相悖，进而因地制宜地采取相应的制度安排，避免因水土不服而产生混乱。

笔者并非简单指责生活世界不适应市场经济发展的要求，而是强调发展市场经济还应顾及其存在的社会基础，应当在延续传统的社会基础或生活世界之上，努力探寻市场经济发展与社会基础变迁的协调性。这里似乎表达了与韦伯在《新教伦理与资本主义精神》中的论述相近的观点，即市场经济的发展应当有与之相适应的精神基础。西方市场经济的发展，获得了由文艺复兴运动和新教伦理改革创立的精神基础，并且，通过艺术和宗教形式实现的精神基础的培育，是在生活世界中进行的，文化精神的转变和生活世界的变革实现了统一，因此，立足其上的西方市场经济能够稳定地持续发展；而中国市场经济的发展，相对缺少对生活世界的顾及，不仅生活世界中的思维方式、行为方式和生活方式变化缓慢，而且生活世界中的文化精神转变也不够明显，以致在一个延续着两千多年传统的生活世界之上开展市场经济体制的形式构造，难免发生许多令人始料不及的问题。

第四节 以生活世界为基础的市场交易秩序

生活世界既是体制世界的社会基础，也是体制世界的精神基础，当生活世界并没有像经济体制一样发生相应变迁时，出路在哪里？或者根据生活世界调整市场经济体制的制度安排，或者根据市场要求改变生活世界的存在状态。或许前者操作起来比后者更容易一些，因为前者是在自觉的建立过程中形成的，而后者是延续了两千多年的自在状态。不过，无论怎样调整，事情都绝非一蹴而就，但也不能因为艰难而维持现在这种体制世界和生活世界的分离，否则不仅实现不了社会转型，而且社会矛盾也将难以化解。

在中国市场经济体制建立的过程中，一个不言自明的基本判断是，西方市场经济已经比较成熟地发展起来，初生的中国市场经济应当努力学习西方市场经济的成熟经验，而最重要的学习任务是，通过制度安排推进中国市场经济体制的理性化建设，进一步说，通过制度化或法治化建设，使广大市场经济的参与者能在具有普遍性和客观性的制度框架中开展理性化的市场竞争。在这个基本理念之上，经济学、管理学和法学提出了很多借鉴西方市场经济的理论或学说。应当说，这些在西方经验和理论逻辑上都具有充分根据的学术思考和政策建议，对于刚刚从传统社会或生活世界进入市场经济的广大中国社会成员来说，是一些陌生的原则、陌生的设计。

并且，在十几年时间中迅速建立起来的市场经济体制，对于中国市场经济的参与者来说，不仅其概念系统和思想原则是陌生的，而且这些概念和原则所要求的社会行为具有更大的陌生性。因为不仅梁漱溟和费孝通所论述的伦理社会、差序格局的传统社会是熟悉社会，而且在改革开放以前三十年的中国社会，即使经过了"左"倾政治激烈冲击，其实质也是一个延续着传统的熟悉社会。透过那些形式化的表面文章，直面市场交易中的实际行为，是否可以在承认中国传统社会或生活世界稳定性的前提下，收敛一些对西方市场经济的模仿，增强一些具有本土根基的符合实际的思考？中关村电子市场中的"转型交易"和长春汽车配件市场、芦淞服装批发市场中的"关系交易"，从正反两个方面证明了熟悉关系仍然是人们在市场交易行为中的依赖关系。在熟悉关系中，传统的道德伦理、礼俗规矩发挥着稳定的作用，不仅大部分交易者可以坚守诚信、保持信誉，维持着持续协调的交易秩序，而且因为人对人的熟悉、人对物的熟悉和人对环境的熟悉，市场交易中的不确定性和风险性大为降低，市场交易效率和交易收益也得到了有效保障。相反，当中关村电子市场中的营销人员一旦实现了熟悉关系向陌生关系的"转型"，以次充好、以假乱真的欺诈交易就不断发生，规模庞大的电子市场被戏称为"骗子一条街"。

根据中关村电子市场、长春汽车配件市场和芦淞服装批发市场的经验，在现有历史条件下应当倡导市场交易行为中的"陌生关系熟悉化"，抑制市场交易行为中的"熟悉关系陌生化"。在快速发展的市场经济中，人们面临了越来越多的陌生关系，不仅在市场中出现了大量陌生的经营者和消费者，而且市场机构、市场制度和交易规则名目繁多，市场规模庞大且商家云集，也使市场环境变得更加陌生。特别是在商品种类繁多、规格配置复杂、更新速度较快、信息真假难辨的消费品市场中，人对物的陌生关系日益强化。然而，尽管人对人、人对环境和人对物的陌生关系得到了增强，但进入其中的人们，其思维方式、行为方式和生活方式仍然在延续着熟悉社会的惯性。于是，延续传统的习惯、习俗同陌生的关系之间产生了难以化解的矛盾。大量处于弱势地位的消费者对这些陌生关系怀疑、警惕，而那些处于优势地位的经营者们则可以开展欺诈性的"转型交易"。

应当努力促进市场中的陌生关系熟悉化。首先是在交易者之间建立从陌生到熟悉的关系。如本书在导论中论述的那样，在具备一定规模且比较活跃的商品交易市场，交易双方在进行初次交易的时候，大部分交易者之间是陌生关系。交易者特别是经营者，应当努力增进双方之间的了解与沟通，促使陌生关系向熟悉关系转变，并且精心维护促使其持续存在。交易者之间的熟悉关系，不同于时下人们所说的熟人关系，而是强调交易双方在思维方式和行为方式上的明确关系。处于主动地位的经营者，应当确立一套表里如一、言行一致、相对稳定的经营规则，并且这套经营规则应当同日常生活中的道德伦理具有一致性，以此降低市场风险，赢得消费者的信任。

其次，应当营造一种人与物之间的熟悉关系。经营者应当努力把自己营销的商品在种类、成分、材质、规格、配置、性能、功用、欠缺和价格等方面的特点力求清楚地如实展现在消费者面前，尽可能降低他们对商品的陌生程度，使消费者不致在琳琅满目的商品面前感到眼花缭乱、难以选择。对于一些专业性较强、技术比较复杂的商品，经营者应当尽可能用通俗易懂的术语或说明加以介绍，帮助消费者比较容易地越过专业技术限制，实现对欲购商品的了解。

最后，市场管理部门应当以醒目的形式公开市场、商铺及其经营者的信息，使消费者和经营者形成人对环境的熟悉关系。管理部门应当公开市场的各种管理制度和管理规则，公开市场的总体规模、商家构成、经营种类、价格趋势等信息。市场还应督促经营者主动公开自己的信息，并且应当作为一种硬性制度，要求从事商品销售行为的人员都要明确公布自己的基本信息，特别是商铺老板和经理的信息更应当明确公开，以便消费者能比较方便地了解经营者，遇到问题能及时找到责任人。

至于抑制熟悉关系陌生化，笔者主要有以下几点思考：

其一，对于从西方借鉴或引进的各种市场经济制度和管理方法，不能简单照抄照搬，而应结合中国实际国情做出适当调整，努力促进西方制度与中国传统、外来原则与本土习俗达成融合。应当避免将那些未经充分消化、中国社会成员还十分陌生、未必理解的西方原则或西方模式简单植入中国市场运行之中，以致人们对市场的很多规则和制度变得更加陌生。

其二，要避免用一些消费者难以理解和把握的生僻名词、专业术语扩大市场交易活动的陌生性。管理部门应当引导经营者用简洁明了的词句介绍所经营商品的基本情况，抵制把本来简单的商品信息复杂化的行为，增强商品信息的日常化和通俗化。很多商铺为了抬高商品的档次和店面的地位，故弄玄虚地把一些本来可以用中文表达清楚的内容，硬是贴上外文标签或使用生僻的专有术语，试图通过制造消费者的晕轮效应来弱化人们对商品的熟悉。

其三，要限制一些商家随意改换门庭，借以制造陌生面孔，逃避违规经营而造成的责任。应当鼓励商家努力创造品牌店、老字号，通过熟悉的经营方式、营销商品和品牌效应，巩固在市场中形成的熟悉关系。这样不仅能提高消费者的信任程度，而且能赢得更稳定的经营效益。

参考文献

[1] 鲍曼. 道德的市场. 肖君，黄承业，译. 北京：中国社会科学出版社，2003.

[2] 北京大学哲学系外国哲学史教研室. 十六—十八世纪西欧各国哲学. 北京：商务印书馆，1975.

[3] 边燕杰. 关系社会学及其学科地位. 西安交通大学学报（社会科学版），2010，30（3）.

[4] 边燕杰. 市场转型与社会分层. 北京：三联书店，2002.

[5] 波兰尼. 大转型：我们时代的政治与经济起源. 冯钢，刘阳，译. 杭州：浙江人民出版社，2007.

[6] 波兰尼. 巨变：当代政治、经济的起源. 黄树民，石佳音，廖立文，译. 台北：远流出版事业股份有限公司，1999.

[7] 布迪厄. 实践与反思. 李猛，李康，译. 北京：中央编译出版社，1998.

[8] 迪尔凯姆. 社会学方法的准则. 狄玉明，译. 北京：商务印书馆，1995.

[9] 凡伯伦. 有闲阶级论. 蔡受百，译. 北京：商务印书馆，1997.

[10] 方兴东，蒋胜蓝. 中关村失落. 北京：中国海关出版社，2004.

[11] 费孝通. 试谈扩展社会学的传统界限//景天魁. 中国社会学年鉴1999—2002. 北京：社会科学文献出版社，2004.

[12] 费孝通. 乡土中国 生育制度. 北京：北京大学出版社，1998.

[13] 冯启. 中国进入"陌生人社会". （2011-09-26）[2018-03-20]. http：//www.globrand.com/2011/524077.shtml.

[14] 符平."嵌入性"：两种取向及其分歧. 社会学研究，2009（5）.

[15] 格兰诺维特. 镶嵌. 罗家德，译. 北京：社会科学文献出版社，2007.

[16] 国家统计局. 2012年全国农民工监测调查报告. （2013-05-27）[2018-03-20]. http：//www.stats.gov.cn/tjsj/zxfb/201305/t20130527_12978.html.

[17] 哈耶克. 致命的自负. 冯克利，等译. 北京：中国社会科学出版社，2000.

[18] 贺雪峰. 论半熟人社会——理解村委会选举的一个视角. 政治学研究，2000（3）：61-69.

[19] 姜宁，肖楠. 发现中关村. 北京：北京大学出版社，2001.

[20] 柯武刚，史漫飞. 制度经济学：社会秩序与公共政策. 韩朝华，译. 北京：商务印书馆，2001.

[21] 科斯，阿尔钦，诺斯，等. 财产权利与制度变迁. 刘守英，等译. 上海：上海人民出版社，1994.

[22] 李昶. 中关村电子卖场显现"马太效应". 数码世界，2008，7（10）.

[23] 李伟民，梁玉成. 特殊信任与普遍信任：中国人信任的结构与特征. 社会学研究，2002（3）.

[24] 梁漱溟. 东西方文化及其哲学//梁漱溟. 梁漱溟学术精华录. 北京：北京师范学院出版社，1988.

[25] 梁漱溟. 中国文化要义. 上海：上海人民出版社，2005.

[26] 廖勤樱. 交易的格局：以中关村电脑市场为例//郑也夫，等. 北大清华人大社会学硕士论文选编. 济南：山东人民出版社，2006.

[27] 刘江. 信息不对称市场中的熟悉关系——中关村电子市场与京东商城的交易秩序比较研究. 北京：中国人民大学，2010.

[28] 刘少杰. 经济社会学的新视野：理性选择与感性选择. 北京：社会科学文献出版社, 2005.

[29] 刘少杰. 陌生关系熟悉化的市场意义——关于培育市场交易秩序的本土化探索. 天津社会科学, 2010, 4 (4)：43-47.

[30] 刘少杰. 熟人社会存在的合理性. 人民论坛, 2006 (10).

[31] 刘少杰. 中国社会转型中的感性选择. 江苏社会科学, 2002 (2).

[32] 鲁瑞清. 解读中关村一号. 北京：经济日报出版社, 2007.

[33] 罗家德. 社会网和社会资本//李培林, 李强, 马戎. 社会学与中国社会. 北京：社会科学文献出版社, 2008.

[34] 马尔库塞. 自然与革命. 李小兵, 译. 北京：三联书店, 1989.

[35] 马克思, 恩格斯. 马克思恩格斯选集：第1卷. 2版. 北京：人民出版社, 1995.

[36] 毛增余. 斯蒂格利茨与转轨经济学. 北京：中国经济出版社, 2005.

[37] 米塞斯. 经济学的认识论问题. 梁小民, 译, 北京：经济科学出版社, 2001.

[38] 施里特. 习俗与经济. 秦海, 等译. 长春：长春出版社, 2005.

[39] 石佳音. 信息不对称条件下的诚信缺失与应对策略研究——以中关村电子市场的交易秩序为例. 北京：中国人民大学, 2011.

[40] 斯蒂格利茨. 政府在经济中的作用. 郑秉文, 译. 北京：中国物资出版社, 1998.

[41] 斯蒂格利茨. 中国的"新的增长模式". 理论导报, 2008 (4).

[42] 特纳. 社会学理论的兴起. 侯钧生, 等译. 天津：天津人民出版社, 2006.

[43] 涂尔干. 职业伦理与公民道德. 渠东, 付德根, 译. 上海：上海人民出版社, 2006.

[44] 王国伟. 中关村电子市场"转型交易"延续机制研究. 北京：中

国人民大学，2012.

[45] 韦伯. 儒教与道教. 王容芬, 译. 北京: 商务印书馆, 2003.

[46] 韦伯. 新教伦理与资本主义精神. 康乐, 简惠美, 译. 桂林: 广西师范大学出版社, 2007.

[47] 韦森. 经济理论与市场秩序: 探寻良序市场经济运行的道德基础、文化环境与制度条件. 上海: 格致出版社, 2009.

[48] 吴重庆. 从熟人社会到"无主体熟人社会". 党政干部参考, 2011 (2): 19-25.

[49] 西蒙. 西蒙选集. 黄涛, 译. 北京: 首都经济贸易大学出版社, 2002.

[50] 项飙. 跨越边界的社区. 北京: 三联书店, 2000.

[51] 谢俊贵. 生人社会的来临与社会建设的策略——基于城市社会关顾状态的思考. 思想战线, 2012, 38 (2): 26-30.

[52] 休谟. 人性论. 关文运, 译. 北京: 商务印书馆, 1977.

[53] 于乐. 框架分析视角下的"转型交易"研究——以中关村电子市场为例. 北京: 中国人民大学, 2011.

[54] 余英时. 儒家伦理与商人精神. 桂林: 广西师范大学出版社, 2004.

[55] 张冉. 熟悉关系与陌生关系中的交易行为研究——以湖南LS市场为例. 北京: 中国人民大学, 2012.

[56] 章海山. 一种新的经济张力. 思想战线, 2006, 32 (6): 50-56.

[57] 郑也夫. 走向杀熟之路——对一种反传统历史过程的社会学分析. 学术界, 2001 (1): 58-76.

[58] BAKER W E. Market networks and corporate behavior. The American journal of sociology, 1990, 96 (3): 589.

[59] BIGGART N W, BEAMISH T D. The economic sociology of conventions: habit, custom, practice, and routine in market order. Annual review of sociology, 2003, 29 (29): 443-464.

[60] CAO C. Zhongguan cun and China's high-tech parks in transition. Asian survey, 2004, 44 (5): 647-668.

[61] COASE R H. The institutional structure of production. American economic review, 1992.

[62] DIMAGGIO P, LOUCH H. Socially embedded consumer transactions: for what kinds of purchases do people most often use networks? . American sociological review, 1988, 65 (3): 619-637.

[63] FLIGSTEIN N. Markets as politics: a political-cultural approach to market institutions. American sociological review, 1996, 61 (4): 656-673.

[64] INGLEHART R, BAKER W E. Modernization, cultural change, and the persistence of traditional values. American sociological review, 2000, 65 (1): 19-51.

[65] PARSONS T. "Capitalism" in recent german literature: sombart and weber. The journal of political economy, 1928, 36 (6): 641-661.

[66] PODOLNY J M. Networks as the pipes and prisms of the market. The American journal of sociology, 2001, 107 (1): 33-60.

[67] POLANYI K, ARESENBERG C, PEARSON H. Trade and market in the empires. Glencoe: Free Press, 1957.

[68] SCHWARTZ R D. Moral order and sociology of law: trends, problems, and prospects. Annual review of sociology, 1978, 4 (4): 577-601.

[69] SEN A. Economics, business principles and moral sentiments. Business ethics quarterly, 1997, 7 (3): 5-15.

[70] UZZI B. Embeddedness in the making of financial capital: how social relations and networks benefit firms seeking financing. American sociological review, 1999, 64 (4): 481-505.

图书在版编目（CIP）数据

陌生关系熟悉化：优化市场交易秩序的探索 / 刘少杰，张军，王国伟著 .—北京：中国人民大学出版社，2018.3
（社会学文库）
ISBN 978-7-300-25596-5

Ⅰ. ①陌… Ⅱ. ①刘… ②张… ③王… Ⅲ. ①市场交易—研究 Ⅳ. ①F713.50

中国版本图书馆 CIP 数据核字（2018）第 032901 号

"十二五"国家重点图书出版规划项目
社会学文库
主编 郑杭生
陌生关系熟悉化
——优化市场交易秩序的探索
刘少杰 张 军 王国伟 著
Mosheng Guanxi Shuxihua

出版发行	中国人民大学出版社		
社　　址	北京中关村大街 31 号	邮政编码	100080
电　　话	010-62511242（总编室）	010-62511770（质管部）	
	010-82501766（邮购部）	010-62514148（门市部）	
	010-62515195（发行公司）	010-62515275（盗版举报）	
网　　址	http://www.crup.com.cn		
	http://www.ttrnet.com（人大教研网）		
经　　销	新华书店		
印　　刷	北京玺诚印务有限公司		
规　　格	170 mm×240 mm　16 开本	版　次	2018 年 5 月第 1 版
印　　张	15.25 插页 2	印　次	2018 年 5 月第 1 次印刷
字　　数	212 000	定　价	49.90 元

版权所有　侵权必究　印装差错　负责调换